Mit allen Sinnen leben

Meditationsbücher für Frauen

Gay Hendricks
mit Laura Joyce

Mit allen Sinnen leben

365 Meditationen, die uns jeden Tag genießen
und bewusst erleben lassen

Aus dem Englischen von
Tatjana Kruse

SCHERZ

Für Katie und für Christopher,
Timothy und Benjamin

Die Originalausgabe erschien unter dem Titel
«A Year of Living Consciously» bei
HarperSanFrancisco.

Erste Auflage April 2000

Einbandgestaltung: Gerhard Noltkämper

Tagesmeditationen für ein Jahr des bewussten Lebens – was für eine hinreißende Idee! Das war meine erste Reaktion, als mich vor einigen Jahren eine Frau nach einem meiner Vorträge ansprach und sich erkundigte, ob es ein solches Buch gibt. Sie meinte, es wäre hilfreich, für jeden Tag des Jahres eine solche Anleitung zu haben und damit ein Stück Weisheit in leicht verdaulichen Portionen präsentiert zu bekommen, über die man während des Tages meditieren kann. Ich erwiderte damals, dass auch ich mir wünschte, es würde ein derartiges Buch geben, und ich versprach ihr, es eines Tages zu schreiben.

Für mich symbolisieren die Ideen und Übungen in diesem Buch nicht nur das Herz meiner Arbeit, sondern auch eine Lebenseinstellung. Ich habe die vergangenen dreißig Jahre damit zugebracht, Menschen auf ihrer Reise des bewussten Lebens zu begleiten. Die Weisheiten in diesem Buch haben mir mehr als eine Welt der Freude und der vielfältigsten Lernerfahrungen geschenkt – sie haben mir mein Leben geschenkt. Nichts auf diesen Seiten ist einfach, nur weil es gut klingt oder sich gut liest. Jede Idee und jede Übung wurden in dem unerbittlichen Labor des wirklichen Lebens «auf Herz und Nieren» getestet. Mit anderen Worten, in diesem Buch steht nichts, was nicht schon realen Menschen geholfen hätte, reale Probleme zu lösen.

Leitsätze für ein bewusstes Leben

Während Ihres Jahres des bewussten Lebens werden Sie feststellen, dass sich bestimmte Themen wiederholen, so wie sich bestimmte Themen auch durch Ihr ganzes Leben ziehen.

Diese Themen lassen sich als Leitsätze formulieren, auf denen die bewusste Reise aller Menschen basiert:

1. Leitsatz
Authentizität ist von entscheidender Bedeutung. Ein aufrichtiges Leben ist sowohl Ergebnis der Reise als auch ein probates Mittel, zum Ziel zu gelangen.

2. Leitsatz
Die Reise des bewussten Lebens basiert auf Selbsterkenntnis, nicht auf Überzeugungen und Meinungen. Sie müssen in Ihrem Innern erkennen, was die Menschen eint, nicht, was sie teilt.

3. Leitsatz
Um bewusst zu leben, müssen Sie erkennen, welche Ziele für Sie wichtig sind, und diese Ziele in einem Rhythmus verfolgen, der Ihnen entspricht und Sie das Leben auskosten lässt.

4. Leitsatz
Die Reise des bewussten Lebens beginnt in dem Moment, in dem Sie die volle Verantwortung für Ihr Leben übernehmen, und wird unterbrochen, sobald Sie einer Verantwortung aus dem Weg gehen.

5. Leitsatz
Glück, Erfolg und gesunde Beziehungen setzen voraus, dass Sie nichts kontrollieren wollen, was außerhalb Ihrer Kontrolle liegt.

6. Leitsatz
Spirituelles Wachstum ist nicht die Folge von Ausflügen in fragliche Fantasiewelten, sondern lässt sich am besten durch die Anerkennung der menschlichen Wirklichkeit erreichen, wie sie sich in Emotionen, Sexualität und Konflikt zeigt.

7. Leitsatz
Bewusstseinsveränderungen – vom Mangel zur Fülle, von Verteidigung zu Offenheit, von Furcht zu Liebe – lassen sich rasch herbeiführen und werden die äußeren Umstände Ihres Lebens verwandeln.

8. Leitsatz
Letztendlich finden wir Seelenfrieden, wenn wir für die Gesellschaft, in der wir leben, einen kreativen Beitrag leisten.

9. Leitsatz
Sich für Schlüsselwerte wie Ehrlichkeit, Verantwortung und Dankbarkeit zu engagieren, verschafft Ihnen nicht nur einen inneren Fluss der Harmonie, sondern belohnt Sie mit einer authentischen Form der Macht, die nichts mit Kontrollausübung oder aufgeblasenem Ego zu tun hat.

10. Leitsatz
Entscheidend ist, dass Sie von sich aus eine Quelle von Dankbarkeit und Verantwortung werden wollen und nicht darauf warten, dass die Ereignisse des Lebens Sie dazu inspirieren, eine solche Haltung einzunehmen.

Diese Leitsätze und andere verwandte Kernthemen wiederholen sich, jedes Mal auf einer höheren Ebene oder mit einer anderen Facette. Stellen Sie sich dieses Jahr als eine evolutionäre Spirale vor, in der Sie stetig nach oben steigen. Während Ihr Bewusstsein sich die Spirale hinaufentwickelt, begegnen Sie in jeder Kurve einer dieser Aufgaben des bewussten Lebens, die Sie nun auf einer höheren Ebene meistern können.

Laura Joyce, meine Nichte und Forschungspartnerin, deren Stimme Sie in diesem Buch von Zeit zu Zeit hören werden, fügt eine frische Perspektive hinzu, da sie sich in einer anderen Lebensphase befindet als ich. Meine Kinder sind beispielsweise schon erwachsen, ihre dagegen toben noch durch ihr Arbeitszimmer. Ihre Beiträge waren für mich von großem Wert.

Januar

Eine Reise von tausend Meilen beginnt mit einem einzigen Schritt.

Die Reise zu einem bewussten Leben beginnt mit einem einzigen Augenblick der Hingabe, in dem wir Ja sagen zu der Sehnsucht in uns, zu wachsen, sich zu entfalten und unseren größtmöglichen Beitrag zur Welt zu leisten.

Ja zu sagen bedeutet nicht, schon zu wissen, wie Sie jeden einzelnen Moment der Reise handhaben sollen – und es bedeutet ganz sicher nicht, dass Sie (oder andere) wissen, wo die Reise endet.

Als Kind litt ich unter Fettleibigkeit, einem Problem, bei dem mir meine Familie zu helfen versuchte – von Diäten bis hin zu injizierten Wachstumshormonen. Mit zwanzig schlug ich mich immer noch mit demselben Problem herum. An einem magischen Tag erkannte ich, dass ich mich selbst nie wirklich für einen gesunden Körper engagiert hatte. Ich gelobte abzunehmen. Innerhalb eines Monats verlor ich 30 Pfund und im Folgejahr noch weitere 70. Es war nie einfach, aber das war es zuvor auch nicht gewesen. Das Feld der Möglichkeiten lässt das Leben oft reicher und aufregender erscheinen, aber denken Sie immer daran: Dieses Feld wurde durch Ihre Bereitschaft bestellt, den ersten Schritt zu tun.

An Silvester oder am 1. Januar treffen viele von Ihnen gute Vorsätze. Sie geloben endlich Sport zu treiben oder mehr Geld zu sparen. Hier und jetzt möchte ich Sie jedoch auffordern, einen anders gearteten Vorsatz zu fassen: «Dieses Jahr verspreche ich mir, bewusst, mit allen Sinnen zu leben, und ich werde dabei Spaß haben.»

Etwas Neues zu lernen ist das Besteste auf der Welt.
Andrew Harper, 7 Jahre

Stellen Sie sich Ihre Reise der Bewusstwerdung als Lernprojekt vor, nicht als Therapie. Ein Lernumfeld bietet gegenüber einem Therapie- beziehungsweise Heilumfeld ganz bestimmte Vorteile. Bei Letzterem müssen wir immer davon ausgehen, dass etwas mit uns nicht stimmt, bevor es uns besser gehen kann. Während meiner Beratertätigkeit habe ich immer wieder erlebt, wie schwer Menschen mit dem Feedback, das sie erhalten, zu ringen haben. Das große Problem beim Feedback besteht darin, dass man denkt: «Was stimmt mit mir nicht?» Dann schaltet man sofort auf Verteidigung oder fühlt sich schlecht und übersieht so am Ende die Botschaft. In einem Lernumfeld geht man nicht davon aus, dass etwas mit uns nicht stimmt; dort heißt es einfach, dass es Dinge gibt, die wir lernen können, um unser Leben leichter und produktiver zu gestalten. Das Lernumfeld lädt uns dazu ein, die volle Verantwortung für unser Leben zu übernehmen, sich in der Gegenwart zu engagieren und sich Ziele für die Zukunft zu stecken.

Kehren Sie heute bei der Verrichtung Ihrer Alltagsaktivitäten regelmäßig zu der Frage zurück: «Was kann ich in diesem Augenblick lernen?» Machen Sie sich klar, dass es bei Ihrer Reise nicht darum geht, Recht zu haben oder etwas zu leisten; es geht immer nur darum, etwas zu lernen.

Die angenehmste Verantwortung trägt immer schon ein anderer. Anonymus

Wir alle haben schon die Macht ungesunder Verantwortung erlebt. Die Märtyrerin zu spielen und für andere die Last der Verantwortung auf sich zu nehmen ist ungesund. Wenn jemand, der die Schuld immer gern von sich weist, seine Verantwortung auf den Schultern eines anderen ablädt, dann ist das ebenfalls ungesund. Bei der Reise in ein bewusstes Leben muss man die Verantwortlichkeitsformel genau einhalten: 100 Prozent für dich und 100 Prozent für mich.

Gesunde Verantwortung definiert sich so: Wir übernehmen 100 Prozent der Verantwortung und inspirieren gleichzeitig andere dazu, das Gleiche zu tun. Der gesunden Verantwortung stehen zwei Formen der ungesunden Verantwortung gegenüber: weniger als 100 Prozent zu übernehmen (dabei sieht man sich als Opfer) oder mehr als 100 Prozent (dabei sehen wir andere als Opfer und ernennen uns zu deren Fürsprechern).

Achten Sie heute darauf, ob Sie sich selbst als Opfer sehen oder ob Sie anderen diese Rolle zuweisen. Beginnen Sie Ihre Suche, indem Sie die folgenden Aussagen laut aussprechen:

Ich weiß, wie man klare Absprachen trifft. Absprachen mit anderen treffe ich ganz bewusst. Wenn ich etwas zusage, dann halte ich das auch ein. Wenn ich sage, dass ich etwas nicht tue, dann tue ich es auch nicht. Ich weiß, was ich zu tun habe, falls ich – oder die anderen – doch einmal eine Absprache nicht einhalte. Ich weiß, wie man Absprachen ändert, die nicht funktionieren. Ich übernehme die gesunde Verantwortung für mein Leben.

Erwachsen werden, das ist schrecklich schwer. Es ist so viel leichter, es sein zu lassen und von einer Kindheit in die andere zu wechseln. F. Scott Fitzgerald

Es ist ganz einfach herauszufinden, was einem insgeheim wichtig ist – wir müssen uns nur ansehen, womit wir uns herumschlagen.

Ein Freund beklagte sich, dass er viel Zeit und Energie an das Finanzamt verschwendete. Ich fragte ihn: «Warum, meinst du, machst du das so hingebungsvoll?» – «Ich mache das überhaupt nicht hingebungsvoll», fing er an. Ein törichtes Lächeln überzog sein Gesicht, als ihm ein Licht aufging. Später teilte er mir seine Einsichten am Telefon mit: «Wenn ich meine Energie für das Finanzamt aufbrauche, dann muss ich mich nicht der schwierigen Aufgabe stellen, neue Einkommensquellen aufzutun.»

Viele von uns sind der verrückten Überzeugung, dass unsere Absichten und das, was letztendlich aus ihnen wird, zwei Paar Stiefel sind. In dem Augenblick, in dem wir akzeptieren, dass die Dinge, die wir tun, sichtbar gemachte, unbewusste Absichten sind, wird unser Leben um einiges einfacher.

Nehmen Sie sich ein bestimmtes Problem vor, das Ihnen Kummer bereitet, beispielsweise «Ständig streite ich mich mit meinem Partner». Suchen Sie die unbewusste Absicht, die zu diesem Ergebnis führte: «Ich streite mit meinem Partner, weil mir dieser ständige Streit etwas gibt.» Achten Sie darauf, wie Ihr Körper und Ihr Geist gegen diese kraftvolle Behauptung ankämpfen wollen. Achten Sie aber auch auf das Gefühl der Heiterkeit, wenn Sie endlich Ihre unbewusste Absicht anerkennen. Jetzt haben Sie das Steuer in der Hand!

Es gibt eine Zeit im Leben, in der wir etwas über uns schlucken müssen, und es schmeckt entweder gut oder stößt sauer auf. Pearl Bailey

Es ist ein normaler menschlicher Instinkt, sich nur kurz auf das zu konzentrieren, was verändert werden muss, und dann übereilt aktiv zu werden. Machen Sie langsamer. Gestatten Sie sich den Luxus, über das Loslassen nachzudenken. Heute ist die Zeit, den Blick zu schärfen, neue Wege zu lernen, tief in sich zu schauen und verborgene Schichten offen zu legen. Das Reiseziel hat wenig Wirkung, wenn Sie die Reise nicht miterleben. Lassen Sie Ihr Bedürfnis los, nur das Ziel im Auge zu haben. Heute besteht Ihre Aufgabe darin, Schicht um Schicht an Erinnerungen, Erfahrungen oder Gefühlen abzuschälen, die sich über Ihr Herz gelegt haben. Lieben Sie jede neue Schicht, die Sie offen legen, und lieben Sie sich selbst wegen all Ihrer Facetten, insbesondere derjenigen, die Sie am tiefsten in sich versteckt haben.

Nehmen Sie sich fünf bis zehn Minuten Zeit. Denken Sie an eine Zeit, als Sie vorschnell vor einem bestimmten Teil Ihrer selbst geflohen sind. Wovor sind Sie weggelaufen? Warum?

Gestatten Sie Ihren Gedanken, in der Erinnerung herumzuwandern, und akzeptieren Sie alle Gefühle, die dabei hochkommen: Trauer, Frust, Wut, Scham, Angst … Diese Gefühle sind ebenso ein Teil von Ihnen wie Ihre braunen Augen. Sie könnten ebenso versuchen, Ihre Augen zu verstecken wie Ihre Gefühle zu verleugnen. Sie sind *Ihre Gefühle und Ihre Gefühle sind Sie.*

Es scheint so natürlich und einfach, mich selbst zu lieben. Wie konnte ich es mir nur je so schwer machen?

Diese «sicheren», geschützten Stellen, die wir um unser Herz herum erschaffen – diejenigen, die so angelegt sind, dass niemand uns verletzen kann –, haben einen entscheidenden Fehler: Wenn niemand uns verletzen kann, kann uns auch niemand berühren. In der wirklichen Welt der bewussten Beziehungen ist niemand und doch jeder sicher. Ein Paradoxon? In einer bewussten, hingebungsvollen und ehrlichen Beziehung wagt man sich mit seinem Herzen in das dicke Gestrüpp der Wahrheit und zweifellos besteht die Möglichkeit, dass unser Herz zerschlagen und wund endet. Obwohl wir manchmal Schmerz erfahren werden, bietet sich uns auch immer wieder die Gelegenheit, überschäumende Freude zu erfahren und ein solch gutes Gefühl, wie es einem Menschen, der sein Herz versteckt, unvorstellbar scheint.

Stellen Sie sich Ihre Geheimnisse und Unwahrheiten als etwas Dunkles vor und Ihre Wahrheit als hell, luftig und rein. Schließen Sie die Augen und atmen Sie. Atmen Sie all die dunklen Geheimnisse und Unwahrheiten aus, die die Poren Ihres Körpers verstopfen, und atmen Sie die reine, helle Wahrheit ein. Lassen Sie sich von der Helligkeit und dem guten Gefühl vereinnahmen, die Ihnen sagen, dass Sie im Frieden mit der Wahrheit sind. Kehren Sie zu der Körperlichkeit des guten Gefühls zurück, indem Sie sich auf diese Gefühle konzentrieren, wenn Sie merken, dass Sie vom bewussten Weg abkommen.

Ich glaube, wir können weit mehr Vertrauen aufbringen, als wir das bislang tun. Henry David Thoreau

Wenn Sie Ihr Herz verstecken, entsteht eine Pseudosicherheit. Jedes Wesen krümmt sich, wenn es verletzt wird, aber der mutige Mensch muss sich wieder aufrichten und erneut ein Risiko eingehen, um zu wachsen. Nach der schmerzlichen Trennung von meiner ersten Liebe hielt ich mein Herz jahrelang verschlossen. Rückblickend glaube ich nicht, dass ich in dieser ganzen Zeit etwas Wertvolles in Sachen Beziehung gelernt habe. Schließlich kroch ich aus meinem Schneckenhaus und begab mich wieder in die Welt. Natürlich bekam ich meinen Teil an Schmerz ab, aber ich spürte auch wieder die Heiterkeit des Wachstums.

Stellen Sie sich heute einige dieser Schlüsselfragen:
Was verberge ich?
Vor wem oder was verstecke ich mich?
Was habe ich davon, dass ich mich verberge?
Welchen Preis muss ich für mein Versteck bezahlen?

Nichts ist so lästig wie ein Geheimnis.

Französisches Sprichwort

Wie sieht Ihr größtes Geheimnis aus, die Sache, die nie über Ihre Lippen kommt? Denken Sie einen Augenblick darüber nach und überlegen Sie sich, warum Sie diese Sache in dem Versteck Ihres Herzens verschlossen haben. Wenn Scham Ihr Beweggrund war, machen Sie sich klar, dass Ihr Herz wie eine Petrischale agiert und sich Ihre Scham in der Dunkelheit und Feuchtigkeit wie ein kleiner Krankheitserreger ausbreitet. Die einzige Möglichkeit sich zu reinigen, besteht darin, Ihr Herz zu lüften. Geheimnisse gedeihen nicht im hellen Licht des Tages und sie überwältigen uns auch nicht, wenn wir uns nicht ihrer Gnade ausliefern. Nehmen Sie Ihr Geheimnis in Besitz mit dem Wissen, dass Sie größer sind als jedes Geheimnis. Ohne Ihr Einverständnis kann es Sie weder besitzen noch kontrollieren.

Suchen Sie sich einen hellen, ruhigen Ort, an dem Sie nicht gestört werden. Schreiben Sie mit Füllfeder und Papier Ihr Geheimnis mit möglichst wenig Worten auf und konzentrieren Sie sich auf das, was Sie geschrieben haben. Atmen Sie tief, spüren Sie die saubere, frische Luft, die Sie durchströmt. Legen Sie anschließend das Blatt Papier zur Seite. Machen Sie diesen Augenblick zu demjenigen, in dem Sie sich von der Dunkelheit des Geheimnisses trennen. Jetzt ist es draußen und was noch in Ihnen ist, braucht liebevolle Akzeptanz und Heilung. Mit dem heutigen Tag haben Sie diesen Prozess begonnen.

Des Menschen Unglück rührt daher, dass er sich der Wirklichkeit nicht so stellt, wie sie ist. Buddha

Die Reise des bewussten Lebens wird in dem Moment mühelos, in dem Sie ein einfaches Prinzip lernen, das zu meistern ein Leben lang dauern kann. Dieses Prinzip lautet: Stress und Anspannung werden nicht durch die Ereignisse des Lebens verursacht, sondern dadurch, dass wir den vier erforderlichen Reaktionen auf diese Ereignisse aus dem Weg gehen. Je mehr wir diese Reaktionen meiden, desto mehr Spannung baut sich auf, und das nicht nur in unserem Körper. Spannung entsteht, wenn wir uns der Realität einer Situation nicht stellen oder sie nicht akzeptieren. Der Schlüssel für eine effiziente Handlungsweise liegt darin, die Dinge so zu akzeptieren, wie sie sind. Die Spannung setzt sich fort, wenn wir keine Entscheidung fällen, und sie erreicht ihren Höhepunkt, wenn wir nicht aktiv werden. Nur wenige von uns würden ein Auto mit einem Platten am Hinterreifen über Monate oder Jahre hinweg fahren – die Spannung würde uns in die Verzweiflung treiben. Leider kenne ich Menschen, die einem Problem jahrelang aus dem Weg gehen, einem Problem, das sie innerhalb von Minuten erkennen und in den Griff bekommen könnten.

Nehmen Sie sich heute einen Augenblick Zeit und stellen Sie sich die Schlüsselfrage: «Gibt es in meinem Leben etwas, dem ich aus dem Weg gehe, das ich nicht akzeptiere?» Wenn Ihnen etwas einfällt, akzeptieren Sie es so, wie es ist, und gehen Sie dieses Problem dann sofort an.

Ich mache ihnen das Leben nicht zur Hölle. Ich sage einfach die Wahrheit und das kommt ihnen wie die Hölle vor.

Harry S. Truman

Was wäre, wenn unserem ersten Schritt auf dem Weg des bewussten Lebens nicht Schmerz, vergrabene Wunden und Ängste folgen würden, sondern Freude und Lachen? Sind Sie jemand, der tief im Innern weiß, dass eine Beziehung schwierig zu sein hat – harte Arbeit, mühevolle Kommunikation, nüchterne Gedanken und unangenehme Gefühle? Denken Sie doch einmal über die Alternative nach: Obwohl wir konzentriert daran arbeiten müssen, verkörpert bewusstes Leben und Lieben reine, überschäumende Freude! Ich kenne viele Paare, die, kurz nachdem sie sich lange vorenthaltene Wahrheiten offenbarten, etwas, worüber sie seit Wochen oder Monaten nicht zu sprechen wagten, lachten und Händchen hielten. Wenn Sie Ihre Gefühle an die Luft lassen, beenden Sie die dunkle Existenz, die von der Scham zeugt. Stattdessen richten Sie Ihr Gesicht stolz in die Sonne.

Jetzt liegt es an Ihnen, die Wahrheit über das zu sagen, worüber sich nicht streiten lässt: über Sie und Ihre Gefühle. Fragen Sie sich heute, wie es Ihnen geht. Erkundigen Sie sich ehrlich in Ihrem Herzen und Ihrer Seele. Wenn Ihr Partner oder ein enger Freund Sie fragt, wie es Ihnen geht, wird Ihre Antwort aus Ihrem Herzen kommen. Versuchen Sie Ihre Gefühle auszudrücken. Mögliche Gefühle (jedes davon Ihre Wahrheit, Ihre Tatsache) sind beispielsweise: glücklich, einsam, verwirrt, zufrieden, wütend, aufgeregt …

Ich wundere mich oft, warum zwar jeder Mensch sich selbst am meisten liebt, jedoch seine Meinung von sich selbst hinter die aller anderen stellt. Marc Aurel

Wie kommt es, dass Sie heute hier sitzen und diese Worte lesen? Eine feste oder zitternde Stimme – vielleicht beides – hat Sie gerufen und Sie hierher gebracht. Sie haben den Glauben und den Mut zuzuhören. Diese Stimme ist *Ihre* Stimme, Ihr Herz, das offen ist und nach Veränderung verlangt. Hier die erste Wahrheit für Sie: *Ich bin heute hier, weil meine Begeisterung, mein volles Potential auszuleben, größer ist als meine Verhaftung an das Vertraute.* Ich will lebendig sein. Ich will mich an siedend heißen Wahrheiten verbrühen und mich mit kühlender Ehrlichkeit heilen. Ich will Dinge, von denen es hieß, sie wären zu viel verlangt. Raum zum Atmen für meine Essenz – meine Integrität – ist nicht zu viel verlangt; es ist mein gutes Recht.

Legen Sie im Laufe des Tages einige Pausen ein, um die Reise anzuerkennen, auf der Sie sich befinden, und um sich selbst daran zu erinnern, offen für die Reise zu bleiben. Affirmation: «Heute wird mein Wunsch, zu lernen und zu wachsen, größer sein als mein Verlangen, derselbe Mensch zu bleiben.» Atmen Sie vor, während und nach Ihrer Affirmation tief durch. Sie reinigen dadurch sowohl Geist als auch Körper. Wiederholen Sie diese Affirmation immer dann, wenn Alltagsinteraktionen Sie angespannt oder ängstlich machen. Denken Sie daran: Ich bin heute hier zum Wohle meines Herzens.

Niemand kann Ihnen etwas beibringen, was nicht schon im Dämmer Ihres Wissens schlummert. Kahlil Gibran

Ehren Sie Ihre Wurzeln aus der Vergangenheit, die Wahrheiten und Erfahrungen, die Ihre Lebensgeschichte bilden – alles, was tief in Ihrem Herzen verwurzelt ist. Ehren Sie Ihre Facetten, den Tanz, das Atmen, das lebendige Zeugnis Ihres Offenseins für Wachstum und Veränderung. Obwohl Sie vielleicht manches von sich loswerden wollen, insbesondere aus Ihrer Vergangenheit, sind das Einzige, das wir loslassen müssen, Verhaltensweisen; unsere Geschichte und unsere Erinnerungen werden wir nicht los. Sie sind *in* uns und *gehören* zu uns, ebenso wie unser Herz, und wir tun gut daran, ihre dauerhafte Anwesenheit zu respektieren. Das soll nicht heißen, dass Sie Ihrer Vergangenheit erlauben dürfen Sie zu beherrschen. Sie müssen vielmehr lernen wachsam zu sein, um Ihre Vergangenheit zu ehren und sie dennoch davon abzuhalten, zu Ihrer Gegenwart zu werden oder Ihre Zukunft zu bestimmen.

Denken Sie an ein Wort, mit dem Sie sich selbst oft beschreiben. Sprechen Sie dieses Wort laut aus, lauschen Sie ihm, spüren Sie es – erfahren Sie, was es für Sie bedeutet. Begrüßen Sie das Wort, wenn Sie es aussprechen. Akzeptieren Sie Ihre Kraft, Ihre Stabilität, heißen Sie den Teil von sich willkommen, der aufrecht steht und vom Wind der Veränderung nicht bewegt wird – und begrüßen Sie gleichermaßen den Teil von sich, der in der Brise schwankt, sich zur Sonne reckt und jenes Wachstum und jene Veränderung sucht, die Bewegung und Wärme mit sich bringen.

Mr. Duffy lebte in kurzer Entfernung von seinem Körper.
James Joyce

Gehen Sie ruhig davon aus, dass immer, wenn Sie sich für etwas engagieren, bald darauf eine große Herausforderung auf Sie zukommt. Auf diese Art und Weise will sich das Universum vergewissern, dass es Ihnen ernst ist. Ich habe vor einigen Jahren beschlossen mich für meine Gesundheit zu engagieren und stellte meine Ernährungsweise radikal um. In der ersten Woche nahm ich fünf Pfund ab und fühlte mich besser als seit langem. Prompt kam eine Freundin mit einer riesigen Pralinenschachtel vorbei. Ich konnte förmlich das Tauziehen zwischen meinem Engagement für meine Gesundheit und meinem brennenden Verlangen nach einem Karamell spüren. In der ersten Runde gewann das Karamell, aber mir wurde schlecht und so nahm ich das Engagement für mein Wohlbefinden wieder auf. Sie sind sich selbst immer mehr im Weg als die Knüppel, die andere Ihnen zwischen die Beine werfen. Wenn sich die inneren Dämonen erheben, machen Sie sich klar, dass es nur aufgrund Ihres Engagements für eine neue Lebensweise geschieht. Wenn Sie ein großes Engagement eingehen, werden all Ihre inneren Barrieren an die Oberfläche gespült, um von Ihrer Akzeptanz geläutert zu werden.

Stimmen Sie sich auf die körperlichen Empfindungen ein, die Sie erfahren werden, wenn Sie planen, sich auf der Ebene der Seele für ein bewusstes Leben zu engagieren. Achten Sie darauf, ob Sie Angst, Wut, Trauer oder etwas anderes fühlen. Akzeptieren Sie alles, was hochkommt, denn es ist ein Teil von Ihnen, der akzeptiert werden will und muss.

Denn ein jeder Mensch hat seinen Eingang ins Leben.
Apokryphen

Seit Jahren arbeite ich mit Menschen, deren Probleme bis zur Geburt zurückreichen und sogar in die pränatale Phase. Ein Geburts- oder Vorgeburtstrauma kann unsere Lebenserfahrungen prägen, wenn wir es uns nicht liebevoll und respektvoll ins Bewusstsein rufen. Es gibt unmittelbare Symptome eines Geburtstraumas; so kann jemand, der im Geburtskanal feststeckte, später Klaustrophobie entwickeln. Andere Arten eines Geburtstraumas sind «bildlicher»; ein ungewolltes Kind muss später vielleicht von Augenblick zu Augenblick um das Zutrauen kämpfen, dass andere es wirklich lieben und schätzen. Welcher Religion Sie auch angehören, Sie können nicht nur an Ostern die zweite Chance feiern – die zweite Chance, angesichts Ihrer Menschlichkeit demütig zu sein, und die Gelegenheit und die Gnade, die es Ihnen erlauben, unvollkommen zu sein und dennoch geliebt zu werden und zu lieben.

Führen Sie sich zurück zu dem Augenblick Ihrer Geburt. Stellen Sie sich die Dunkelheit vor und wie Sie ins Licht fluten. Die friedlichen, rhythmischen Geräusche der Gebärmutter und die lauten Geräusche des Lebens, die Sie bei Ihrer Geburt begrüßten. Atmen Sie langsam und tief und gestatten Sie sich, noch einmal geboren zu werden. Heute ist Ihre Geburt ein Grund zur Freude, der nur Liebe, Wärme, Akzeptanz und Freude mit sich bringt. Es ist richtig, geboren zu werden, und Sie haben das Recht dazu. Machen Sie sich das heute klar.

Ich habe nicht den Wunsch, durch das Tanzen irgendetwas zu beweisen. Ich tanze einfach. Fred Astaire

Unser Körper ist ein magisches Gefährt, das unsere Erfahrungen, Gefühle und unser Wesen trägt. Je weiter wir von der Empfindung unseres Körpers entfernt sind, desto weiter entfernen wir uns von unserem Wesen; die beiden sind unentwirrbar miteinander verschlungen. Durch Drogen oder Alkohol trennen sich die Menschen körperlich von ihrem emotionalen Dasein. Indem sie ihren Körper betäuben, betäuben sie auch die Gefühle, die nach Aufmerksamkeit verlangen. Es ist ein Teufelskreis, aus dem es nur einen Ausweg gibt: sich selbst zu kennen, zu umarmen und zu lieben; sich selbst zu konfrontieren, ohne den Schutzschild der Täuschung zwischen uns und unserem Wesen.

Schließen Sie die Augen und richten Sie Ihre Aufmerksamkeit nach innen. Achten Sie auf Ihre Empfindungen, während Sie dreimal entspannt und tief durchatmen. Bewegen Sie sich dann auf eine Weise, die die Freude ausdrückt, sich selbst zu kennen oder zentriert zu sein. Vielleicht wollen Sie sich wie zu Musik wiegen oder auch tanzen. Lassen Sie die Bewegung ganz natürlich entstehen. Öffnen Sie nun die Augen und machen Sie drei Beobachtungen, ohne zu urteilen: 1) Mein Körper fühlte _______, 2) Am stärksten bewusst war ich mir meiner _______, 3) Dieser Teil von mir fühlte sich an wie _______. Seien Sie sich im Laufe dieses Tages Ihres Körpers bewusst. Verbinden Sie Ihre emotionale Erfahrung mit Ihrer physischen. Spüren Sie die wundersame Verwandlung Ihres Körpers.

Ich habe eine alltagstaugliche Religion, die für mich gut funktioniert: Liebe dich selbst, dann ergibt sich alles andere wie von selbst.
Lucille Ball

Oberflächlich betrachtet klingt es selbstsüchtig, sich selbst zu lieben, aber in Wirklichkeit ist es der ultimative Akt des selbstlosen Schenkens. So sind Egoismus und Prahlerei nur deshalb schwer zu ertragen, weil sie ein Zeichen von Selbsthass sind. Sie verkörpern den verzweifelten Versuch, die Aufmerksamkeit anderer auf sich zu lenken, weil man sich selbst nur verachten kann. Ein Augenblick ehrlicher Selbstliebe kann zu einem Leben der mitfühlenden Hilfe führen. Eine meiner Freundinnen, Yogalehrerin und allein erziehende Mutter mit mehreren Kindern, erzählte mir: «Wenn ich mir jeden Tag ein paar Minuten für meine Meditation nehme, um mit mir selbst in Einklang zu kommen, dann kann ich den Rest des Tages ganz für meine Kinder da sein. Doch wenn ich mir diese kurze Zeit versage, bin ich schon bei der kleinsten Forderung der Kinder verstimmt.» Wir sollten uns alle ihre Entdeckung zu Herzen nehmen. Wenn man die unliebenswerten Teile von sich selbst liebt – Wut, Angst, Trauer oder was immer –, klären sich die Probleme mit anderen Menschen.

Nehmen Sie sich heute fünf oder zehn Minuten Zeit für sich selbst. Tun Sie nichts – setzen Sie sich einfach hin und seien Sie für sich da. Schätzen Sie sich selbst so, wie Sie sind. Machen Sie sich klar: Wenn ich mich nicht gut um mich selbst kümmere, wer dann?

Wenn du es nicht in deinem Körper findest, wohin willst du dann gehen, um es zu suchen? Upanischaden

Wir mögen staunend vor dem Taj Mahal oder den Großen Pyramiden stehen, aber Tag für Tag spazieren wir in einem Wunder herum – unserem eigenen Körper. Die steinernen Wunder verblassen dagegen. Unser Körper ist reich an Weisheit und eine echte Quelle der Erleuchtung … wenn wir auf ihn hören. Wir neigen allerdings dazu, uns auf die Dinge zu konzentrieren, die mit unserem Körper nicht stimmen, und schätzen ihn nicht als das Wunder, das er ist. Das ist so, als ob man die Pyramiden besucht und nur die fehlenden Felsblöcke moniert. Den ganzen Tag über saugt unser Verstand Bilder in sich auf – im Fernsehen, auf Reklametafeln und in Zeitschriften. Im Laufe eines einzigen Tages sind wir unter Umständen mehreren hundert Werbebotschaften ausgesetzt, ohne es zu merken. Dieses Bombardement aus Bildern macht es schwer, in uns zu horchen, um beispielsweise herauszufinden, was unser Körper wirklich essen will. Am Ende eines typischen Tages können durchaus zehn Minuten am Stück Bilder in Ihren Kopf gepumpt worden sein. Verbringen Sie mindestens ebenso viel Zeit damit, auf Ihren Körper zu hören.

Nehmen Sie sich jetzt gleich ein paar Minuten um Ihren Körper zu ehren. Schenken Sie ihm einen Augenblick der schweigenden Wertschätzung für all die Jahre, die er Ihnen schon gedient hat. Fragen Sie Ihren Körper: «Was kann ich heute für dich tun, um dir zu zeigen, dass ich dich liebe?»

Kühnheit trägt Genie, Kraft und Magie in sich.
Johann Wolfgang von Goethe

Ein bewusstes Engagement läutet den Prozess der bewussten Veränderung ein. Viele Menschen im Süden der Vereinigten Staaten haben beispielsweise über die Bürgerrechtsbewegung nachgedacht, aber erst Martin Luther King engagierte sich bewusst dafür und es traten Veränderungen ein. Viele Menschen hatten schon daran gedacht, zum Mond zu fliegen, aber erst John F. Kennedy traf die bewusste Entscheidung, jemand dorthin zu schicken. Sobald diese Entscheidung gefällt war, trat Veränderung ein. Ich habe das Gleiche auf persönlicher Ebene sowohl im Kleinen wie im Großen erlebt, wenn meine Schüler und Freunde eine Absicht in ihrem Leben verfolgten und diese Absicht erblühen und Wurzeln schlagen ließen. Zu Beginn unserer Reise des bewussten Lebens sollten wir uns für etwas engagieren. Dann tritt Veränderung ein.

Stellen Sie sich heute ein paar Minuten vor den Spiegel und sprechen Sie die folgenden Aussagen laut aus:

Zunächst engagiere ich mich für die Selbsterkenntnis: Ich will mich authentisch und vollständig kennen lernen. Zweitens engagiere ich mich für die Wahrheit: Ich verpflichte mich, mein Selbst authentisch auszudrücken. Drittens stehe ich für Integrität ein: Ich verpflichte mich, meine Gefühle anzuerkennen, die Verantwortung für mein Tun zu übernehmen und alle Absprachen einzuhalten. Viertens stehe ich für Kreativität ein: Ich verpflichte mich, meine eigene Kreativität voll auszudrücken und zum Katalysator der Kreativität anderer zu werden.

Wir brauchen mehr Menschen, die sich auf das Unmögliche spezialisieren. Theodore Roethke

Es gibt in unserem Leben drei «Zonen» des Lernens. Zone eins besteht aus dem, von dem wir wissen, dass wir es wissen. Ein Beispiel: Sie wissen, wie man Auto fährt, und Sie wissen, dass Sie es wissen. Dann gibt es Zone zwei, Dinge, von denen wir wissen, dass wir sie nicht wissen. Ein Beispiel: Sie wissen um die Lehre von den quadratischen Gleichungen, aber Sie wissen nicht, wie sie im Einzelnen aussieht. Die Schlüssellehren des Lebens treten allerdings in Zone drei auf: Dinge, von denen Sie nicht wissen, dass Sie sie nicht wissen. Ein Beispiel: Zu Beginn meiner Ehe sagte man mir, ich sei emotional distanziert. Zuerst leugnete ich es, dann rechtfertigte ich es eine Zeit lang und dachte, meine Frau und meine Freunde hielten mich nur für distanziert, weil sie mich um meine Selbstsicherheit beneideten. Schließlich lernte ich durch eine Zone-drei-Erfahrung etwas, das mein Leben veränderte: Ich erkannte, dass ich andere nicht an mich heranließ, weil ich fürchtete, sie könnten mich verlassen, und wenn ich mich abweisend verhielt, würde es nicht so wehtun. Der Punkt ist der: Ich hatte nicht gewusst, warum ich mich so distanziert verhielt, und ich hatte nicht gewusst, dass ich es nicht wusste.

Erschließen Sie die Macht der Zone drei durch bewusste Hingabe. Sprechen Sie es laut aus: «Heute will ich das lernen, was ich am dringlichsten lernen muss. Ich erwarte nicht länger, dass sich mir das Leben auf bestimmte Weise präsentiert – ich nehme es, wie es kommt, und lerne, so viel ich kann.»

Der Mensch ist nur ein Teil und hofft doch ganz zu sein.
Robert Browning

Unsere Verteidigungshaltung ist das größte Hindernis auf dem Weg des bewussten Lebens. Jedes Mal, wenn Sie sagen «Moment, das ist nicht die Erfahrung, die ich eigentlich machen will!», setzen Sie den Fuß auf die Bremse der möglichen Lernerfahrungen. Echter Mut ist erforderlich, um sich gegen die eigene Verteidigungshaltung zu stellen, sie bewusst loszulassen und sich verletzlich zu machen.

An den Antworten auf die Frage «Was fühlst du gerade?» lassen sich verschiedene Verteidigungsmuster demonstrieren. Ablenkung: «Ich muss erst telefonieren, dann können wir reden.» Feindseligkeit: «Warum sind nur immer alle von Gefühlen wie besessen? Was ist mit dem guten altmodischen Denken passiert?» Übermäßige Intellektualisierung: «Mein Freund Sid hat irgendwo gelesen, Gefühle würden aus drei chemischen Stoffen bestehen, an die ich mich im Moment leider nicht erinnern kann.» Der Versuch, Zustimmung zu gewinnen oder zu gefallen: «Vermutlich habe ich Angst – hört sich das für dich richtig an?»

Achten Sie heute darauf, wann Unbehagen in Ihnen aufsteigt. Fragen Sie sich jedes Mal, wogegen Sie sich damit verteidigen wollen. Wenn Sie sich im Moment des Verteidigens ertappen und Ihre Verteidigungshaltung dann bewusst loslassen, machen Sie einen großen Sprung nach vorn auf dem Weg des bewussten Lebens.

Man sieht nur mit dem Herzen gut; das Wesentliche ist für die Augen unsichtbar. Antoine de Saint-Exupéry

Wenn wir in unserem Körper ein Aufbäumen spüren oder hören, dann heißt das, dass wir uns für den Weg, auf dem wir reisen, noch nicht genügend engagieren. Hören Sie auf die Geräusche Ihres Körpers: die Spannung Ihrer Muskeln, das zögerliche oder befreite Atmen, die Energiebewegungen in ihrer Ganzheit. Wenn ich mich wirklich engagiere, dann spüre ich oft eine gewisse Verspannung oder «Schmetterlinge» im Bauch. Diese Empfindungen lassen mich wissen, dass ich Angst habe, was mir wiederum sagt, dass es an der Zeit ist, mich noch stärker zu engagieren. Als ich beispielsweise beschloss, mich volle drei Jahre für meinen Doktortitel zu engagieren, spürte ich dieses Gefühl beinahe einen Monat lang. Als ich mich schließlich mit Körper und Seele in die Sache stürzte – «Nichts wird mich aufhalten können» –, verschwand die Angst binnen eines Augenblicks. Stellen Sie sich die Angst als Prüfstein Ihres Engagements vor, als eine Möglichkeit, Ihre Aufmerksamkeit auf die Frage zu richten: «Will ich das wirklich?»

Sprechen Sie Ihr Engagement für ein bewusstes Leben laut aus. Verwenden Sie alle Worte, die Sie wollen. Während Sie es laut aussprechen, achten Sie darauf, ob irgendwelche Gefühle in Ihrem Körperbewusstsein aufsteigen. Nützen Sie diese als Inspiration, um Ihr Engagement noch zu vertiefen, nicht als Vorwand, um es abzubrechen.

Wenn der Himmel ihn gemacht hat, dann findet die Erde auch Verwendung für ihn. Chinesisches Sprichwort

Zu den kraftvollsten Dingen, die wir tun können, gehört das bewusste Zuhören. Am besten fangen wir damit an, indem wir die Absicht hinter unserem Zuhören untersuchen. Manche Leute hören zu, um einen Fehler zu finden. Andere fragen sich beim Zuhören ständig: «Was ist da für mich drin?» Wieder andere hören nur zu, um das Gesagte zu widerlegen, zu streiten oder zu diskutieren. Bewusstes Zuhören basiert auf einer völlig anderen Absicht. Stellen Sie zuerst sicher, dass Sie genau verstehen, was der andere sagt. Das ist «Zuhören mit Sorgfalt». Die zweite Absicht besteht darin, mit der Emotion hinter den Worten mitzuschwingen. Das nennt sich «Hören auf Gefühle». Wenn der andere beispielsweise wütend ist, dann sollten wir mit der Emotion mitschwingen, damit wir sie verstehen können. Die Menschen wollen gehört werden. Nur selten wünschen sie sich einen Rat, eine Meinung oder eine Diskussion. Stellen Sie sich eine Welt vor, in der die Menschen einander tatsächlich zuhören! Um zu einer solchen Welt beizusteuern, halten Sie im Laufe des Tages öfter inne und führen Sie die folgende Übung durch.

Wenn Sie heute angesprochen werden, dann strengen Sie sich an, hören Sie mit Sorgfalt zu und achten Sie auf Emotion. Verwenden Sie Sätze wie «Wenn ich Sie richtig verstehe, dann meinen Sie ________» oder «Das klingt, als ob Sie das Gefühl haben, dass ________». Halten Sie sich mit Ratschlägen oder Meinungen zurück. Hören Sie lieber so intensiv zu, dass der Redner seine eigene Weisheit findet.

Die Wahrheit wird in uns immer von einer Minderheit vertreten. Will Durant

Eine Absprache nicht einzuhalten und dafür noch eine gute Ausrede zu erfinden ist nicht dasselbe wie eine Absprache *einzuhalten*, und doch tun wir genau das immer wieder, als ob wir klüger wären als derjenige, den wir zum Narren halten wollen – nämlich uns selbst. Das darf nicht sein! Wenn Sie schlau genug sind, um eine Lüge zu erfinden, die Ihre nicht eingehaltene Absprache erklären soll, dann sind Sie auch schlau genug, sich bei dieser Lüge zu ertappen. *Hören Sie auf Ihren Körper.*

Warum lassen wir nicht die Finger von diesem ganzen schmutzigen Geschäft der Selbsttäuschung und nehmen den geraden, sauberen Weg der Wahrheit? Sich auf diesem Weg zurechtzufinden ist einfacher, als Sie glauben. Wenn Sie auf sich selbst hören, auf den Lärm der Selbsttäuschung oder das beruhigende Flüstern der Wahrheit, dann haben Sie es schon so gut wie geschafft.

Denken Sie an einen Vorfall, als Sie Ihrem Partner ein Geheimnis über sich selbst anvertrauen wollten, es aber nicht getan haben. Vielleicht redeten Sie sich ein, Ihren Partner schützen zu wollen. Doch Sie haben nur sich selbst geschützt, sonst niemand. Gehen Sie die Erinnerung noch einmal durch und stellen Sie sich vor, was geschehen wäre, wenn Sie die Wahrheit gesagt hätten. Sollten Sie je in eine ähnliche Konfliktsituation geraten, dann seien Sie ehrlich. In der Welt der Beziehungen sind Lügen und Geheimnisse nichts weiter als Selbstverteidigungsstrategien, die unweigerlich zu Distanzierung und Verstrickungen führen.

Energie ist das einzige Leben und stammt vom Körper; Vernunft umgibt die Energie und gibt ihr Halt.

William Blake

Der erste Schritt auf dem Weg des bewussten Herzens besteht darin, sich auf der Ebene der Seele zu engagieren. Es muss etwas sein, was wir wirklich wollen, und wir müssen unsere Widerstände aufdecken und mit ihnen umgehen. Auf unserer Reise zur Mitte des Herzens treffen wir die bewusste Entscheidung, nichts zurückzuhalten. Visualisieren Sie das, und denken Sie dabei auch an einen Alkoholiker, der seinen Wunsch, mit dem Trinken aufzuhören, öffentlich kundtut, aber immer noch eine Flasche versteckt, nur für den Fall. Sie müssen sich in Ihrem tiefsten Kern engagieren, wenn Sie sicher ans Ziel kommen wollen – der Transformation Ihrer selbst auf intrapersoneller und interpersoneller Ebene. Eine Theorie wird Sie nicht verändern oder neu definieren. Nur dem Engagement gelingt dies, aber es muss echt sein, konzentriert und absichtlich.

Fragen Sie sich selbst: «Was hält mich davon ab, auf dem Weg des bewussten Herzens zu reisen?» Wenn Sie rasch von der gefrorenen Einöde emotionaler Distanz zur Wärme einer liebevollen Umarmung überwechseln können, dann ist das ein Wunder.

Meine Religion ist ganz einfach – meine Religion ist die Freundlichkeit. Der Dalai Lama

Die Kampagne für mehr Freundlichkeit beginnt in unserem Kopf und unserem Herzen. Viele von uns gehen dermaßen kritisch und verächtlich mit sich um, dass es nicht verwundert, wenn das auf andere überschwappt. Laura schreibt: Ich erinnere mich an einen Abend, an dem ich meinem Sohn bei den Hausaufgaben half. Er hatte Probleme in der Schule und ich hörte ihn murmeln: «Ich bin so dumm.» Ich hatte das Gefühl, einen Schlag in den Bauch zu erhalten, als ich mein eigenes Kind von sich selbst so verächtlich reden hörte. Wir legten die Arbeit für einige Augenblicke zur Seite und ich erzählte ihm von meinem eigenen Kampf mit Mathe, dann sprachen wir darüber, wie wir uns lieben können, wenn wir uns gar nicht liebenswert fühlen.

Beginnen Sie heute mit Ihrer Freundlichkeitskampagne. Fragen Sie sich: Wie kann ich heute freundlich zu meinem Körper sein? Wie kann ich freundlich zu meinen Gefühlen sein? Wenn meine Religion die Freundlichkeit wäre, wie könnte ich heute meine Religion mit anderen ausüben?

Legen Sie jetzt zehn Sekunden Pause ein und spüren Sie, wie sich die Freundlichkeit in Ihnen anfühlt. Stellen Sie sich jemand vor, mit dem Sie heute Kontakt haben werden. Umgeben Sie diesen Menschen mit Freundlichkeit. Wenn Sie noch Zeit haben, rufen Sie sich andere Leute ins Gedächtnis, die Sie heute wahrscheinlich treffen werden. Umgeben Sie sie mit Freundlichkeit. Achten Sie darauf, was geschieht, wenn Sie diesen Menschen dann wirklich begegnen.

Man muss jede Gelegenheit ergreifen, die man findet.
Francis Bacon

Bevor Sie sich speziell für die Wahrheit, die Verantwortung oder eine Beziehung engagieren können, müssen Sie sich dem Engagement hingeben. Diese Hingabe bedeutet, sich selbst etwas zu geloben, das Gelöbnis, zu staunen, zu hinterfragen und die Wahrheit zu erfahren, ohne sich mit den Beschränkungen von Vorurteilen und Schuldzuweisungen zu belasten.

Sowohl Laura als auch ich haben ein «fettes inneres Kind», den dicklichen Schatten unseres früheren Körpers. Wir mussten feststellen, dass wir erst in der Lage waren, Zugang zu einem gesunden, neuen Körper zu finden, als wir dieses benachteiligte, ungeliebte Kind in uns liebevoll akzeptierten. Dieses Akzeptieren begann mit Fragen: Wer ist dieses Kind, das so traurig in mir lebt? Und diese Fragen enthielten kein Urteil: Wie kann ich dieses Kind lieben? Wie kann ich dieses Kind wissen lassen, dass es sicher ist und geliebt wird?

Stellen Sie sich noch mehr Fragen zu Ihrem Engagement: Wie sieht ein Engagement auf der Ebene der Seele aus und wie kann ich spüren, dass ich es eingegangen bin? Wie könnte ich das Engagement, mich auf diese Reise zu machen und mein Wesen in Besitz zu nehmen und zu lieben, in Worte fassen?

Der erste und wichtigste Frieden ist derjenige, der in der Seele der Menschen erfolgt, wenn sie ihre Beziehung, ihr Einssein mit dem Universum und all seinen Mächten erkennen und ihnen klar wird, dass im Mittelpunkt des Universums der Große Geist wohnt. Diese Mitte ist in Wirklichkeit überall, sie ist in jedem von uns. Black Elk

In Black Elks großartigerVision sind wir alle durch die gemeinsame Mitte miteinander verbunden. Wir tragen den Großen Geist in uns, in unserer Mitte, und er ist immer da, auch wenn wir ihm keine Aufmerksamkeit schenken. Wenn man diese machtvolle Vorstellung noch weiterführt, könnte man sagen, dass wir uns selbst den Krieg erklären, wenn wir so tun, als seien wir nicht eins mit allem. Wenn wir behaupten, wir seien nicht eins mit Wut, Angst, Sexualität oder irgendeinem anderen Aspekt unserer Persönlichkeit oder der Welt, lässt der Lärm der Disharmonie eine unangenehme Schwingung durch all die Milliarden Zellen laufen, aus deren Tanz wir bestehen. Frieden stellt sich nur dann ein, wenn wir uns selbst als eins mit allem anderen erklären.

Nehmen Sie sich einen Augenblick Zeit, um Ihre Verbindung mit allem zu spüren. Fühlen Sie, dass Ihr Körper zwar aus vielen getrennten Teilen besteht, diese aber in Wirklichkeit alle eins sind. Fühlen Sie, dass Sie genauso sind wie alle anderen Menschen – die gesamte Menschheit ist eins. Fühlen Sie, dass es kein vom Universum getrenntes «Sie» gibt. Alles ist eins und Sie sind alles. Konzentrieren Sie sich an diesem Tag auf das Einssein aller Dinge, nicht auf das, was sie trennt.

Wenn Ihr Kontakt zum Wesentlichen blockiert ist, taucht Ihre Kreativität häufig in den Untergrund ab oder wird fehlgeleitet und verschwendet.

Sie konzentrieren sich darauf, sich selbst zu entdecken, in den Spiegel und in die Seele zu schauen und sich zu gestatten, das, was Sie sehen, auch zu akzeptieren. Viele von uns verbringen Ihr Leben mit dem Kampf, die geheime Scham zu unterdrücken, die im Fluss ihres Blutes strömt und alles in dunkle, verhüllende Töne färbt. Im Gegensatz dazu haben Sie sich entschieden, die mikroskopische Wahrheit zu sagen; Sie haben die volle Ehrlichkeit gewählt und halten nichts zurück. Ihr Anfangspunkt liegt in Ihnen selbst und Sie sind Ihr erstes Publikum. Ich kann nicht versprechen, dass die Wahrheit keine negativen Auswirkungen auf Sie oder auf Ihre Beziehung zu anderen haben wird. Ich verspreche jedoch den frischen, belebenden Atem der Freude und die lebensbejahende Kraft, die sich einstellt, wenn man eine freie Wahl getroffen hat.

Werden Sie sich über etwas klar, das Ihnen Unbehagen bereitet. Setzen Sie sich mit diesem Wissen hin und nehmen Sie es in sich auf. Begrüßen Sie es und die daraus entstehenden Gefühle und fragen Sie sich selbst: «Wie fühle ich mich, wenn ich das liebe, von dem ich früher glaubte, es sei nicht liebenswert?»

Der schnellste Weg, sich elend zu fühlen, besteht darin, seine Versprechen nicht zu halten. Dann müssen Sie so tun, als würden Sie es nicht bemerken, oder Sie müssen lügen und Entschuldigungen erfinden. Und prompt landen Sie im Fettnapf und wissen nicht, wie Sie da wieder herauskommen sollen.

Gail Padilla

Eine der Fertigkeiten des bewussten Lebens besteht darin, Versprechen zu machen und sie einzuhalten. Wer seine Versprechen nicht einhält oder Absprachen trifft, die er nicht einzuhalten gedenkt, entzieht sich selbst Energie. Man verbringt letztendlich so viel Zeit damit, gebrochene Versprechen zu flicken, dass keine kreative Energie mehr übrig ist für ein erfolgreiches Leben. Es besteht eine eindeutige Analogie zur Lüge. Denken Sie an die Energie, die erforderlich ist, um die bei einer Lüge notwendigen Ausflüchte zu entwickeln und aufrechtzuerhalten. Lügen ist Schwerstarbeit und außerdem unproduktiv.

Machen Sie nur Versprechen, hinter denen Sie auch wirklich stehen. Halten Sie gewissenhaft alle Versprechen ein. Wenn Sie eines ändern müssen, tun Sie es sofort und mit Bedacht und seien Sie bereit, den Gefühlen der Betroffenen angesichts Ihrer Änderungswünsche zu lauschen.

Fertigen Sie eine Liste aller Versprechen, die Sie in der letzten Woche nicht eingehalten oder geändert haben. Wenn Sie diese Liste einschüchtert, denken Sie nur an eine Absprache, die Sie nicht eingehalten haben, und leisten Sie Wiedergutmachung bei den Betroffenen. Sie werden erstaunt sein, wie viel kreative Energie daraus entsteht.

Man vertut sein Leben durch Details ... vereinfachen, vereinfachen! Henry David Thoreau

Es gehört zu den machtvollsten Dingen, die Sie in Ihrem Jahr des bewussten Lebens tun können, alle Aspekte Ihres Lebens im Licht der Frage zu überprüfen: «Agiere ich in dem Maß von Einfachheit, wie ich es will?» Sie müssen nicht asketisch leben oder all Ihre Besitztümer verkaufen – das einzige Maß Ihrer Zufriedenheit sind Sie selbst. Vor einigen Jahren wurde mir klar, dass die Komplexität meines Lebens zu viel Energie verschlang. Meine Frau und ich besaßen drei Autos, zwei Häuser, ein Bürogebäude und eine Unzahl anderer «Notwendigkeiten». Es schien uns, dass wir bemerkenswert viel Zeit und Energie mit Reparaturen, Mitarbeiterproblemen und so weiter verbrachten. Schließlich sahen wir ein, wie närrisch das war, und läuteten den Prozess der Vereinfachung ein. Jetzt besitzen wir ein Auto, ein Haus und ein Büro. Wir sind viel glücklicher und produktiver, weil wir gemäß der Frage leben: «Wird das, was ich tun will, mein Leben vereinfachen oder komplizieren?»

Schauen Sie heute einmal in Ihren Kleiderschrank. Stellen Sie fest, welche Kleidungsstücke Sie wirklich lieben und mit welchen Sie sich einfach abfinden. Überlegen Sie sich den kühnen Schritt, all die Kleidungsstücke loszuwerden, die Sie nicht gern tragen. Laden Sie Freundinnen zu einem «Einkaufsbummel» ein. Achten Sie darauf, was mit Ihrer Stimmung und Ihrer Energie geschieht, wenn Sie nur noch Kleidungsstücke tragen, die Sie lieben.

Am schmerzlichsten sind jene Qualen, die man frei sich selbst erschuf. Sophokles

Wenn wir aufmerksam sind, können wir die machtvollsten Lektionen einfach und bequem lernen. Sind wir jedoch unaufmerksam, müssen uns dieselben Lektionen wohl auf die harte Tour verabreicht werden. Ich hatte einmal die Gelegenheit, die Rede eines Managers zu hören, der in seinem Leben schon Tausende eingestellt und gefeuert hatte. Seiner Erfahrung nach ist eine Entlassung eines der besten Dinge, die einem Menschen zustoßen können. Er verfolgte den Berufsweg Tausender Angestellter, die gefeuert worden waren, und erlebte nie einen, der dadurch Schaden erlitten hätte. Er meinte, wenn man entlassen wird, muss man einfach aufwachen. Nach der Entlassung ergreifen viele einen anderen Beruf, bilden sich weiter oder verfolgen einen lange gehegten Traum. Wahrscheinlich gibt eine Entlassung den Schwung, das zu tun, was man die ganze Zeit schon wollte. Das entspricht auch meiner Erfahrung. Ich bin selbst einmal gefeuert worden. Diese Entlassung inspirierte mich dazu, wieder zu studieren und zu promovieren, was ich lange hinausgeschoben hatte, weil ich glaubte, es mir nicht leisten zu können. Kaum hatte ich diese Entscheidung getroffen, stellte sich das Geld ein, das ich dafür brauchte.

Stellen Sie sich heute einige Schlüsselfragen: Gibt es Träume, die Sie auf die lange Bank schieben? Entscheidungen, die Sie fällen müssen? Warten Sie darauf, dass das Leben Ihnen die Lektion «auf die harte Tour» beibringt, oder sind Sie offen dafür, mit Leichtigkeit zu lernen?

Februar

Das Leben findet immer nur im gegenwärtigen Augenblick statt.
Buddha

Vor einigen Jahren stellte mir eine meiner Abschlussschülerinnen eine gewichtige Frage: «Wenn Sie einen Spruch auf ein T-Shirt schreiben sollten, das alle Menschen tragen, wie würde dieser Spruch lauten?» Im Grunde fragte sie mich nach der Zusammenfassung der Prinzipien des bewussten Lebens. Mir fielen spontan zwei Sprüche ein. Meine erste Version lautete: Fühle alle deine Gefühle, sag deine ganze Wahrheit und halte alle deine Absprachen. Meine zweite: Fühle, was du fühlst, finde dein Lebensziel und tue, was getan werden muss.

Es ist wichtig, alle Gefühle zu fühlen, aber dabei sollte man es nicht bewenden lassen. Stellen Sie sich vor, an einem Tag, an dem Sie eine große Rede halten sollen, wachen Sie mit Halsschmerzen und der festen Überzeugung auf, die Rede nicht zu halten. Würden Sie nur auf Ihre Gefühle hören, blieben Sie im Bett. Sie müssen sich auch über Ihr Ziel im Klaren sein. Vielleicht stellt sich bei näherer Betrachtung heraus, dass Sie die Organisation, zu der Sie sprechen sollen, gern leiten würden. Trotz Ihrer Gefühle wird dieses große Ziel Sie aus dem Bett bringen und das tun lassen, was getan werden muss.

Denken Sie an die kommenden Tage. Gibt es etwas, wogegen Sie sich innerlich sträuben? Wenn ja, konzentrieren Sie sich darauf. Fühlen Sie all Ihre Gefühle und machen Sie sich den Sinn dieser Sache klar. Wenn sich der Zweck solide anfühlt, engagieren Sie sich voll dafür.

Mir gefällt der Traum der Zukunft besser als die Geschichten der Vergangenheit. Thomas Jefferson

Einige Menschen werden von ihrer Vergangenheit nach vorn gedrängt, andere von ihrer Zukunft angezogen. Was ist machtvoller? Was ist angenehmer?

Denken Sie zur Beantwortung dieser Fragen an einen Bauernhof. Haben Sie jemals gesehen, wie ein Pferd einen Wagen vor sich herschiebt? Wahrscheinlich nicht. Stellen Sie es sich einen Augenblick lang vor. Diese Vorstellung ergibt nicht nur auf intellektueller Ebene keinen Sinn, wahrscheinlich protestieren gegen dieses absurde Bild auch Ihre Bauchgefühle (Gefühle, denen Sie Ihre Aufmerksamkeit schenken und auf die Sie intuitiv hören sollten, wie Tiere auf die Veränderung im Ton des Windes hören und die elektrische Aufladung in der Luft spüren, wenn ein Wirbelsturm naht).

Der Sog der Zukunft ist um einiges machtvoller – falls Sie die Vergangenheit lange genug loslassen können, um sich in ihn zu begeben.

Lassen Sie uns in die ferne Zukunft reisen, um deren Macht anzuzapfen: Stellen Sie sich auf Ihrem Totenbett vor, immer noch bei klarem Verstand und in philosophischer Stimmung. Ein Besucher kommt vorbei und fragt: «War Ihr Leben ein voller Erfolg?» Ohne zu zögern antworten Sie: Ja! «Was haben Sie erfahren oder erreicht, das Ihr Leben zu so einem Erfolg werden ließ?» Nennen Sie jetzt ohne zu zögern vier oder fünf Dinge, die Ihr Leben zu einer Reise der umfassenden Erfüllung machten.

Wie wir gemacht sind, müssen wir ja sein.

William Shakespeare

Woraus sind Sie gemacht? Bestehen Sie aus den Erinnerungen an Ihre Vergangenheit, aus der Wirklichkeit Ihrer Gegenwart und den Wünschen für Ihre Zukunft? Wer waren Sie und wer werden Sie sein? Das Wunder besteht darin, dass *die Antwort auf diese Fragen in Ihrer Hand liegt.* Sie werden der Mensch sein, für den Sie sich entscheiden. Fassen Sie den Entschluss, sich mikroskopisch genau an die Wahrheit zu halten, und Sie werden ehrlich sein. Geloben Sie, in Ihrem Leben zwischenmenschliche Nähe zu genießen und alles zu beseitigen, was dem im Weg steht, und es wird so geschehen. Engagieren Sie sich für Ihre Weiterentwicklung als Mensch und Sie werden erleben, wie Ihr Engagement Früchte trägt. Die Magie des bewussten Lebens besteht darin, dass dies alles innerhalb Ihrer kreativen Möglichkeiten liegt. Mit Engagement und den richtigen Hilfsmitteln können Sie den Weg des bewussten Lebens nicht verfehlen.

Es liegt an Ihnen, welchen Weg Sie im Leben einschlagen. Einer der ersten Schritte besteht jedoch stets darin, sich die richtigen Fragen zu stellen um den Weg klar vor Augen zu sehen. Denken Sie heute ein paar Minuten über das Wort nach, das am besten beschreibt, was Sie sich in den folgenden Bereichen am meisten wünschen:

Familie
Arbeit
Freundschaft
Partnerschaft

In jedem einzelnen Augenblick des Lebens sind wir nie weniger als das, was wir waren. Oscar Wilde

Laura schrieb aus einem Hotelzimmer im Ausland: Ada, das Zimmermädchen, macht um mich herum sauber. Wir versuchen miteinander ins Gespräch zu kommen, aber wir sprechen verschiedene Sprachen. Ada nimmt ein gerahmtes Foto meiner Kinder, das neben dem Bett steht, in die Hand. Wir lächeln beide, tauschen die Namen und die Anzahl unserer Kinder aus. Als sie gegangen ist, wird mir klar, dass mich unsere Kommunikationsversuche sowohl erfreuen als auch frustrieren. Es freut mich, weil ich mich einsam fühlte und unsere Gesten, Handzeichen und unser Lächeln wenigstens eine Verbindung herstellten, aber ich bin auch frustriert, weil ich nicht mehr verstehen oder sagen konnte. Bei der bewussten Liebe geht es in hohem Maße darum, eine gemeinsame Sprache zu entwickeln, eine Möglichkeit, sich gegenseitig kennen zu lernen. Wenn wir im Ausland sind, wo uns niemand kennt – tatsächlich oder im übertragenen Sinne –, werden wir daran erinnert, dass uns erst die Kommunikation zwischen den Menschen real macht.

Denken Sie an einen Menschen, der Ihnen Freude bereitet einfach dadurch, dass er existiert. Teilen Sie diesem Menschen mündlich oder schriftlich mit, wie wichtig er Ihnen ist. Achten Sie darauf, nicht auf das einzugehen, was er oder sie für Sie tut, sondern auf das, was er oder sie Ihnen bedeutet. Eines muss Ihnen klar sein: Das Beste, was wir mit unseren Gefühlen anstellen können, ist, sie zu fühlen.

Das größte Prinzip der menschlichen Natur ist die Sehnsucht, geschätzt zu werden. William James

In Ihrem Jahr des bewussten Lebens wird ein wiederkehrendes Thema die Kunst der Würdigung sein. Ich kann den Wert der dankbaren Anerkennung gar nicht genug betonen. Eine Sekunde reiner Wertschätzung, die deutlich zum Ausdruck gebracht wird, führt eine Beziehung in eine aufsteigende Spirale der Bejahung. In unserer zynischen Welt ist die Wertschätzung unbeliebt geworden: Die Menschen rollen mit den Augen und murmeln etwas von «rosaroter Brille» angesichts derjenigen, die es regelmäßig schaffen, etwas Positives in dieser Welt offen zu würdigen. Viele von uns gehen auf Nummer sicher und warten, bis etwas Gutes passiert, bevor sie Dankbarkeit und Anerkennung zeigen. Das ist der falsche Ansatz. Suchen Sie nach Dingen, die Sie schätzen können. Fangen Sie mit dem Status quo an, ob Ihnen die Realität passt oder nicht, und es werden Ihnen in immer größerem Maße Reichtümer zukommen.

Atmen Sie dreimal tief durch. Empfinden Sie zehn Sekunden lang Wertschätzung für sich selbst. Schenken Sie sich einfach tiefe, reiche Anerkennung. Würdigen Sie sich aus keinem anderen Grund, als dass es Ihnen Freude macht. Denken Sie jetzt an einen Freund oder eine Freundin und überlegen Sie sich, was Sie an dieser Person wirklich schätzen. Finden Sie einen Weg, ihr diese Wertschätzung innerhalb der nächsten Stunde mitzuteilen: ein Brief, ein Anruf, eine E-Mail. Beobachten Sie, was mit dieser Beziehung passiert – ich sage voraus, dass Sie angenehm überrascht sein werden.

Ach, was ich weiß, kann jeder wissen – mein Herz habe ich allein.
Johann Wolfgang von Goethe

Was wir getan und erlebt haben, unsere Geschichte, definiert häufig, wer wir sind. Wenn wir Beziehungen begreifen wollen, müssen wir den Stimmen von außen lauschen, aber auch auf unsere Intuition, unsere innere Stimme, hören. Sie wissen, was Sie denken und fühlen, und Sie wissen, was Sie sehen und erfahren; verschmelzen Sie all das und lernen Sie damit umzugehen, denn die Wahrheit ist ein weiterer Schritt auf Ihrem Weg zu Wissen und Essenz.

Zu Beginn dieser Reise der Selbstdefinition müssen Sie den Stift, mit dem Sie Ihre Lebensgeschichte schreiben, aus der Hand legen. Das Zerbrechen Ihrer Ehe, das nicht Ihre Schuld war? Das Alkoholproblem, zu dem Sie durch äußere Umstände getrieben wurden? Stellen Sie sich für einen Moment die segensreiche Freiheit vor, all diese Dinge aus einer anderen Perspektive anzugehen, aus einer Sicht, in der Sie sich (mitsamt all Ihren Fehlern) akzeptieren und Frieden mit sich und Ihrer Lebensgeschichte schließen.

Ihr Atem wird Sie wissen lassen, wann Sie zentriert sind. Nehmen Sie sich so viel Zeit, wie Sie brauchen. Schließen Sie die Augen, atmen Sie tief durch, bis Sie spüren, wie Ihr innerster Kern in Ihrem Unterleib langsam das gute Gefühl absorbiert, das tiefes Atmen mit sich bringt. Verharren Sie so, gestatten Sie sich dieses Gefühl des Wohlbefindens kennen zu lernen.

Jeder Augenblick ruft Sie dazu auf, sich zwischen Engagement und Selbstgefälligkeit zu entscheiden.

Rechthaberei und Krittelei besitzen verführerische Qualitäten; häufig verfällt man ihnen wie einer Droge.

Wir alle haben doch Angewohnheiten, die wir liebend gern ablegen würden. Haben Sie schon mal gehört, wie Leute von ihren Gewohnheiten sprechen? Diese halb stolzen, halb wehmütigen Worte, als wären ihre Gewohnheiten liebenswerte, wenn auch ungehorsame Schoßtiere? «Ich weiß, ich sollte das eigentlich nicht», sagt der eine, während die andere nickt und meint: «Im neuen Jahr höre ich damit auf.» Wen wollen die hier zum Narren halten?

Abgesehen von tödlichen Angewohnheiten – Rauchen, übermäßiger Alkoholkonsum, Drogensucht, das Unterdrücken der eigenen Gefühle, bis sie ängstlich und unhörbar im Innern kauern – werden wir alle ohne Ausnahme von den flüchtigen und unfreundlichen Geistern der Angewohnheiten in uns gequält. Lernen Sie Ihre Plagegeister kennen und Sie werden erfahren, dass der Feind häufig in Ihrem Innern sitzt.

Nehmen Sie sich eine Gewohnheit vor, die in Ihren Beziehungen zu anderen Menschen häufig angesprochen wurde. Verbringen Sie etwas Zeit mit dem Gedanken, woher diese Gewohnheit kommt, und überlegen Sie sich dann sorgfältig, welchem Zweck sie in Ihren Beziehungen dient. Wenn Sie zu dem Schluss gelangen, dass diese Gewohnheit keinem Zweck dient, dann denken Sie noch einmal darüber nach. Alles, was Sie tun, tun Sie aus gutem Grund. Das trifft womöglich am stärksten dort zu, wo Sie sich immer wieder selbst ein Bein stellen.

Gewohnheiten sind zunächst zarte Spinnfäden und später dicke Seile.
Spanisches Sprichwort

Seit es Therapieformen wie Psychoanalyse oder Gesprächstherapie gibt, gehört es einfach dazu, sich an frühere Erfahrungen zu erinnern und ihnen eine Stimme zu geben, wenn wir gegenwärtige Beziehungen verstehen wollen sowie die Verhaltensweisen und Neurosen, die innerhalb dieser Beziehungen auftreten. Ich glaube auch, dass Erinnerungen wichtig sind, insbesondere die dauerhaften Eindrücke der Geburtserfahrung, aber allzu häufig musste ich miterleben, wie eine Therapie beendet wird, sobald die Verbindung zwischen Vergangenheit und Gegenwart steht, als ob die Erinnerung allein schon eine Veränderung bewirken würde. Dem ist nicht so. Zwar erinnert sich Ihr Herz an alles, was es seit der Geburt erlebt hat, aber die Vorstellung, dass das Ausfegen dieses Wissens aus den staubigen Winkeln Ihres Herzens zu starken, liebevollen und bewussten Beziehungen führt, ist ein Irrtum. Sie müssen mit den Geheimnissen und Wahrheiten, die Sie ans Licht bringen, etwas tun und sie in die Realität Ihrer Gegenwart übersetzen.

Denken Sie über den folgenden Satz nach: «Als ich noch sehr klein war, haben mir Familienmitglieder oder Freunde der Familie, die mich kannten, gesagt, meine hervorstechendsten Persönlichkeitsmerkmale seien ________.»

Wie haben Sie sich selbst gesehen, nachdem Sie schon früh auf diese Weise definiert wurden? Auf welche Weise werden Sie auch heute noch von den Prophezeiungen anderer definiert?

Es ist nutzlos, irgendwohin zu gehen, um zu predigen, außer unser Gehen ist schon Predigt. Franz von Assisi

Eine der wichtigsten Lektionen in unserem Jahr des bewussten Lebens ist höchstwahrscheinlich diese: Die Freude an der Reise selbst ist nicht nur ein bedeutendes Ziel, es ist *das* Ziel. Das Ergebnis dieser Reise, wie immer es auch aussehen mag, liegt stets im Bereich des Unbekannten. Auf dem Weg zu Ihrem Ziel werden Sie jedoch die Gelegenheit haben, die größte Schau auf Erden mitzuerleben, den Prozess der Bewusstwerdung von Augenblick zu Augenblick. Ich bat einmal einen tibetischen Lama, mir seine wichtigste Lehre zu nennen. Ohne zu zögern erwiderte er: «Reichtum. Reichtum bedeutet, dass man in jedem Augenblick mit einer Fülle an Gedanken gesegnet ist – mit dem Fluss des Bewusstseins selbst. Wer könnte mehr verlangen?» Ich erwiderte: «Was Sie ‹Reichtum› nennen, ist dasselbe, was viele Leute nach eigenen Angaben verrückt macht.» Der Lama nickte. Die Andeutung eines Lächelns umspielte seine Lippen und er sagte: «Ich weiß. Aber es ist besser, man nennt es ‹Reichtum›, finden Sie nicht?»

Beobachten Sie heute im Laufe des Tages den Reichtum in Ihrem Kopf, den freien und gewaltigen Strom an Gedanken. Beobachten Sie den Reichtum in Ihrem Körper, den Strom der Empfindungen und Gefühle. Genießen Sie Ihre Reichtümer im Zusammenspiel von Verstand und Körper.

Glaube nichts, gleichgültig, wo du es gelesen hast oder wer es sagte – selbst wenn ich es sagte –, außer es entspricht deiner Vernunft und deinem gesunden Menschenverstand.

Buddha

Viele der großen Lehrer des bewussten Lebens hatten in den letzten 2000 Jahren ihre Probleme mit dem orthodoxen Denken. Sokrates ereilte sein Schicksal, weil er «die Jugend Athens mit seinen Ideen korrumpierte», und Epiktet musste seine Denkerschule verlassen, als eine Welle früher christlicher Fundamentalisten über Rom hinwegschwappte. Doch wir müssen uns nicht der Geschichte zuwenden – oder auch nur außerhalb von uns selbst suchen –, um einen Blick auf die Schlacht zwischen dem orthodoxen (also dem «strenggläubigen») Denken und dem häretischen Denken («für sich selbst denken») zu werfen. In den meisten von uns lebt der Strenggläubige Seite an Seite mit dem Freidenker. Täglich entdecke ich Gedanken meines inneren Orthodoxen, der den Regeln folgen, Recht haben und die Dinge auf die altbewährte Weise anpacken will. Obwohl ich das eigenständige Denken über alles schätze, muss ich mich doch sehr anstrengen, um meinen inneren Häretiker rege und aktiv zu erhalten. Trifft das auch auf Sie zu?

Holen Sie ein paar Mal tief Luft und zentrieren Sie sich. Akzeptieren Sie Ihren inneren Orthodoxen und Ihren inneren Häretiker. Sagen Sie zu sich selbst: «Ich bin gern im Recht und ich bin gern frei.» Schließen Sie mit beiden Aspekten Ihrer Persönlichkeit Freundschaft.

Für die meisten von uns besteht die große Gefahr nicht darin, dass unser Ziel zu hoch ist und wir es nicht erreichen, sondern dass es zu klein ist und wir es erreichen.

Michelangelo

Ich saß einmal mit einem Freund in einem Café und tröstete ihn. Der Freund hatte millionenschwere Schulden und konnte keinen anderen Ausweg sehen als noch härter zu arbeiten. Doch genau diese Art zu denken hatte ihn dahin gebracht, wo er jetzt war, und er misstraute dieser Vorgehensweise. Ob ich nicht irgendwelche Vorschläge hätte? Ich fragte ihn: Was wäre das größte, inspirierendste Ziel, das er sich vorstellen könnte? «Etwas zu erfinden, was der gesamten Menschheit nützt», erwiderte er und sein Gesicht verzog sich zu einem breiten Lächeln. Auf unseren Servietten erstellten wir eine Liste möglicher Erfindungen auf seinem Fachgebiet. Heute, zehn Jahre nach diesem Gespräch, besitzt er ein Nettovermögen von annähernd fünfzig Millionen Dollar von nur einer der Ideen auf diesen Servietten, und er arbeitet noch an einigen anderen.

Fragen Sie sich: Welche grandiosen Ziele würden mich jede Minute meines Tages inspirieren? Was würde ich mit meinem Leben anstellen, wenn ich mit vollem Einsatz spielte? Wenn ich mir höhere Ziele setzen würde – und noch höhere! –, für welchen Traum würde ich mich dann engagieren?

Wer stolpert, ist doch wenigstens nicht gefallen.

Englisches Sprichwort

Erwarten Sie etwa, dass Sie Ihre Reise der Veränderung ohne Fehler machen werden? Wenn ja, dann freut mich das, denn das war bereits Ihr erster Fehler – der Gedanke, dass der Weg zu einem bewussten Herzen und zu bewussten Beziehungen ohne Fallstricke verläuft. Es freut mich, weil irren menschlich ist und ich mich in Gegenwart anderer immer dann am wohlsten fühle, wenn sie am menschlichsten sind. Ich freue mich jedoch auch über Ihren Fehler, weil er von Optimismus zeugt, von der Hoffnung, die Sie durch die Fehler und Hindernisse tragen wird, auf die Sie notwendigerweise auf Ihrem Weg treffen werden.

Am 8. Februar haben Sie sich damit beschäftigt, wie Sie als Kind von anderen Menschen beschrieben wurden und inwiefern diese Beschreibungen auch heute noch Ihr Bild von sich beeinflussen.

Heute sollen Sie sich ins Gedächtnis rufen, wann Sie von anderen zum ersten Mal für eben jene Eigenschaften zensiert oder getadelt wurden, die andere Ihnen so häufig zugeschrieben haben.

Vertraue mir, aber schau auch auf dich selbst.

Irisches Sprichwort

Die Schutzzone, die Sie um Ihr Herz errichtet haben, damit niemand Sie verletzen kann, hat einen verhängnisvollen Haken: Sie schützt Sie nur, indem sie Sie abschottet. In der realen Welt bewusster Beziehungen ist gleichzeitig niemand und jeder sicher. Was das heißt? Es ist ein Paradoxon, denn in einer wirklich engen, hingebungsvollen und ehrlichen Beziehung legt man sein Herz offen und natürlich besteht die Möglichkeit, dass es zerschunden endet. Wenn Sie andererseits Ihr Herz in Ihren Beziehungen nicht offen legen, kann ich Ihnen garantieren, dass es nicht nur zerschunden sein wird, wie überreifes Obst wird es schrumpeln und bitter werden. Sie können – und werden auch – infolge Ihrer neuen Verbundenheit Schmerz erfahren, aber Sie haben auch immer wieder die Gelegenheit, überschäumende Freude zu erleben und ein Wohlgefühl, das für einen Menschen, der sein Herz versteckt, unvorstellbar scheint.

Fahren Sie mit der Arbeit der letzten Tage fort und konzentrieren Sie sich erneut auf frühe Charaktereigenschaften und Ihre ersten Erinnerungen, wie Sie dafür gescholten wurden. Suchen Sie sich heute diejenige Eigenschaft aus, die Ihnen zuerst in den Sinn kam, und überlegen Sie, wie sich diese Eigenschaft heute in Ihnen zeigt, in Ihrem Leben als Erwachsener und in Ihren Beziehungen. Wenn Sie der Ansicht sind, dass Sie diese Eigenschaft heute nicht mehr besitzen, dann könnte es sein, dass sie sich nur unter einem anderen Deckmantel in Ihnen verborgen hält.

Wenn wir im Kinde etwas ändern wollen, sollten wir erst prüfen, ob es nicht etwas gibt, was besser in uns zu ändern wäre.
Carl G. Jung

Laura hatte es monatelang jede Nacht mit den Monstern unter dem Bett ihres Dreijährigen zu tun. Sie schreibt: Ich hätte wissen sollen, dass es dort wirklich Monster gab, doch muss ich zugeben, dass ich Zweifel hegte (schließlich war ich erwachsen und jeder Erwachsene weiß doch, dass es keine Monster gibt, oder?). Keine Ahnung, was während jener nächtlichen Monstervorfälle mit meiner Ausbildung in empathischem Zuhören passiert ist, vielleicht versteckte sie sich unter dem Bett zusammen mit diesen ungeschlachten Monstern. Nach vielen Wochen sah ich eines Abends meinem kleinen Sohn in die Augen. «Monster sind Furcht einflößend, nicht?» Er nickte ernst. Wir durchsuchten das Schlafzimmer und bewiesen, dass keine da waren. «Wahrscheinlich schlafen sie schon in ihrem Monsterbett», meinte ich. Noch ein ernstes und schläfriges Nicken. Bald schlief auch er, tief und friedlich. Benjamin wollte nur hören, dass ich ihn verstand und seine Angst ernst nahm. Sie müssen jetzt zweierlei tun: Machen Sie sich klar, dass Sie wissen, was Sie fühlen, und ehren Sie gleichzeitig die Gefühle anderer, ohne ihnen Ihre Version der Realität aufzuzwingen.

Fahren Sie mit Ihrer Arbeit der letzten Tage fort und überlegen Sie, auf welche Weise Sie die Rolle des tadelnden Zensors spielen. Achten Sie darauf, wie Sie reagieren, wenn Sie die Eigenschaften zeigen, die Ihnen zu Beginn Ihres Lebens Missbilligung eingebracht haben.

Liebe ist eine Frucht, die es zu allen Zeiten gibt und die stets in unser aller Reichweite liegt.

Mutter Teresa

Sie wurden, was Sie sind, durch die Art und Weise, wie Sie mit Augenblicken potentieller Intimität umgehen. Der Lauf Ihres Lebens wird von jenen Momenten bestimmt, in denen Sie sich der Intimität entweder öffnen oder aus Angst beziehungsweise Verzweiflung davor zurückschrecken, weil eine Stimme aus der Vergangenheit Sie warnt, die Sicherheitszone zu verlassen. Wir schmieden unser Schicksal, indem wir mit unseren Sehnsüchten umgehen. Doch gibt es immer wieder Stimmen, die unsere Sehnsucht übertönen, Stimmen der Warnung, die uns zurufen, dass Sehnsucht eine gefährliche Sache sei, die uns in alle möglichen Schwierigkeiten bringt, wenn wir ihr folgen. Leider hören viele von uns unbewusst auf diese Stimmen und strafen sich mit einem Schicksal der Einsamkeit und der mangelnden Erfüllung. Wenn wir nicht wissen, welche Richtung wir an der entscheidenden Schicksalskreuzung einschlagen müssen, auf die wir Stunde um Stunde treffen, kommen wir vom Weg ab und finden oft nicht mehr nach Hause.

Denken Sie an eine entscheidende Kreuzung in Ihrem Leben. Rufen Sie sich von den vielen Möglichkeiten, die Sie einschlagen konnten, die beiden in Erinnerung, die damals am offensichtlichsten schienen. Häufig stammt unsere erste Wahl aus dem Herzen, die zweite ist die Stimme der Vernunft, des Gewissens, der Programmierung. Welcher Stimme sind Sie gefolgt? Was wäre geschehen, wenn Sie sich für die andere Stimme entschieden hätten?

Wir wurden absichtlich so geschaffen, dass wir durch Versuch und Irrtum lernen. Unglücklicherweise hat man uns zu der Einstellung erzogen, dass niemand Fehler machen sollte. Die meisten Kinder werden durch die Liebe und die Angst ihrer Eltern ihres Genies beraubt – sie könnten ja einen Fehler machen.

Buckminster Fuller

Buckminster Fuller wurde einmal gefragt, wie er sein Leben lang so kreativ sein und bis in seine Achtziger hinein Patente für seine Erfindungen anmelden konnte. Ohne zu zögern erwiderte er, das läge daran, dass er bereit sei, mehr Fehler zu machen als jeder andere, der ihm je begegnet war! Der Autopilot in einem Flugzeug ist aus zwei Gründen eine bemerkenswerte Erfindung: Erstens bringt er uns ans Ziel, indem er die meiste Zeit Fehler macht. Zweitens gelingt ihm das, weil er sich Tausende Male selbst korrigiert, ohne die Geduld zu verlieren. Ihm fällt einfach auf, dass er falsch fliegt, er korrigiert sich und wiederholt das Ganze, wenn er sich eine oder zwei Sekunden später erneut irrt.

Machen Sie sich heute auf die Suche nach Fehlern. Anstatt sich gegen diese Fehler zu wehren, begehen Sie so viele, wie Sie können, um fröhlich von ihnen zu lernen. Im Leben geht es nicht darum, keine Fehler zu begehen – es geht darum, zu lernen und viele Fehler zu machen, damit Sie noch mehr lernen können.

Der Strom aus Schöpfung und Zerstörung versiegt nie.
Heraklit

Einer meiner Freunde hat einen Lieblingsspruch, den er für das Geheimnis des Glücks hält: Bedränge nie deine Gefühle. Er meint damit, wenn man sich glücklich fühlt, soll man sich nicht daran festklammern, und wenn man niedergeschlagen ist, soll man sich dagegen nicht sträuben. Geben Sie all Ihren Gefühlen – sowohl den guten wie den schlechten – Raum zum Atmen und sie verflüchtigen sich so schnell wie ein Luftzug.

Vor einer Weile geriet ich in einen Verkehrsstau. Mir war heiß und ich war gereizt, weil ich mich für eine Verabredung verspäten würde. Plötzlich fiel mir der Spruch «Bedränge nie deine Gefühle» ein. Ich holte tief Luft und gestattete mir das Gefühl der Gereiztheit. Wenige Sekunden später wechselten meine Gefühle zum Angenehmen und wie durch Magie löste sich der Stau auf. In dem Augenblick, in dem Sie Ihre Gefühle allzu ernst nehmen, verbeißen Sie sich in sie und umgekehrt. Wenn Sie jedoch im Umgang mit Ihren Gefühlen eine leichte Hand walten lassen, haben Sie genug Raum zum Atmen – und Ihre Gefühle auch.

Nehmen Sie sich heute fest vor, den Umgang mit Ihren Gefühlen mit leichter Hand zu gestalten. Denken Sie beispielsweise: «Heute will ich all meinen Gefühlen Raum zum Atmen geben. Ich gestatte mir, all meine Gefühle zu fühlen, wenn sie hochkommen, und ich erlaube ihnen, ohne Störung weiterzuziehen.»

Ein edler Mensch kann nie sein kindliches Herz verlieren.
Menzius

Graham Greene beschreibt in einem seiner Romane einen ältlichen Priester, der in seinem Leben viele Beichten gehört hat. Eine Lektion lautete: So etwas wie einen Erwachsenen gibt es nicht. Diese Einstellung kann im Umgang mit Konfliktsituationen sehr hilfreich sein. Ich habe einmal drei einflussreichen Managern geholfen, eine geschäftliche Situation auszubügeln, die sie jede Woche mehrere Millionen Dollar kostete. Stundenlang hatten wir verschiedene Möglichkeiten durchgespielt, ohne einer Lösung näher zu kommen, als mir plötzlich etwas einfiel, das mich innerlich lächeln ließ. Ich sah sie nicht länger als Männer mittleren Alters in maßgeschneiderten Anzügen, sondern als kleine Jungs auf einem Schulhof. Diese Wahrnehmungsverlagerung ließ mich erkennen, dass einer von ihnen der Maulheld war und die beiden anderen Angst vor ihm hatten, aber schlauer waren als er. Kaum wurde mir das klar, konnte ich die Ängste ansprechen, die als Unterströmung vorhanden waren. Innerhalb einer Stunde erzielten wir eine Lösung.

Denken Sie heute an einige wichtige Menschen in Ihrem Leben. Fragen Sie sich bei jedem einzelnen, wie er oder sie wohl als Kind war. Stellen Sie sich das kindliche Gesicht vor und stimmen Sie sich auf seine Ängste und Träume ein. Wiederholen Sie das anschließend mit sich.

Es ist sehr wichtig, sich bewusst für die Freude zu entscheiden, denn viele von uns sind davon überzeugt, Beziehungen müssten anstrengend, schmerzvoll und schwierig sein.

Mit unserer Sehnsucht nach Nähe, zu lieben und um unserer selbst willen geliebt zu werden, sind wir nicht allein. Doch wer weiß schon, wer wir wirklich sind? Verbergen wir es vor anderen, weil wir uns der Dunkelheit in unserer Seele zu sehr schämen? Und verbergen wir auch unsere Sehnsucht, wenn wir von ihr gepackt werden? Greifen wir nach irgendetwas (der Fernbedienung, einer Pralinenschachtel, dem Bier, der Zigarette), wenn sich unser Herz vor Sehnsucht verkrampft? Die Art und Weise, wie wir dieser Verkrampfung entgegenwirken, dieser Faust in unserer Brust, sagt uns und der Welt alles über den Menschen, der wir in Sachen Sehnsucht sind. Wenn wir die Faust entspannen und die Nähe zu anderen suchen, werden wir glücklich, frei und produktiv. Wenn wir das nicht tun, kann keine Ehre, kein Ruhm und kein materieller Besitz jemals die Leere füllen, die durch diese Sehnsucht entsteht. Nur eins füllt diese Leere und das ist die ehrliche, aufrichtige Nähe zu anderen Menschen.

Schließen Sie die Augen und konzentrieren Sie sich auf Ihren Atem und auf die Empfindungen in Ihrer Brust. Spüren Sie den Brustkorb. Ist er angespannt? Umgibt er Ihre inneren Organe und insbesondere Ihr Herz wie ein Schutzzaun? Konzentrieren Sie sich jetzt auf Ihr Herz. Machen Sich sich seine Präsenz in Ihrer Brust bewusst. Atmen Sie tief und spüren Sie Ihr Herz – seinen Rhythmus, seine Farbe, seine Kraft.

Unendliche Reichtümer auf engstem Raum …

Christopher Marlowe

Viele Menschen sind hinter ihrer eigenen Maske gefangen, insbesondere, wenn sie sich der Lebensmitte nähern. Sie sind nicht länger bereit, Dinge zu tun, die außerhalb ihrer Weltsicht liegen. Ihr Freundeskreis wird langsam kleiner, die Bandbreite der Erfahrungen, die sie genießen, schrumpft. Wenn man nichts unternimmt, um sich wachzurütteln (auf sanfte Weise, wenn möglich), kann dieser Teufelskreis zu einer tödlichen Schlinge werden.

Ein Gegenmittel gegen diese Unbeweglichkeit besteht darin, Dinge zu tun, die man normalerweise nicht tut. Ich erlerne beispielsweise alle ein bis zwei Jahre ein neues Musikinstrument. Meine Frau, die früher Angst vor dem Fliegen hatte, überwand ihre Angst durch die Fallschirmspringerei. Zwei meiner älteren Bekannten nahmen sich vor, in ihren Siebzigern und Achtzigern mindestens einmal im Jahr zu verreisen und ein neues Land kennen zu lernen; bislang halten sie sich an diesen Vorsatz. Ihre Philosophie des Alterns lautet: «Nütze es oder du verlierst es.» Sie setzen sich aktiv dafür ein, dass der Kreis größer wird, nicht kleiner.

Nehmen Sie sich heute etwas Zeit und überlegen Sie sich einige Dinge, die «völlig untypisch für Sie» sind, von denen Sie aber insgeheim der Ansicht sind, dass sie gut für Sie wären. Erstellen Sie eine Liste, hängen Sie sie offen zugänglich auf und arbeiten Sie sie ab!

Für mich ist jede Stunde des Lichts und der Dunkelheit ein Wunder.
Walt Whitman

Das Schöne, wenn man dem Weg des bewussten Lebens folgt, ist die Freude darüber, Wunder zum festen Bestandteil der alltäglichen Realität werden zu lassen. Manchmal halten wir Wunder für seltene Paradiesvögel, für etwas, das uns von oben geschenkt wird, aber von dieser beschränkten Perspektive sollten wir uns lösen. Stellen Sie sich Wunder lieber als Alltäglichkeiten vor, die Sie bewirken können.

Aufgrund meiner Arbeit erlebe ich jeden Tag das Wunder der Veränderung hautnah. Erst gestern konnte ich beobachten, wie ein Paar plötzlich lächelte, das eine Stunde zuvor mit dem grimmigen Gesichtsausdruck einer langjährigen Beziehungskrise zu mir gekommen war. Sie sagte ihm die Wahrheit über ihren Schmerz und ihre Wut. Mit etwas Hilfe meinerseits hörte er ihr auf neue Weise zu – ohne sie zu verurteilen. Etwas Einfaches wie eine neue Art des gegenseitigen Zuhörens ließ sie mein Büro Hand in Hand verlassen. Der Anblick ihrer lächelnden Gesichter war für mich ebenso ein Wunder, wie es die ersten Knospen im Frühling für einen Gärtner sein müssen.

Versprechen Sie sich heute ein Wunder. Wenn Sie sich bewusst machen, dass Sie verurteilen oder zensieren, dann schieben Sie diesen Gedanken beiseite. Holen Sie ein paar Mal tief Luft. Sehen Sie sich dann mit einem frischen Blick um und hören Sie mit neuen Ohren zu. Möglicherweise stellen Sie fest, dass Sie mitten in einem Feld aus Wundern stehen.

Alles in der Natur enthält auch all die Kraft der Natur. Alles besteht aus einem einzigen verborgenen Stoff.

Ralph Waldo Emerson

Eine der kraftvollsten und praktischsten Vorstellungen des bewussten Lebens ist die, dass Sie mit allem anderen im Universum in Verbindung stehen. Wenn wir davon ausgehen, dass wir alle aus demselben Stoff gemacht sind, bedeutet das, dass wir eine ununterbrochene Kette der Schöpfung bilden. Wir bestehen alle aus der unendlichen Intelligenz, die alles durchdringt. Der praktische Nutzen dieser Vorstellung liegt darin, dass Sie all die wirklich wichtigen Punkte in Ihrem Leben ausarbeiten können, wenn Sie sich nur dieser inneren Intelligenz öffnen. Niemand kennt die Macht dieses Geschenks, bis er sich öffnet und ihm völlig vertraut.

Führen Sie ein Experiment durch. Rufen Sie die unendliche Intelligenz des Universums an, um Ihnen bei einem speziellen Problem zu helfen. Suchen Sie sich ein Problem aus, das Sie mit Ihren üblichen Mitteln nicht zu lösen vermochten. Denken Sie an das Problem und laden Sie die Lösung zu sich ein, indem Sie beispielsweise denken: «Ich übergebe dieses Problem, damit es durch meine Verbindung mit der unendlichen Intelligenz gelöst wird. Ich rufe ihre Macht an, indem ich mich einer innovativen Lösung öffne.» Vergessen Sie dann die ganze Sache und leben Sie völlig normal weiter. Achten Sie jedoch darauf, was im Laufe der nächsten Tage geschieht.

Es ist ein kurioses Paradox, dass ich mich in dem Moment ändere, indem ich mich, so wie ich bin, annehme.

Carl Rogers

Laura steckte mitten in der Endphase eines Projekts und ignorierte ihre Zahnschmerzen. Sie schreibt: «Als ich die Schmerzen nicht mehr aushalten konnte, ging ich zum Zahnarzt und erfuhr, dass ich eine Wurzelbehandlung brauchte. Als der Zahnarzt mit der Prozedur begann, entspannte ich mich, atmete tief und wehrte mich nicht gegen den Schmerz. Das hatte ich noch nie zuvor ausprobiert. Ich ließ den Schmerz in Wellen über mich hinweglaufen, anstatt mich gegen ihn zu wehren. Nach zehn Minuten war ich nicht mehr angespannt, und der Schmerz hörte völlig auf. Der Zahnarzt hatte Probleme, die infizierte Wurzel zu finden, aber ich wusste plötzlich intuitiv, dass er den Nerv berührt hatte, obwohl ich keinen Schmerz spürte. Der Zahnarzt war erstaunt. Er hatte noch nie zuvor einen Patienten erlebt, der ihm intuitiv und nicht unter Schmerzen sagen konnte, wann er Kontakt mit dem Nerv hatte. Ich freue mich zwar nicht auf die nächste Wurzelbehandlung, aber ich habe auch keine Angst davor. Ich weiß jetzt, was ich tun muss: Wehre dich nicht gegen den Schmerz. Fließe mit ihm, anstatt ihn zu bekämpfen oder vor ihm zu fliehen.»

Wenn Sie sich das nächste Mal verletzen, versuchen Sie es mit dem folgenden Ansatz und achten Sie darauf, wie sich Ihre Erfahrung von Schmerz verändert: Atmen Sie tief, entspannen Sie Ihre Muskeln. Visualisieren Sie den Schmerz als Welle, die über Sie hinwegspült, die weder gut noch böse, sondern einfach nur da ist und auch wieder abebbt.

Der große Reiz an einem Streit liegt darin, die eigene Meinung zu entdecken, nicht die der anderen.

Evelyn Waugh

Lassen Sie uns das typische Muster in einem Beziehungskonflikt untersuchen, eines, das Ihnen wahrscheinlich vertraut ist. Sie kommen müde und gestresst von der Arbeit nach Hause, und Ihr Partner, der gleichzeitig eintrifft, fragt, was es zu essen gibt. Dabei spielt das Geschlecht keine Rolle; diese Frage kann sowohl vom männlichen wie vom weiblichen Partner kommen. Sie spüren, wie sich eine Faust in Ihrer Brust bildet. Sie antworten sarkastisch: «Keine Ahnung, erkundige dich mal bei unserem Koch.» Ihr Partner reagiert gleichermaßen sarkastisch. Gleichgültig, was er sagt, es tut weh. Und schon befinden Sie sich auf dem absteigenden Ast eines Konflikts. Man sollte nicht glauben, dass zwei intelligente, sich liebende Erwachsene das seit zahllosen Jahren praktizieren.

Vervollständigen Sie für sich die nachfolgenden Aussagen: Ich streite mich mit meinem Partner häufig über ________. Wenn der Streit losgeht, spüre ich in meinem Brustkorb ________. Ich weiß, der Streit kommt richtig in Fahrt, wenn ich mich sagen höre ________. Ich weiß, der Streit kommt richtig in Fahrt, wenn ich meinen Partner sagen höre ________.

Was könnten Sie aus Ihren Antworten lernen?

Es ist durchaus möglich, fast rund um die Uhr den Strom der Liebe zu fühlen – in Ihrem Körper und zwischen Ihnen und anderen.

Lassen Sie uns einen Blick auf die innere Funktionsweise dieses Streits über das Essen werfen. Sie gehen in diese Situation mit starken körperlichen Empfindungen: Anspannung, Müdigkeit, Stress. Gehen wir einmal davon aus, dass Ihr Partner ähnliche Empfindungen durchlebt. Ihr Partner stellt eine Frage über das Abendessen, die in Ihrem Körper bestimmte Gefühle auslöst: verkrampfter Bauch, eine Faust der Anspannung im Brustkorb, allgemeine Verteidigungshaltung. Sie ignorieren diese Gefühle und geben eine sarkastische Erwiderung. Ihr Partner reagiert entsprechend. Innerhalb von zehn Sekunden ist der Streit entfacht und Sie fragen sich, warum Sie beide etwas, das oberflächlich gesehen eine solche Belanglosigkeit ist, nicht in den Griff bekommen.

Denken Sie über einige Ihrer Kommunikationsmuster und -verhaltensweisen nach, die Ihnen klarmachen könnten, dass Sie binnen zehn Sekunden einen Streit mit Ihrem Partner haben werden.

Geben Sie sich selbst ein Versprechen: Ich werde mir von nun an der vielen Gelegenheiten zur Veränderungen dessen, was in meiner Beziehung nicht funktioniert, bewusst sein. Wovor ich mich auch immer distanziere und was immer ich umsetze, wird zu dem Universum, das ich geschaffen habe.

Allzu oft genießen wir die Behaglichkeit einer Meinung ohne die Unbehaglichkeit des Nachdenkens. John F. Kennedy

Wir wollen noch einmal auf die Beispielsituation der letzten Tage eingehen und herausfinden, wie man ein günstiges Klima für eine Lösung schaffen kann. Stellen Sie sich Ihren Streit als Gewächshaus vor. Wenn Sie ein günstiges Klima für die Wurzeln Ihrer Beziehung schaffen, werden Sie Wachstum und Blütenreichtum begünstigen; tun Sie das jedoch nicht, ziehen die Bequemlichkeit vor und verharren in alten Methoden, wird alles verdorren. Wenn Sie auf Ihre körperlichen Empfindungen (Anspannung im Bauch, Faust im Brustkorb) und ihre emotionale Erfahrung (Verteidigungshaltung) hören, werden Sie auf den bevorstehenden Streit aufmerksam. Anstatt sich zu verteidigen, staunen Sie. Staunen öffnet die Tür zum Wundersamen, geleitet Sie aus dem Bereich des Bekannten heraus und führt Sie auf das Feld der Möglichkeiten, auf dem Wunder entstehen können. «Ich habe das Gefühl, du hältst das Abendessen für meine Verantwortung», könnten Sie sagen, «und ich frage mich, warum mich das so wütend macht.» Damit haben Sie nichts gesagt, was Ihr Partner bestreiten könnte; jede Aussage enthält eine unbestreitbare Wahrheit.

Denken Sie an einen Konflikt, den Sie oft mit Ihrem Partner haben, und erlauben Sie sich zu staunen, anstatt sich zu sorgen. Wenn Sie sich Sorgen machen, fühlen Sie Angst (Sie könnten verlassen, nicht geliebt, kritisiert werden). Wenn Sie staunen, fragen Sie sich einfach, was Sie aus diesem Konflikt, in den Sie immer wieder geraten, lernen können.

Man kann nicht zweimal in denselben Fluss steigen.
Heraklit

Wir fahren mit dem Beispiel von gestern fort: Wenn Sie staunen, treffen Sie während einer günstigen Gelegenheit eine bedeutsame Entscheidung. Sie haben sich nicht verteidigt und sich von Ihren Annahmen und früheren Erfahrungen nicht mitreißen lassen, ohne das mit Ihrem Partner abzuklären. Sie haben vielmehr gestaunt. Staunen öffnet die Tür zum Bereich des Wundersamen. Als Nächstes haben Sie Ihre Gefühle offenbart und Ihrem Partner mitgeteilt, dass Sie wütend sind und sich verteidigen möchten. Durch diesen Prozess versuchen Sie sich nicht nur an einem Wunder, Sie werden es geschehen lassen. Wenn Sie sich auf unbestreitbare Wahrheiten konzentrieren und ihnen eine Stimme geben, sind Sie nur einen Atemzug entfernt von einem Wunder in dem bedeutendsten Bereich Ihres Lebens – Ihren Beziehungen zu anderen Menschen.

Finden Sie mehrere unbestreitbare Wahrheiten über sich selbst heraus. Es kommt nicht darauf an, aus welchem Bereich Ihres Lebens sie stammen, sie müssen nur wahr sein. Setzen Sie sich jetzt einfach mit diesen Wahrheiten hin. Atmen Sie tief und akzeptieren Sie diese Wahrheiten. Spüren Sie, wie es ist, diese Dinge über sich zu wissen. Verurteilen oder intellektualisieren Sie nichts, spüren Sie einfach nur die Wahrheit über sich selbst. Die einzige Möglichkeit, eine enge Beziehung zu vertiefen und voranzutreiben, besteht in größerer Transparenz.

Soll ich, einem Einsiedler gleich, auf einem Felsen oder in einer Zelle hausen? Sir Walter Raleigh

Wie erkennt man die Gelegenheit zur Veränderung in einer Beziehung? Es gibt viele verschiedene Arten, wenn Sie also eine verpassen, treffen Sie wahrscheinlich bald auf eine weitere (und außerdem haben Sie vor kurzem eingeräumt nicht länger vollkommen zu sein, also werden Sie Fehler begrüßen und sie in Lernerfahrungen umwandeln). Ein besonders deutlicher Hinweis, den ich «Auswirkung» nenne, ist der Gesichtsausdruck eines Menschen, der Sie auf die Möglichkeit zur Veränderung aufmerksam macht. Bei dieser Gelegenheit geht es jedoch weniger um den Gesichtsausdruck und mehr um Ihre Wachsamkeit in Ihren Beziehungen. Sie haben sich dieser Möglichkeit sicher schon selbst bedient. Sie könnten jemand den Weg gewiesen und dabei seinen verwirrten Blick bemerkt haben. «Mir fällt auf, dass Sie den Kopf schütteln. Was ist los?»

Wenn Sie Ihrem Partner das nächste Mal begegnen, öffnen Sie sich für das Erkennen der Wirkung, die Sie auf ihn haben. Achten Sie auf den Gesichtsausdruck Ihres Partners, während Sie reden. Versuchen Sie festzustellen, ob sich sein Gesichtsausdruck verändert. Ermahnen Sie sich, keine Vermutungen hinsichtlich seiner Gefühle anzustellen («Mir fällt auf, dass du traurig aussiehst») und nicht zu urteilen («Ich frage mich, ob du schon wieder wütend wirst» – das «wieder» ist eine Verurteilung).

März

Alles muss sich in etwas Neues verwandeln, etwas Fremdes.
Henry Wadsworth Longfellow

Es gibt «Wunder wirkende Schritte», die Sie in Ihren Beziehungen unternehmen können, neue und andere Methoden, mit Menschen umzugehen, die in ihrer Einfachheit wie in ihren Ergebnissen wahrhaft wundersam sind. Lassen Sie uns einen dieser Wunder wirkenden Schritte betrachten, der für Sie geeignet ist und in einem einzigen Konzept gründet: *Ihre Absicht schafft das Wunder.* Wenn Sie wirklich beabsichtigen aufmerksam zu sein, zu staunen und eine offene Umgebung zu schaffen, in der die Reaktion Ihres Partners ungehindert und ohne Furcht vor Verurteilung zu Ihnen gelangen kann, wird Ihr Wunder wirkender Schritt seine beabsichtigte Wirkung erzielen. Häufig allerdings behaupten die Leute, sich staunend umzuschauen, wenn sie einfach nur ihre eigene Wahrnehmung bestätigen wollen. Man behauptet wachsam zu sein, obwohl man einfach nur urteilt. Wenn man sagt «Ich bemerke da etwas in deinem Gesichtsausdruck», dann ist man wachsam; wenn man sagt «Ich bemerke, dass du wütend aussiehst», dann gibt man dem eine Bedeutung und urteilt höchstwahrscheinlich.

Sie haben geübt auf die Reaktionen Ihres Partners zu achten, ohne darauf zu reagieren. Beobachten Sie nun, wie sich dadurch Ihre innere Erfahrung der Kommunikationsmuster und der möglichen Ergebnisse verändert. Denken Sie darüber nach, wie Sie Ihre Erkenntnisse in künftigen Konflikten und Kommunikationen mit Ihrem Partner und anderen einsetzen können.

Die Botschaften des Körpers werden ignoriert. Beziehungen leiden, werden zu komplizierten Geflechten verlorener Seelen, die Masken tragen, anstatt den Tanz ganzheitlicher Wesen zu tanzen, die einander feiern.

Das Zehn-Sekunden-Wunder löst zwei Probleme, denen wir so gut wie jeden Tag unseres Lebens gegenüberstehen:

- Wie man den Strom guter Gefühle *in sich* spürt und wie man diesen Strom wieder öffnet, wenn ihn ein Hindernis blockiert.
- Wie man den Strom der Liebe und der guten Gefühle *zwischen sich und anderen Menschen*, die einem wichtig sind, spürt und wie man diesen Strom wieder öffnet, wenn ihn ein Hindernis blockiert.

Schließen Sie die Augen und visualisieren Sie einen Ort, an dem Sie sich glücklich und frei gefühlt haben. Atmen Sie langsam und tief. Lassen Sie sich von guten Gefühlen erfüllen und mit Freude überspülen. Ehren Sie diese Freude, indem Sie sich Zeit lassen, nichts überstürzen. Genießen Sie sie einfach. Auf diese Weise können Sie das Leben erfahren, Tag für Tag, Stunde um Stunde, Minute um Minute … und wundersame Sekunde um wundersame Sekunde.

Die Welt sehen in einem Körnchen Sand,
Den Himmel in einem Blütenrund … William Blake

Der erste Schritt zur Erschaffung eines Wunders besteht im «schauen und sehen», das genaue Gegenteil von «ignorieren». Wenn wir das Offensichtliche nicht ignorieren, kommen wir in engen Kontakt mit der Realität anderer Menschen und mit der Realität selbst. Dadurch halten andere uns für sicher; wer in Berührung mit der Realität steht, ist immer weitaus sicherer als die, die es nicht sind. Für viele von uns war die Kindheit eine Zeit des «Verleugnens» und der «Realitätskrümmung», wenn Erwachsene uns erklärten, wir würden gar nicht fühlen, was wir doch ganz eindeutig fühlten, und uns bisweilen für unsere ehrliche, von Herzen kommende Art, das Leben zu erfahren, Schuldgefühle eingeredet wurden. «Du hast keine Angst», sagte einmal ein Vater zu seinem Sohn während eines Horrorfilms hinter mir im Kino. Mir wurde klar, dass ich der Programmierung eines Menschen zur Gefühllosigkeit beiwohnte. «Lassen Sie Ihre Gefühle zu», pflege ich stets zu meinen Klienten zu sagen.

Sie haben bereits geübt, sich der Veränderungen des Gesichtsausdrucks bewusst zu sein, wenn Sie mit anderen kommunizieren. Heute sollen Sie das bei einigen Interaktionen auch laut tun. Schauen und staunen Sie nur; verwenden Sie nichts weiter als den nachfolgenden Satz. Halten Sie dabei Ihre Stimme neutral und urteilsfrei. Sagen Sie «Mir fällt auf, dass sich dein Gesichtsausdruck verändert», dann entspannen Sie sich, bis Ihr Partner reagiert.

Feiert das Leben! William Blake

Der erste Schritt zur Erschaffung eines Wunders besteht darin, voller Neugier in sich und um sich zu schauen. Der zweite Schritt ist die Erkenntnis, sich in «der Sprache der Wunder» auszudrücken, nicht in der Sprache des Verurteilens und Beweisens. Stellen Sie dem Gefühl des Sich-Wunderns das Gefühl des Zu-wissen-Glaubens gegenüber. Zwei völlig unterschiedliche Bewusstseinszustände! Wir sehen einen bestimmten Gesichtsausdruck und sofort glauben wir zu wissen, was dieser Ausdruck bedeutet. Das Zu-wissen-Glauben ist immer eine riskante Sache, weil es von unseren eigenen Stimmungen und Vorurteilen bestimmt wird. Obwohl ich mein halbes Leben damit verbracht habe, die Körpersprache zu erlernen, mache ich in meinen persönlichen Beziehungen ständig Fehler. Erst neulich bedachte mich meine Frau mit einem Blick, den ich als Missfallen interpretierte. Erst nach einem unangenehmen Wortgefecht stellte ich fest, dass sie mit der Zunge einen abgebrochenen Zahn entdeckt hatte. Das Ganze hatte mit mir absolut nichts zu tun, aber weil ich zu wissen glaubte, trug ich nicht nur zum Problem bei, ich *war* das Problem.

Üben Sie heute, Ihrem Wortschatz die Sprache des Staunens hinzuzufügen. Verwenden Sie die nachfolgenden Sätze in Ihren Interaktionen und achten Sie auf die Reaktionen: «Ich frage mich, was in diesem Fall die beste Wahl wäre»; «Ich frage mich, wie wir uns alle gerade fühlen»; «Ich frage mich, wie das beste Ergebnis für uns aussehen könnte.»

Denke nie, dass deine Rede und nur deine Rede richtig sei.
Sophokles

Mit ein paar einfachen Sätzen haben Sie eine Sicherheitszone erschaffen, in der Ihr Partner lernen kann. Sie haben signalisiert, dass Sie nicht beabsichtigen, die Erfahrung Ihres Partners zu verurteilen oder ihm Ihre Auslegung aufzuzwingen. Sie fragen sich vielmehr aufrichtig, was Ihr Partner fühlt und erlebt. Die Zone, die Sie geschaffen haben, ist «frei von Scham», voller Möglichkeiten zur Entdeckung. Was kommt als Nächstes? Sie haben alles richtig gemacht und warten darauf, dass Ihr Partner reagiert. Seine Reaktion wird von Ihrem Wunder wirkenden Schritt inspiriert werden. Aber zuvor möchte ich noch das Fundament legen für das, was hinter den Reaktionen liegt, auf die Sie stoßen werden. Ich will einen Blick auf die Persönlichkeit werfen: woher sie kommt und wie man ein echtes Gespür für sich und die eigene Persönlichkeit bekommt, für das, was ich Essenz nenne.

Sie haben in den vergangenen zwei Monaten ungeheuer viel geleistet. Es ist an der Zeit, eine Pause einzulegen und Ihre Arbeit zu feiern. Gratulieren Sie sich zu Ihrer Hingabe an bewusste Beziehungen zu sich und anderen. Nehmen Sie sich heute Zeit für sich selbst: 15 Minuten, eine halbe Stunde, eine Stunde. Sie haben es verdient. Verbringen Sie diese Zeit allein, tun Sie etwas, was Ihre Seele nährt: Musik hören, tanzen, spazieren gehen, meditieren, die Muskeln strecken und das neu Gelernte in Ihrem Kopf, Ihrem Herzen und Ihrem Körper spüren.

Ekstase lässt sich nicht mit Worten fassen; sie ist wie Musik.
Mark Twain

Denken Sie über die Gefühle nach, die Sie hatten, als Sie gestern Ihre Arbeit feierten. Ich habe Sie gebeten sich die Zeit zu nehmen und etwas zu tun, was Ihre Seele nährt. Wenn Sie weise gewählt haben, dann haben Sie die gestrige Zeit an jenem Ort in Ihrem Innern verbracht, über den ich als Nächstes sprechen möchte: *Ihr Wesenskern.* Der Wesenskern ist der Teil von Ihnen, der frei und klar ist und nicht überhäuft mit den Lernprozessen des Lebens. Stellen Sie sich ihn als das vor, was übrig bleibt, wenn alles nicht absolut Notwendige entfernt wird, wenn die Persona, die Rollen, das körperliche Selbst und die Beziehungen zu anderen alle einen Augenblick beiseite gestellt werden. Als reines Bewusstsein, ohne Zusätze.

Suchen Sie sich ein klassisches Musikstück, das Ihnen gefällt – ich tendiere zu Pachelbels Canon –, und spielen Sie es ab, während Sie bequem liegen, zuhören und Ihre Geburt visualisieren. Atmen Sie tief ein und aus und stellen Sie sich die Augenblicke reinen Segens in der Gebärmutter vor, die Wärme, Sicherheit, Dunkelheit. Sehen Sie nun, wie Ihre Reise beginnt und Sie sich auf ein neues Leben, eine neue Erfahrung zu bewegen. Frieren Sie diesen Augenblick direkt vor der Geburt ein, bei dem Sie an der Schwelle zu etwas Neuem stehen, bei dem Sie immer noch Ihr ursprüngliches Wesen sind. Verharren Sie so lange in diesem Zustand, wie Sie wollen – erspüren Sie ihn, lernen Sie ihn kennen, lieben und umarmen Sie ihn.

Wo es große Liebe gibt, gibt es immer auch Wunder.
Willa Cather

Ich kann Ihnen eines versprechen: Wenn Sie sich den Zehn-Sekunden-Wundern in Ihrem Leben ganz hingeben, werden Sie drei Vorteile genießen. Erstens werden Sie Ihre engen Beziehungen vereinfachen, der komplizierteste Teil im Leben vieler Menschen. Zweitens werden Sie konkrete positive Gefühle in Ihrem Körper spüren, wenn Sie diese Wunder in Ihr Leben integrieren. Drittens werden Sie erkennen, dass Sie beträchtlich mehr Kraft haben, als Sie es sich je vorstellten. Sie sind die Quelle der Wunder in Ihrem Leben; die Veränderung liegt in Ihren Händen. Vielleicht ist Ihnen nicht bewusst, wie viel Schmerz und Chaos in Ihrem Leben damit zusammenhängt, wie Sie Ihre Beziehungen zu anderen Menschen gestalten. Doch sobald Sie Wunder in Ihre Beziehungen tragen und somit Ihre Beziehungen vereinfachen und verbessern, werden Sie die positiven Veränderungen in jedem Bereich Ihres Lebens sehen und spüren können: körperlich und geistig, innerlich und äußerlich.

Schließen Sie für diese Meditation die Augen und setzen Sie sich bequem hin. Atmen Sie tief ein und aus und wiederholen Sie die nachfolgende Affirmation, bis ein gutes Gefühl durch Ihren Körper strömt: «Ich bin die Quelle der Wunder in meinem Leben.» Eine einfache innere Verlagerung und schon durchströmen Sie gute Gefühle wie eine willkommene Brise an einem windstillen Tag. Das Gefühl, die Mitte verloren zu haben, wird ersetzt durch die ruhige Gewissheit des Wohlbefindens. So sieht ein Zehn-Sekunden-Wunder aus.

Ich glaube, die Menschen klammern sich vor allem deswegen so stur an ihren Hass, weil sie mit ihrem Schmerz umgehen müssten, sobald der Hass verschwunden ist.

James Baldwin

Eine Liste mit Überzeugungen, mit Einstellungen zum Leben, die viele von Ihnen haben:

- Ich habe gelernt die Welt zu sehen, wie sie nicht ist. Ich habe es getan, um zu überleben. Inzwischen bin ich an mehr interessiert als am bloßen Überleben. Ich kann die Welt sehen, wie sie ist. (1)
- Außerhalb meiner selbst gibt es nichts, was mich retten könnte. Alles, was ich brauche, ist in mir. (2)
- All die Liebe, nach der ich gesucht habe, ist hier in mir. (3)
- Ich fordere sie von anderen, weil ich sie mir nicht selbst geben will. Ich kann sie mir selbst geben. Meine Natur ist Liebe, also muss ich sie nicht suchen und nicht an ihr arbeiten. Liebe ist das Einzige, was ich ändern muss. Ich bin jetzt bereit mich selbst zu lieben. (4)

Tippen Sie die Sätze der Punkte 1 bis 4 in Ihren Computer oder Ihre Schreibmaschine oder schreiben Sie sie per Hand, ohne auf den Bildschirm oder das Blatt zu sehen. Lesen Sie anschließend alles durch. Fahren Sie mit der Übung erst fort, wenn Sie das getan haben. Suchen Sie den Satz mit den meisten Tippfehlern heraus beziehungsweise den, der am schiefsten geschrieben ist. Denken Sie eine Weile darüber nach, was dieser Satz für Sie bedeutet und warum er Ihnen so schwierig erschien.

Das ist die wahre Freude im Leben: sich für einen Zweck einzusetzen, den man als einen mächtigen erachtet; sich gründlich zu verausgaben, bevor man zum alten Eisen kommt; Naturkraft zu sein anstatt ein selbstsüchtiger Haufen von Zipperlein und Kümmernissen und sich zu beklagen, dass die Welt sich nicht bemüht, uns glücklich zu machen.

George Bernard Shaw

Die Natur arbeitet ständig an dem unendlichen Prozess der Schöpfung und Sie sind Teil davon. Es gibt keine «Natur», die getrennt von «Ihnen» wäre: Sie sind die Natur. Also trösten Sie sich und freuen Sie sich an dem Wissen, dass Sie eine Naturkraft sind.

Meine Großmutter war eine passionierte Gärtnerin. In späteren Jahren krümmte sie sich oft vor Schmerz, wenn sie sich hinunterbeugte, um eine Tomatenstaude zu pflegen oder Unkraut zu zupfen. Ich fragte sie einmal, ob ich ihr helfen und für sie die Kartoffeln ausgraben solle. «Nein», erklärte sie, «wenn ich nicht jeden Tag die Erde berührte, wäre meine Arthritis noch schlimmer, als sie es ohnehin ist.»

Verbringen Sie heute ein paar Minuten damit, die Natur zu würdigen. Wenn Sie können, gehen Sie spazieren oder setzen Sie sich unter einen Baum. Wenn die einzige Natur der Blick auf einen Baum aus Ihrem Bürofenster ist, dann bewundern Sie eben diesen einen Baum.

Mit diesem Sakrament ist das äußerliche und sichtbare Zeichen einer inneren, spirituellen Gnade gemeint.

Gebetbuch der anglikanischen Kirche

Die oberste Regel lautet: Beziehungen blühen oder vergehen in Zehn-Sekunden-Fenstern der Kommunikation. Jede wirklich wichtige Beziehungskommunikation dauert weniger als zehn Sekunden. Unsere Kraft und unser Wohlbefinden wachsen, wenn wir Zehn-Sekunden-Kommunikationen initiieren, nicht wenn wir darauf warten, dass sie einfach so passieren. Veränderung wird nicht vom Wind herbeigetragen; sie ist etwas, das wir aus einem Bedürfnis heraus erschaffen. Alle Schritte zu einem Wunder – die Zehn-Sekunden-Fenster zu erkennen und als Reaktion darauf Wunder wirkende Schritte zu unternehmen – sind bereits in uns; wir müssen sie nur sehen und benützen. Ich werde diese oberste Regel noch weiter ausführen und auch Beispiele nennen, aber jetzt sollten Sie diese Vorstellung einfach in sich aufnehmen und sich fragen, ob das, was so kompliziert schien, in Wirklichkeit nicht erstaunlich einfach ist.

Denken Sie an die wichtigste Beziehung, die Sie zu einem anderen Erwachsenen haben. Fragen Sie sich, was Sie in dieser Beziehung brauchen. Machen Sie sich keine Sorgen, wie Sie es bekommen können oder ob Sie es Ihrer Meinung nach verdienen, und legen Sie sich auch kein anderes Hindernis in den Weg. Machen Sie sich einfach Ihr Bedürfnis klar und spüren Sie es. Überlegen Sie sich, welche Beziehung Sie herausgreifen wollen und was Ihnen in dieser Beziehung fehlt.

Wenn Sie Ihr Leben ändern wollen, beginnen Sie damit sogleich; tun Sie es in großem Stil, ohne Ausnahme.

William James

Sie sind hier, um auffällig zu leben. Eine der größten Quellen von Schmerz und Leid auf diesem Planeten ist die Qual nicht verwirklichten Potentials. Viele von uns scheuen sich ihren Traum zu leben, gehemmt von jenen, die sich darauf spezialisiert haben, das Potential anderer zu unterdrücken (meistens deshalb, weil sie selbst ihr Potential nicht ausleben).

Ich erinnere mich, wie ich vor einigen Jahren in einem Park in Paris eine 67-jährige Frau traf. Sie erzählte mir, sie sei gerade von Portugal heraufgewandert, wozu sie sechs Wochen gebraucht hatte. Sie wandere seit ihrer Pensionierung im Alter von 62 Jahren und wolle zu Fuß um die ganze Welt, erzählte sie und zeigte mir stolz ihr elftes Paar Laufschuhe! Mir fiel ihr Ehering auf und ich fragte sie, wo denn ihr Ehemann sei. Sie meinte, er sei wohl zu Hause in Arizona und sitze vor dem Fernseher. Sie hatte ihn gebeten mitzukommen, aber er hatte keine Lust. Das nenne ich Extravaganz!

Halten Sie einen Augenblick inne und beantworten Sie die folgenden Fragen: Was ist für Sie ein wirklich extravagantes Leben im positiven Sinne? Was genau würden Sie jetzt tun, wenn Sie Ihren Traum lebten? Wenn Sie wüssten, dass Sie nicht scheitern können, was würden Sie anders machen als bisher?

Ein Donner ist etwas Schönes, etwas Beeindruckendes; aber der Blitz leistet die ganze Arbeit. Mark Twain

Ein großes Problem des bewussten Lebens ist der Widerstand gegen Liebe und positive Energie. Wir wehren uns dagegen, weil es sich um mächtige Kräfte handelt, die uns aus dem vertrauten Umfeld heraus ins Unbekannte führen. Außerdem haben viele von uns ein Trauma erlebt, als sie sich das erste Mal einer solchen Kraft öffneten, beispielsweise der sexuellen Energie. Wir müssen unbedingt lernen, positivere Energien zu akzeptieren und mit ihnen mitzuschwingen. Das ist immer eine Herausforderung, weil «positivere Energie» bedeutet, dass Sie Neuland betreten. In einem der Indiana-Jones-Filme gibt es eine Szene, die man als Aufforderung betrachten könnte, sich dem Universum nicht zu verschließen. In dieser Szene erscheint der gesuchte Halt unter Indianas Füßen *erst*, als er sich durchringt, fest aufzutreten. Ich glaube, dass die bewusste Entscheidung die Lösung für jedes Problem ist. Man dreht den Thermostat auf und begibt sich in das Unbekannte.

Treffen Sie Ihre Entscheidung laut – vor einem Spiegel, wenn Sie allein sind, oder in Gegenwart Ihrer Begleitung: «Ich verspreche heute, mich positiverer Energie zu öffnen. Ich treffe die Entscheidung, jeden Tag Liebe und positive Energie zu einem zentralen Schwerpunkt meines Lebens zu machen.» Nachdem Sie sich das versprochen haben, atmen Sie zur Feier ein paar Mal tief durch. Freuen Sie sich an der steigenden positiven Energie, die Sie durch Ihren Atem gewinnen.

Verstrickung beginnt in dem Augenblick, in dem Sie aus einer gleichberechtigten Partnerschaft ausscheren und zum Anwalt Ihres Opferdaseins werden.

Vor einiger Zeit gehörte Laura zu den Endrundenbewerbern für zwei Lehraufträge. Sie wollte diese Stelle mehr als alles andere. Das Bewerbungsgespräch und der Probeunterricht verliefen hervorragend, und da es nur drei Kandidaten für zwei Stellen gab und sie die einzige mit einem Buchvertrag für ein Sachbuch auf dem entsprechenden Fachgebiet war, rechnete sie sich gute Chancen aus. Nach ein paar Wochen erfuhr sie, dass sie die Stelle nicht bekommen hatte. An diesem Abend erzählte sie ihrer Mutter, sie würde am liebsten einen Tag lang ins Bett kriechen und sich selbst bemitleiden, wenn sie nur die Zeit dafür hätte.

Laura schreibt: Als ich am nächsten Tag aufwachte, ging es mir hundeelend. Ich hatte das höchste Fieber seit meiner Kindheit, dazu üblen Husten und mein Schädel brummte. Als meine Mutter hörte, dass ich krank war, grinste sie: «Sei vorsichtig mit deinen Wünschen, sie könnten erfüllt werden.»

Manchmal sind wir unser schlimmster Feind und manchmal sind wir unser bester Freund. Es ist immer eine Frage der Perspektive.

Stimmen Sie sich auf Ihren Körper ein. Konzentrieren Sie sich auf alle Regionen, die sich Ihnen bemerkbar machen. Denken Sie dabei über Ihren emotionalen Zustand nach – es gibt mit Sicherheit eine Verbindung. Reiben Sie die schmerzende Stelle und lassen Sie die emotionale Anspannung los.

Warum gehst du dann, als ob du einen Stock verschluckt hättest?
Epiktet

Wie stehen Sie zu Ihrem Körper? Sind Sie mit ihm zufrieden? Viele Menschen sind es nicht, ich würde sogar sagen, die meisten. Wenn Sie Ihre Heimatstadt so verabscheuen würden wie die physische Heimat Ihres Körpers, würden Sie dann nicht etwas dagegen unternehmen, vielleicht sogar umziehen wollen? Wir leben in einer körperbewussten Gesellschaft, in der sich die gängigen Schönheitsideale von Jahr zu Jahr ändern.

Definieren Sie Schönheit doch einmal neu: eine Frau, die nach dem Fitnesstraining schwitzt, ein Mann mit Tränen in den Augen, weil er etwas Anrührendes gesehen hat, Freizeitkleidung statt eleganter Designerstücke oder saubere, glänzende Haut statt Schichten von Make-up, die Sie vor der Welt verstecken – Symbole innerer Schönheit, die ihren Weg nach außen gefunden hat und Ihnen erlaubt mit Wohlbehagen zu leben.

Denken Sie darüber nach, was Schönheit für Sie bedeutet. Wann fühlen Sie sich am attraktivsten? Welche Kleidung tragen Sie in solchen Augenblicken? Was tun Sie? Versprechen Sie sich Ihre innere Erfahrung des bewussten Lebens mit den äußeren Symbolen der Schönheit in Ihrem Leben zu verschmelzen. Bewusste Schönheit – was für eine Vorstellung!

Wir werden, wer wir sind, durch die radikale und tief sitzende Verweigerung dessen, was andere aus uns gemacht haben.
Jean-Paul Sartre

Auf den Begriff «Entscheidungsfreiheit» reagieren die Menschen ganz unterschiedlich. Es gibt jene, die «außengesteuert» sind. Diese Menschen glauben, wenig Einfluss auf die Ereignisse in ihrem Leben zu haben; wie Treibholz werden sie vom Meer gebeutelt und an den Strand geworfen, ohne ihr Zutun oder ihre Kontrolle. Dann gibt es Menschen – und wenn Sie dieses Buch lesen und noch nicht vom Balkon geworfen haben, gehören Sie sicher dazu –, die «innengesteuert» sind. Sie wissen nicht nur, dass sie vieles von dem, was in ihrem Leben geschieht, beeinflussen können, ihnen ist auch klar, dass sie für die Geschehnisse verantwortlich sind. Das soll nicht heißen, dass es keine Zufälle gibt, auf die wir nur wenig oder gar keinen Einfluss haben, aber ein Großteil der Ereignisse geschieht wegen uns. Unsere Innensteuerung hat viel mit dem Erfolg unserer Reise zu bewussten Beziehungen zu tun. Die Entscheidungen, die wir treffen, werden das Maß der Zufriedenheit bestimmen, das wir in unserem Herzen und in unseren Beziehungen erleben.

Spielen Sie heute mit sich selbst ein Wortassoziationsspiel. Sehen Sie sich die nachstehenden Begriffe an und schreiben Sie das erste Wort auf, das Ihnen dazu einfällt. Überlegen Sie sich anschließend, was Ihre Assoziationen bedeuten könnten:
Wahl – Kontrolle – Schicksal – Bestimmung

Ein Zoll Freude übertrifft eine Elle Trauer, denn das Lachen ist dem Menschen zu Eigen. François Rabelais

Was wäre, wenn unserem ersten Schritt auf dem Weg des bewussten Lebens nicht Schmerz, vergrabene Wunden und Ängste folgen würden, sondern Freude und Lachen? Sind Sie jemand, der tief im Innern weiß, dass eine Beziehung schwierig zu sein hat – harte Arbeit, mühevolle Kommunikation, nüchterne Gedanken und unangenehme Gefühle? Wenn ja, dann werde ich Sie enttäuschen müssen, denn obwohl wir an unseren Beziehungen arbeiten müssen – wie wir das meiner Meinung nach bei allen Dingen tun müssen, die es wert sind –, ist der wichtigste Aspekt einer bewussten Beziehung (und eines bewussten Lebens) echter, fröhlicher, überschäumender Spaß! Nachdem ich in meinen Beziehungen die Wahrheit sagte, habe ich mehr Freude kennen gelernt, als ich es mir je hätte träumen lassen. Wie schon gesagt gibt es selbstverständlich potentielle Fallgruben, aber wenn Sie den Stein umdrehen, der auf Ihren tiefsten Geheimnissen liegt, finden Sie darunter zu Ihrer Überraschung keine dunkle, feuchte Erde, sondern einen Paradiesgarten, der segensreiche Gelegenheiten beinhaltet.

Achten Sie heute auf die Art und Weise, wie Sie die reine Wahrheit umgestalten und verbergen. Fragen Sie sich, warum Sie das tun. Wenn Sie beispielsweise behaupten, dass Sie Hunger haben, obwohl Sie nicht hungrig sind, wollen Sie damit jemandem einen Gefallen tun? Oder nett sein, nicht anecken? Was motiviert Sie die Wahrheit zurückzuhalten?

Wie alt wären Sie, wenn Sie nicht wüssten, wie alt Sie sind?
Satchel Paige

Wie wäre es, wenn Sie liebevoll und sanft zu der Wahrheit des Menschen zurückkehren, der Sie wirklich sind? Lassen Sie zuerst all die Identitäten wegfallen, die sich ändern würden, wenn Sie an einem anderen Ort und in einer anderen Familie aufgewachsen wären. Nehmen Sie Ihre Religionszugehörigkeit weg, Ihre Schulausbildung, Ihre Heimatstadt. Fühlen Sie in sich, was übrig bleiben würde, wenn bei Ihrer Erziehung alles anders gewesen wäre. Früh im Leben lassen wir die Welt unserer inneren Gefühle hinter uns für die weitgehend visuelle Welt, wie wir von außen erscheinen. Um Ihre eigene tief sitzende Identität wiederzufinden, müssen Sie die Identitäten entfernen, die andere Ihnen durch ihre Billigung oder Missbilligung verliehen haben. Lassen Sie die Identitäten los, die Sie Ihrer Familie zuliebe geformt haben, und die Identitäten, die Sie gebildet haben, um sich vor Schmerz zu schützen. Vielleicht wurden Sie zu einem «Rebellen», um dem Schmerz der Einsamkeit zu entfliehen, oder zu einem «Sportbesessenen», um sich mit einem Elternteil zu verbinden, das Sport liebte. Ich selbst habe mich dieser beiden Identitäten bedient, aber keine von ihnen war mein wahres Ich.

Sehen Sie sich einige Minuten lang fest im Spiegel an. Atmen Sie langsam und tief. Lassen Sie allmählich alle Identitäten los, die anders wären, wenn Sie in einer anderen Familie oder an einem anderen Ort aufgewachsen wären. Spüren Sie den Unterschied.

Der Mensch, der wahrhaft Mensch sein will, muss das Reich seiner selbst regieren. Percy Bysshe Shelley

Noch bevor die meisten von uns Teenager wurden und ganz sicher bevor wir erwachsen wurden, hatten wir gelernt, mehrere Masken (lateinisch «persona») zu tragen. Einige dieser Masken dienten der Anerkennung, andere schützten uns vor Schmerz. In gewisser Hinsicht sind jedoch all unsere Masken gleich: Alle verbergen sie den «Wesenskern» vor unseren Augen. Hinter allen Masken liegt «der Mensch, der wir wirklich sind» und der von den schmerzlichen oder angenehmen Erfahrungen des Lebens nicht beeinflusst wird. Stellen Sie sich das Leben als das Licht eines Filmprojektors vor, während die verschiedenen Seiten der Persona die Bilder sind, die über die Leinwand flimmern. Die Bilder dienen einem Zweck, erlauben uns einen Blick darauf, wer wir waren und wer wir sein können. Sie sind jedoch nicht unser Herz, nicht die Gesamtheit unseres Potentials. Auf der Reise des bewussten Lebens geht es auch darum, alle Seiten unserer Persona kennen zu lernen und uns mit ihnen anzufreunden – und es sich dann im Kern unseres Wesens bequem zu machen.

Nehmen Sie sich heute die Zeit, in Kontakt mit Ihrem Wesenskern zu treten. Entspannen Sie Ihren Körper und atmen Sie tief durch. Spüren Sie dabei die Offenheit und Geräumigkeit in Ihnen, die von den Erfahrungen Ihres Lebens nie verändert wurden. Sie war dort an Ihrem ersten Schultag und sie war genau gleich bei Ihrer Abschlussfeier. Das ist Ihr Wesenskern – der Mensch, der Sie wirklich sind.

Weder Tod noch Verbannung noch Schmerz, nichts in der Art ist der wahre Grund für unser Tun oder unser Nichttun, sondern unsere Ansichten und Prinzipien. Epiktet

Das Aufgeben der Projektion kann eine riesige Menge an Energie in unserem Leben freisetzen. Jedes Mal, wenn wir projizieren, schreiben wir anderen etwas zu, das für uns selbst gilt. Zum Beispiel der Mann, der sich beklagt, seine Frau sei zu passiv. Würde er seine Projektion in Besitz nehmen, hätte er gesagt: «Ich habe noch nicht gelernt, eine Beziehung zu einer kraftvollen Frau einzugehen, darum habe ich mir eine passive ausgesucht. Das bedeutet, dass ich mich noch nicht meiner ganzen Kraft geöffnet habe. Daran muss ich arbeiten.» Stellen Sie sich vor, was für einen Unterschied diese Wahrnehmung in Ihrer Beziehung machen würde. Die Projektion wird immer aus der Angst geboren und basiert stets auf der Angst, sich den projizierten Gefühlen oder Eigenschaften voll zu öffnen. Unsere Arbeit besteht darin, die Projektion als das zu sehen, was sie ist, und sich dann der Angst zu öffnen, die die Projektion nährt.

Denken Sie an jemand, mit dem Sie nicht auskommen. Stellen Sie sich das Gesicht dieses Menschen vor und bekommen Sie ein Gespür dafür, warum Sie diesen Menschen nicht mögen. Akzeptieren Sie diese Eigenschaft in Ihnen selbst. Ist es die Wut, die Ihnen an diesem Menschen missfällt, dann umarmen Sie Ihre eigene Wut. Fahren Sie im Laufe dieses Tages damit fort, all die negativen Eigenschaften in anderen in sich selbst in Besitz zu nehmen.

Ihr sollt Wunder sehen. William Shakespeare

Wir alle leben in drei Beziehungskreisen und unser Leben ist in dem Maße wunderbar, wie wir diese Kreise erweitern. Der erste Kreis ist die Beziehung zu uns selbst, insbesondere zu unserer Kreativität. Wenn wir uns der Kreativität öffnen und sie auch zum Ausdruck bringen, erweitert sich unser Kreis so, als ob wir einen Stein in einen ruhigen See werfen; je mehr Energie wir hineinlegen, desto stärker breiten sich die Wellen aus. Der zweite Kreis ist unsere Beziehung zu anderen. Hier erweitert sich der Kreis, wenn wir den Wesenskern der Menschen unserer Umgebung würdigen. Der dritte Kreis ist unsere Beziehung zur Erde und zum Universum. In diesem dritten Kreis sind wir der Stein, die Welle und der See; wir sind die Beziehung zwischen Aktion und Reaktion. Wenn wir die Verantwortung für die Erde und das Universum als Ganzes übernehmen, erhält der Stein mehr Gewicht, die Wellen reichen, so weit das Auge sieht, und der See wird unendlich tief: So erweitert sich der dritte Kreis. Durch die Erweiterung dieser drei Kreise werden wir Wunder erleben. Wenn wir sie verkleinern, sehen wir nichts als Verzweiflung, die wir auch in uns spüren.

Versprechen Sie sich heute, Ihre drei Beziehungskreise zu erweitern. Sagen Sie laut zu sich selbst: «Ich verspreche meine Beziehung zu mir selbst, zu anderen und zur Erde zu vertiefen!»

Was wäre, wenn alles nur eine Illusion ist und die Realität nicht existiert? In diesem Fall habe ich eindeutig zu viel für meinen Teppich bezahlt. Woody Allen

Fast alle glücklichen, erfolgreichen Menschen, die ich kenne, besitzen die Fähigkeit, über sich selbst zu lachen. Der Vorteil ist der, dass Ihnen eine unendliche Quelle der Unterhaltung zur Verfügung steht. Sie können lernen, über Ihre Fehler zu lachen, anstatt sich dafür zu tadeln. Meine Frau und ich benützen täglich einen elektrischen Teekocher. Vor kurzem war ich so in meine Arbeit vertieft, dass ich in die Küche ging, den Teekocher mit Wasser füllte, ihn dann auf den Herd stellte und das Gas aufdrehte. Bevor mir mein Fehler klar wurde, war der Plastikkocher schon geschmolzen und verteilte sich über dem Gasherd. Ich konnte nur lachen und die Bescherung beseitigen. Kathlyn roch das brennende Plastik und eilte in die Küche. Ein Blick genügte und – Gott segne sie! – sie lachte und half mir beim Saubermachen. Denken Sie an die Alternative: Ich hätte mich aufregen können, Kathlyn hätte sich aufregen können und wir hätten den Rest des Tages mit gegenseitigen Schuldzuweisungen verbracht. Warum nicht einfach lachen und die Bescherung aufräumen?

Nehmen Sie sich vor heute jede Stunde einmal über sich zu lachen. Suchen Sie nach Schwächen, über die Sie sich lustig machen können. Wenn Ihnen die Ideen ausgehen, bitten Sie eine Freundin, Ihnen ein paar Dinge über sich zu sagen, die andere zum Schmunzeln finden.

Die Charakterbildung beginnt in der Kleinkindzeit und geht bis zum Tode weiter. Eleanor Roosevelt

Zu Beginn Ihrer Reise gab es zwei Bedürfnisse: das Bedürfnis nach Einheit beziehungsweise der Verbundenheit mit anderen und das Bedürfnis nach Autonomie beziehungsweise nach Freiraum. Beides sind normale menschliche Bedürfnisse. Warum also ist das Konzept sowohl von Beziehungen als auch von Autonomie für viele Menschen so schwierig zu begreifen? Lassen Sie uns einen Blick auf die Autonomie werfen. Wie jeder weiß, der schon etwas Zeit mit einem Kleinkind verbracht hat, ist der Drang nach Autonomie in der Tat sehr machtvoll und bringt ein hilfloses, abhängiges Kind dazu, sich von ebenjenen Menschen abzunabeln, die es versorgen. Das menschliche Herz weiß schon in jungen Jahren instinktiv, dass Eigenständigkeit für das psychische Überleben notwendig ist. Die meisten von uns sind bei dem Versuch, sich von ihren Eltern und später, im Erwachsenenalter, von ihren Partnern als Individuum abzugrenzen, schon einmal verletzt worden. Und doch kehren wir immer wieder zurück zu dem heiligen Kreuzzug für ein eigenständiges Ich.

Denken Sie an Ihre Jugendzeit zurück und rufen Sie sich einen Konflikt ins Gedächtnis, den Sie mit Ihrer Mutter oder Ihrem Vater hatten. Die Einzelheiten spielen keine Rolle. Es zählt nur, dass Sie sich an Ihre Gefühle aus jener Zeit erinnern. Es ist für jede hingebungsvolle Beziehung tödlich, wenn Sie einen Aspekt Ihrer selbst zurückhalten.

Erwachet, erhebet euch oder liegt auf ewig darnieder!
John Milton

Das Wachsen einer Beziehung zwischen zwei Erwachsenen weist häufig Parallelen zu den Phasen frühkindlicher Entwicklung auf. Unsere erste Aufgabe auf dieser Erde nach unserer Geburt scheint ganz einfach: *sein.* Von uns wird nur erwartet, dass wir «sind», dass wir existieren und von anderen empfangen. In vielerlei Hinsicht trifft das auch für die ersten Tage vieler neuer Beziehungen unter Erwachsenen zu: Ihr Partner ist von Ihnen hingerissen, fordert und erwartet nichts weiter, als dass Sie einfach nur existieren; Sie wiederum verlangen auch nicht mehr. Ich möchte Sie jetzt bitten, sich auf die Empfindung des Seins zu konzentrieren: atmen, existieren, den vollkommenen Ort im Universum einnehmen, wo es den Wunsch nach mehr oder weniger, nach besser und schlechter nicht gibt. Sie *sind* einfach und in diesem Sein erlangen Sie eine Beziehung zum Universum, die völlig ohne Kampf ist.

Rufen Sie sich die frühen Tage Ihrer gegenwärtigen oder letzten Beziehung ins Gedächtnis: Was habe ich meiner Erinnerung nach als Erstes für meinen Partner getan?

Was tue ich häufig für meine Partner zu Beginn einer Beziehung?

Was sind die ersten Erinnerungen, die ich daran habe, was meine Mutter oder mein Vater für mich getan haben?

Lehre uns, zu geben und den Preis dafür nicht anzurechnen.
Ignatius von Loyola

Die zweite Aufgabe, die ein Neugeborenes bewältigen muss, ist schon etwas komplizierter: Es muss etwas *tun*. Wir lernen unsere Umwelt zu erforschen und auf sie zu reagieren, und das immer schneller und besser. Auch darin gleichen sich erwachsene Beziehungen; sobald das rosige Glühen der Anfangszeit verblasst, versucht man allmählich sich dem Partner durch Tun näher zu bringen: Man kocht beispielsweise ein kompliziertes Essen, was dem anderen sagen soll, dass man großzügig und fürsorglich ist. Einfach zu existieren reicht nicht länger aus. In diesem aktiven Zustand lernt man, ob man in dieser Beziehung eine Verbindung aufbauen und Einheit schaffen kann.

Gehen Sie zu den frühesten Tagen Ihrer derzeitigen Beziehung zurück. Können Sie sich an den Punkt erinnern, als Sie vom «sein»-Zustand in den «tun»-Zustand überwechselten? Was haben Sie alles getan, um sich Ihrem Partner näher zu bringen? Sind es Dinge, die Sie normalerweise gerne tun, oder Dinge, die Sie immer tun, weil Sie glauben, sie sind für andere wichtig oder passen zu der Persona, der Sie entsprechen wollen? (Vielleicht haben Sie nicht gekocht, weil Sie gern kochen, sondern weil Kochen bei einer «guten Ehefrau» dazugehört.) Denken Sie darüber nach, wie Sie sich Ihrem Partner aufrichtig nahe bringen können, ohne Dinge zu tun, die zu einer Persona passen, aber nicht zu dem Menschen, der Sie wirklich sind.

Aber lasst Raum zwischen euch. Und lasst die Winde des Himmels zwischen euch tanzen. Kahlil Gibran

Was folgt den häufig segensreichen frühen Phasen einer Beziehung? Die Antwort finden wir auch hier in unseren frühesten Erfahrungen. Zuerst existieren wir einfach, dann wenden wir uns nach außen, reagieren auf unsere Umwelt. Daraufhin bringen wir beides auf signifikante Weise zusammen: Wir verschmelzen Erfahrungen und Gefühle, die aus unseren frühesten Momenten des Seins stammen (Wut, Wohlbehagen, Verzweiflung und Hilflosigkeit, um nur einige zu nennen), mit unserer Beziehung zu einem anderen Menschen; diese können in die neue und noch ungetestete Beziehung einströmen. Sicher haben Sie schon einmal erlebt, wie Sie Ihren neuen Partner ansehen und sagen: «Du hast dich verändert!» Vielleicht passiert es früher, vielleicht später, aber ich wette, es passiert. Wenn zuvor verborgene Aspekte aus Ihrem Innern auftauchen, tun sie das auf den ersten Blick aufgrund des Menschen, mit dem Sie die Beziehung haben.

Ziehen Sie sich für diese Übung zurück. Erinnern Sie sich an Ihre Kindheitsangst, verlassen zu werden. Vielleicht wurden Sie an einem öffentlichen Ort von einem Elternteil getrennt oder ein Elternteil ist von zu Hause ausgezogen. Atmen Sie tief durch. Erleben Sie erneut die Angst und die Verzweiflung des Kindes, dessen Welt sich unsicher und überwältigend anfühlte. Verurteilen Sie dieses Kind nicht, lieben Sie es. Lieben Sie Ihre Angst, Ihre Verzweiflung, Ihre Kleinheit angesichts einer solch großen Welt.

Verstehe dich selbst und du wirst alles verstehen.

Shunryu Suzuki

In unseren Beziehungen lässt sich erkennen, was wir aus unseren Familienbeziehungen gewohnt sind. Bei einigen bedeutet das «Nachahmung»: Man sucht sich einen Partner, der das Spiegelbild eines wichtigen Menschen aus der Kindheit (häufig ein Elternteil) ist. Bei anderen bedeutet das «Ersatz», wobei man das genaue Gegenteil eines wichtigen Menschen wählt. Man hört oft: «Ich habe nach jemand gesucht, der meiner Mutter/meinem Vater so wenig ähnelte wie möglich.» Doch letztendlich stellt man fest, dass dieser Mensch paradoxerweise genau so ist wie derjenige, dessen Abklatsch man auf keinen Fall wollte. Ein Beispiel: Eine Frau sucht nach einem Mann, der ganz anders ist als ihr kalter, distanzierter Vater. Sie findet einen Mann, der seine Liebe mehr als großzügig verteilt. Klingt gut, oder? Doch letztendlich muss die Frau erkennen, dass sie sich ignoriert fühlt, weil dieser Mann seine Liebe allzu unterschiedslos verteilt. Was macht seine Partnerin da zu etwas Besonderem?

Ich verpflichte mich, die Motive zu erforschen, mit denen ich meine Partner aussuche. Ich verpflichte mich, meine Motive in Bezug auf Abklatsch und Ersatz zu erforschen. Ich verpflichte mich, einen Weg einzuschlagen, der meine Bedürfnisse als Erwachsener, nicht als Kind erfüllt. Ich verpflichte mich, zu lieben und eine Liebe zu finden, die wächst.

Eine gesündere Beziehung wird erst dann möglich, wenn beide Partner bereit sind, ihr Tun auf dem Wissen zu gründen, dass sie die Quelle ihrer Realität sind.

Gleichförmigkeit ist die letzte Zuflucht der Fantasielosen.
Oscar Wilde

Was ist, wenn eine Beziehung endet? Woher soll man zu Beginn einer Beziehung wissen, wann und wie man gehen soll? Verfolgen Sie auch hier die Spuren Ihrer Geschichte, Ihres Herzens. Diese Spuren können Ihnen viel sagen, nicht nur darüber, woher Sie kommen, sondern auch wo Sie jetzt stehen – und wo Sie in zehn Jahren sein werden, wenn Sie nichts verändern. Haben Sie sich je in einer Beziehung oder Arbeitsstelle wiedergefunden, die größtenteils eine Qual war, und plötzlich an die Zukunft gedacht? «Ich will nicht in zehn Jahren auf mein Leben zurückblicken und immer noch hier sein. Mein Leben darf nicht so verlaufen.» Wenn Beziehungen sich dem Ende zuneigen oder ihren Zustand verändern, ist die Projektion ein wichtiger Faktor. Einfacher ausgedrückt wälzt man bei der Projektion die Verantwortung für seine Gedanken, Gefühle und Verhaltensweisen auf einen anderen ab. Kurzfristig betrachtet ist es eben oft leichter, dem anderen die Schuld zu geben, als sich mit den eigenen Schwächen auseinander zu setzen.

Denken Sie heute über die folgenden Aussagen nach: Ich wusste, dass meine erste Liebesbeziehung enden würde, als ________. Nach dem Ende der Beziehung fühlte ich mich ________. Ich glaube, ich fühlte mich so, weil es zeigte, dass ________.

Es ist eine Kunst, Ihre innere Wahrheit wahrzunehmen und sie anderen gegenüber deutlich zum Ausdruck zu bringen.

Kein Vergnügen ist dem festen Stand in der Wahrheit vergleichbar.
Francis Bacon

Irgendwie ist es einfacher, sich selbst für einen Menschen zu halten, der Selbsterkenntnis zu schätzen weiß, als die Kunst der völligen Ehrlichkeit zu praktizieren. Man sollte bei sich selbst anfangen, bevor man mit anderen beginnt, wie man ein gewagtes neues Kleid ja auch zuerst zu Hause ausprobiert. Versuchen Sie sich an den ersten zaghaften Schritten und sagen Sie sich die völlige Wahrheit in der Privatsphäre des eigenen Herzens. Das ist nicht leicht. Häufig sind wir sehr geschickt darin, zu verbergen und Ausflüchte zu erfinden – auch bei uns selbst. Ganz besonders bei uns selbst. Gehen Sie sanft mit sich um, wenn Sie sich zum ersten Mal an der Wahrheit versuchen. Atmen Sie Geduld und Selbstliebe und gestatten Sie sich ganz allmählich das zu erkennen, was wahr und was nicht wahr ist – für Sie, über Sie und tief in Ihnen.

Erinnern Sie sich an eine Szene in Ihrer Kindheit, in der Sie etwas sagten, was bei den Erwachsenen zu negativen Reaktionen führte. Vielleicht kennen Sie diese Erinnerung nur aus den Erzählungen Ihrer Familie, aber begeben Sie sich in diese Erinnerung und suchen Sie nach den folgenden Antworten:

In meiner Erinnerung habe ich gesagt _______. Das muss mir das Gefühl vermittelt haben, zu _______. Bevor ich heute eine schwierige Wahrheit sage, fühle ich mich _______.

Vernunft wird nicht nach Größe oder Umfang bemessen, sondern nach Prinzip. Epiktet

Viele von uns sind in einem Kreislauf der Negativität gefangen, weil wir uns dem Leben mit der Einstellung nähern: «Was springt für mich dabei heraus?» Wenn wir die Welt mit dieser Konsumhaltung angehen, ist uns paradoxerweise die Erfahrung des Mangels garantiert. Mit anderen Worten, der Drang, so viel zu bekommen wie möglich, verurteilt zum Mangel, weil er voraussetzt, dass man nicht genug hat – das gilt für die Liebe wie für das Geld. Viele Menschen ändern ihr Leben binnen einer Sekunde von Grund auf, sobald sie erkennen, dass sie Liebe produzieren können, anstatt sie von anderen einzufordern. Eine Frau beklagte sich bei mir, dass ihr Ehemann nicht die Zuwendung zeigte, nach der sie sich sehnte. «Mag sein», erwiderte ich, «aber wir wollen uns zuerst darauf konzentrieren, wie viel Aufmerksamkeit Sie sich selbst schenken.» Wir schwiegen eine Minute und schenkten uns selbst liebevolle Zuwendung. Schließlich öffnete sie die Augen: «Jetzt sehe ich, was Sie meinen.» Sie hatte entdeckt, welche Macht darin liegt, wenn man nicht Konsument, sondern Produzent ist.

Atmen Sie ein paar Mal tief und langsam durch. Wenn Sie einatmen, spüren Sie, wie Sie sich mit der Quelle aller Energie verbinden. Wenn Sie ausatmen, fühlen Sie, wie Sie zur Fülle in der Welt beitragen. Atmen Sie ein … feiern Sie Ihre Verbindung mit der Quelle … Atmen Sie aus … Feiern Sie Ihren Beitrag zum Leben. Legen Sie heute mehrmals eine Pause ein und genießen Sie diese Art des Atmens.

Nicht weil die Dinge schwer sind, wagen wir sie nicht; sondern weil wir es nicht wagen, sind sie schwer.

Seneca

Grundlegendes Körperbewusstsein ist eine wichtige Fertigkeit des bewussten Lebens, eine, bei der wir alle etwas mehr Übung gebrauchen könnten. Wenn Sie von der ersten Klasse bis zum Schulabschluss jeden Tag eine Stunde damit verbracht hätten, sich Ihres Körpers bewusst zu sein und ihn als das Wunder zu feiern, das er ist, würden Sie ihn sicher nicht durch Drogen, Völlerei und zu viel Stress missbrauchen. Körperbewusstsein bedeutet, dass Sie einfache, wenn auch wichtige Dinge tun: Sie achten darauf, wohin Ihre Lebensenergie fließt und wohin nicht, und auf die feinen Unterschiede zwischen verschiedenen Emotionen wie Angst, Wut, Trauer und Sehnsucht. Außerdem wären Sie fähig, die Organe Ihres Körpers durch tiefes Atmen oder andere Methoden zu entspannen, um Stresssituationen besser zu bewältigen.

Nehmen Sie sich jetzt zehn Sekunden Zeit, um Ihren Körper mit Ihrem Bewusstsein abzuklopfen. Fühlen und empfinden Sie einfach. Es gibt keine richtigen Antworten; hören Sie nur hin und lernen Sie, was es zu lernen gibt. Legen Sie heute im Laufe des Tages gelegentlich eine Pause ein, um sich auf Ihre Körperempfindungen einzustimmen – aus keinem anderen Grund als der reinen Freude am Bewusstsein.

Zu Beginn war die Welt so geschaffen, dass bestimmten Ereignissen bestimmte Anzeichen vorausgingen. Cicero

Wenn Sie wissen, dass Sie eine Grapefruit wollen, dann gehen Sie nicht in ein Schuhgeschäft – so lautet ein altes Therapeutensprichwort. Das gilt auch für die Suche nach Anerkennung und Respekt. Zu der Kunst, Anerkennung zu finden, gehört das Wissen, dass Sie sie verdienen. Außerdem beinhaltet diese Kunst, genau zu wissen, *wo* Sie sie finden werden. Wenn Ihnen von vornherein klar ist, dass ein bestimmter Freund oder ein Familienangehöriger mit Anerkennung geizt, dann beschweren Sie sich hinterher nicht, wenn Sie von ihm keine erhalten. Suchen Sie ein anderes Geschäft auf und kaufen Sie dort.

Erstellen Sie eine Liste, auf dem Papier oder vor Ihrem inneren Auge, von jenen Leuten, bei denen Sie sich darauf verlassen können, dass sie Ihnen Anerkennung zollen. Diese Menschen wissen es ehrlich zu schätzen, dass es Sie gibt, und sagen Ihnen das auch gern. Sie gehören nicht zu jenen, denen man die Anerkennung förmlich abringen muss. Wenn die Liste fertig ist, nehmen Sie sich vor, ihnen heute dafür Anerkennung zu zollen, dass sie Sie zu schätzen wissen. Rufen Sie sie an oder schreiben Sie ihnen.

April

Suchen Sie nicht nach dem Fehler, suchen Sie nach der Lösung. Henry Ford

Einer der kraftvollsten Schritte, die Sie in Ihrem Jahr des bewussten Lebens unternehmen können, ist zu lernen Ihre Klagen in Aufforderungen oder Maßnahmen umzuwandeln. Denken Sie einmal darüber nach: Wenn jedes Gramm an Energie, die Menschen einsetzen um sich zu beklagen, in produktive Veränderungen einfließen würde, könnten wir viele der Probleme dieser Welt praktisch über Nacht lösen. Es erfordert Mut, eine Klage in eine Aufforderung oder eine wirksame Maßnahme umzuwandeln. Sie müssen darüber nachdenken, was getan werden muss, anstatt darüber, was nicht getan wurde. Und Sie müssen aus dem Kreislauf des negativen Denkens ausbrechen: «Was stimmt nicht mit mir? Was stimmt nicht mit dir? Was stimmt nicht mit der Welt?» Sie müssen einen mutigen Gedankensprung vollziehen: «Vergiss, was nicht stimmt – wir wollen uns auf das konzentrieren, was getan werden muss.»

Denken Sie an einige Klagen, die Sie kürzlich hatten. Haben Sie über sich selbst geklagt? Über andere Leute? Oder über die Welt? Konzentrieren Sie sich auf die zwei oder drei wichtigsten Klagen und verwandeln Sie sie in Maßnahmen oder Bitten. Wenn Sie beispielsweise ständig über die Qualität einer Straße jammern, auf der Sie regelmäßig fahren, dann schreiben Sie an das Straßenverkehrsamt und fordern Sie, dass die Straße ausgebessert wird (oder freuen Sie sich einfach an der schönen Rüttelfahrt).

Alles, was uns an anderen stört, kann uns zu einem Verständnis unserer selbst führen. Carl G. Jung

Warum sollten wir unsere eigenen Gefühle, Gedanken und Verhaltensweisen auf andere projizieren? Für viele von uns scheint es leichter, in Machtkämpfen mit anderen verstrickt zu bleiben, als nach der wahren Quelle des Kampfes in uns selbst zu suchen. Natürlich ist es einfacher, einem anderen die Schuld zu geben – und natürlich waren diese Gefühle nicht da, bevor er oder sie des Weges kam, oder? Lassen Sie die Erinnerung zu, dass diese Gefühle doch vorhanden waren – und das in großer Menge. Sie waren da, als Ihre Eltern Sie als Kleinkind in den Armen wiegten, und sie sind jetzt hier. Sie gehören zu Ihnen – prüfen Sie sie mit Staunen und Liebe. Warum etwas lieben, das so verborgen, dunkel und schändlich ist? Urteilen Sie nicht vorschnell, denn die Projektion gibt Ihnen die Möglichkeit der Veränderung. Ohne sie hätten Sie es schwer, Ihr verborgenes Selbst zu erkennen. Wenn Sie Ihre Augen, Ihr Herz und Ihren Verstand öffnen, dann erlauben Sie Ihrem verborgenen Selbst ans Licht zu kommen. Wenn Sie auf Wiederholungen achten, werden Sie mühelos die Bereiche erkennen, in denen Ihr Selbst eine Feineinstimmung oder eine größere Überholung benötigt.

Nehmen Sie sich zwei intime Beziehungen in Ihrem Leben vor, eine von früher und eine von heute, und suchen Sie mehrere Charaktermerkmale der Partner heraus. Sehen Sie Ähnlichkeiten? Schauen Sie noch gründlicher hin, wenn dem nicht so ist. Denken Sie daran, dass Gegensätze manchmal identische Verhaltensweisen produzieren.

Glaube nicht deinem Bruder, aber glaube deinem blinden Auge.
Russisches Sprichwort

Ich habe festgestellt, dass es drei Dinge gibt, mit denen wir uns tiefer in den Beziehungstrott vergraben. Unzählige Male konnte ich bei meiner Paartherapie beobachten, dass es zur Krise kam, weil *Gefühle nicht akzeptiert, die Wahrheit nicht ausgesprochen und Abmachungen nicht eingehalten wurden.* Wenn Sie diese drei Verhaltensweisen in ihr genaues Gegenteil umkehren, haben Sie drei mächtige Strategien für eine erfolgreiche Beziehung an der Hand. Lassen Sie uns zuerst über das Annehmen von Gefühlen sprechen, sowohl Ihrer eigenen wie der Ihres Partners. Wenn Sie sich nicht gestatten Ihre Gefühle zu kennen und zu erfahren, dann lavieren Sie sich in den Zustand des Konflikts. Das gilt auch dann, wenn Sie Ihrem jeweiligen Partner dessen eigene Gefühle nicht zugestehen.

Beantworten Sie die folgende Frage für sich selbst: In diesem Augenblick fühle ich mich ______.

Wie immer Sie sich gerade fühlen – glücklich, abgelenkt, frustriert, ruhig –, erfahren Sie es ganz. Überlegen Sie, wann Sie sich schon einmal so gefühlt haben und ob es da einen Zusammenhang gibt. Verbinden Sie es mit Ihrem Körper. Wie spiegeln Ihre körperlichen Empfindungen die emotionale Erfahrung wider? Setzen Sie sich mit Ihrem Gefühl hin: Umarmen Sie es, denn es gehört Ihnen. Lieben Sie es. Wenn es Zeit ist, eine bestimmte Frage in Ihrem Leben anzugehen, suchen Sie sich jemand, mit dem Sie diese Sache ausarbeiten können.

Ich trage mehr als eine Rüstung – ich trage die Gerechtigkeit meiner Sache.
Christopher Marlowe

Die zweite erfolgreiche Strategie einer erfolgreichen Beziehung ist die Wahrheitsliebe. Allein die Vorstellung scheint vielen subversiv und gefährlich. Ich höre immer wieder, dass die Leute sich davor fürchten, die Wahrheit könnte ihren Partner verletzen. Ich glaube, diese Angst maskiert die wahre Furcht: Viele Menschen wollen nicht mit der Reaktion ihres Partners umgehen, wenn sie ihm die Wahrheit sagen. Es scheint, dass viele in ihrer Beziehung die Totenstarre ritualisierter Wahrheitsvermeidung der rohen elektrisierenden Lebendigkeit der Wahrheitsliebe vorziehen. Für mich ist eines klar: Wenn Sie die Wahrheit sagen, haben Sie eine Beziehung, wenn Sie das nicht tun, haben Sie keine. Lügen sind immer Selbstschutz – machen Sie sich da nichts vor.

Denken Sie an eine Lüge, die Sie erzählt haben. Jetzt denken Sie an einen Vorfall, bei dem Sie einen Vorwand vorgeschoben haben. Wenn Sie an «Lüge» und «Vorspiegelung» denken, stellen Sie sich zwei Fragen: Wen wollten Sie damit Ihrer Meinung nach schützen? Wer litt letzten Endes Schaden?

Gibt es da wirklich einen Unterschied? Gehen Sie gewissenhaft in sich, um sicher zu sein, dass es sich bei dem Vorwand, den Sie entschuldigen, nicht einfach um eine glorifizierte Lüge handelte. Wen wollten Sie wirklich schützen? Und sind Sie so zerbrechlich, dass Sie einen solchen Schutz benötigen?

Was hinter uns und was vor uns liegt, ist klein verglichen mit dem, was in uns liegt. Ralph Waldo Emerson

Wir haben über Gefühle und über Ehrlichkeit gesprochen. Doch was ist mit nicht gehaltenen Absprachen? Da fällt mir ein Freund ein, dessen Eltern sich scheiden ließen, als er noch ein Kleinkind war. Er lebte bei seiner zuverlässigen Mutter. Sein Vater, ein aufregender, aber ruheloser Mann, donnerte gelegentlich auf einem Motorrad in das Leben des Jungen und überschüttete ihn mit teuren und nutzlosen Geschenken. Immer wenn sich die seltenen Wochenenden mit seinem Vater näherten, war er aufgeregt, konnte kaum essen oder schlafen. Die Stunden zogen wie in Zeitlupe vorbei und häufig tauchte sein Vater einfach nicht auf. Das geschah unzählige Male und heute bricht mein Freund in seinen eigenen erwachsenen Beziehungen eine Absprache nach der anderen. Sie müssen nicht zwangsläufig die Muster Ihrer Kindheit wiederholen, aber es erfordert bewusste Aufmerksamkeit und Hingabe, um sicherzustellen, dass Sie das nicht tun. Treffen Sie keine Vereinbarungen, die Sie nicht halten können oder wollen. Sie haben die Kraft und die Intelligenz und das Herz, um zu wissen, was Sie tun wollen und was nicht.

Ich verpflichte mich, mein Herz zu fragen, bevor ich eine Absprache eingehe, und mich selbst zu fragen, ob es etwas ist, was ich gern tue oder was ich tun muss und was ich auch durchstehen werde. Ich verpflichte mich, meine Absprachen zu halten und keine Absprachen zu treffen, die ich nicht halten kann.

Vollkommenheit wird nicht dann erlangt, wenn es nichts hinzuzufügen gibt, sondern wenn es nicht länger etwas wegzunehmen gibt. Antoine de Saint-Exupéry

Sie haben die Bühne bereitet, auf der in Ihrem Leben Wunder geschehen können. Ich habe über einige Aspekte der Dynamik in erwachsenen Beziehungen gesprochen. Darin verwoben ist der Prozess, Wunder zu erschaffen, aber ich gehe absichtlich langsam vor, weil es auf dem Weg zu der Beziehung, die Sie sich zu sich und anderen wünschen, viel Arbeit gibt. Manchmal bitte ich Sie, sich den Unterbau Ihrer Verhaltensweisen anzusehen, dann wieder fordere ich Sie auf, neue Vorgehensweisen bei sich und anderen auszuprobieren, aber an jedem Tag dieser Reise gibt es eine Konstante: Ich bin bei Ihnen und wünsche Ihnen nur das Beste.

Was ist in Sachen Liebe das Beste für Sie? Ich kann es mir für Sie wünschen, aber ich kann Ihnen nicht sagen, wie es aussieht – das liegt ganz bei Ihnen. Mit der heutigen Übung werden Sie einen Prozess in Gang setzen, dem Sie im Laufe dieses Jahres immer wieder begegnen werden. Heute sollen Sie einfach die Affirmation wiederholen: «Ich weiß, was für mich das Beste ist, und ich sorge dafür, dass ich es auch bekomme.» Sie formen den Verlauf Ihres Lebens in Augenblicken, in denen Sie sich der Intimität entweder öffnen oder verschließen.

Das Großartige an dieser Welt ist nicht, wo wir stehen, sondern in welche Richtung wir gehen.

Oliver Wendell Holmes

Lassen Sie uns über den Schmerz sprechen und welche Rolle er in unserem Leben spielt. In der fernen Vergangenheit menschlicher Geschichte war die Vorstellung von Schmerz dem körperlichen Selbst vorbehalten, also fangen wir dort an. Die Wissenschaft glaubt, dass unser Körper uns mittels des Schmerzes auf Probleme aufmerksam macht. Unser Bauch sendet akute Schmerzsignale und man entdeckt, dass unser Blinddarm entzündet ist. Ohne den Schmerz wäre das unbemerkt geblieben, gefolgt von Sepsis und Tod. Der psychische Schmerz dient demselben Zweck. Der Schmerz der Einsamkeit weicht, wenn Sie andere in Ihr Leben lassen. Der Schlüssel besteht darin, an kritischen Scheidewegen im Leben die richtige Entscheidung zu treffen. Lernen Sie diese Fertigkeit und Sie können einen Großteil des Schmerzes aus Ihrem Leben verbannen.

Schließen Sie die Augen und visualisieren Sie Schmerzen, unter denen Sie körperlich oder psychisch gelitten haben. Vervollständigen Sie die folgenden Sätze: Wenn ich an Schmerz denke, sehe ich die Farbe ______. Wenn ich körperlichen Schmerz fühle, befindet er sich häufig im ______. Wenn ich psychischen Schmerz fühle, dann häufig in ______. Um psychische Schmerzen zu eliminieren, ______ ich häufig. Allzu häufig benützen wir die Gelegenheiten zu Wachstum als Rechtfertigung, um uns noch fester an alte Positionen zu klammern, die zwar kein Glück bringen, uns jedoch vertraut sind.

Sage dir zuerst, was du sein willst, und dann tue, was du tun musst.

Epiktet

Ich hoffe, Sie wollen nicht lernen vollkommen zu sein. Je mehr ich meine Ansprüche an die Vollkommenheit im Laufe der Jahre gesenkt habe, desto mehr Spaß hatte ich und desto effizienter bin ich geworden. Ich scheine immer nur dann vollkommen zu sein, wenn ich überhaupt nicht daran denke, vollkommen sein zu wollen. Vor kurzem spielte ich im Urlaub eine Runde Golf und war mit einem Partner gesegnet, der sich als unbarmherziger Perfektionist erwies. Mit jedem Schlag stöhnte und fluchte er, kritisierte den Ball, den Schläger und das Grün. Ich glaube nicht, dass er sich an diesem Nachmittag auch nur eine Sekunde lang amüsiert hat. Er war mir ein Vorbild, wie ich nicht sein will, weder auf dem Golfplatz noch sonst wo im Leben. Ich habe gelernt, mich dem Leben auf völlig andere Weise zu nähern. Für mich ist es ein Spaziergang in einem herrlichen Park. Die Freude am Golf ist das Gefühl des Schlags, der Flug des Balles, die Schönheit des Platzes. Mein Partner reservierte seine Freude offensichtlich für das vollkommene Ergebnis und das tritt nie ein.

Halten Sie einen Augenblick inne und lassen Sie sich den folgenden Gedanken durch den Kopf gehen: Ich bin nicht vollkommen. Ich bin ein Mensch und habe Fehler. Ich erlaube mir viele Fehler zu machen und aus meinen Erfahrungen zu lernen.

Unsere Innenwelt ist Realität … und das womöglich mehr als die Außenwelt. Marc Chagall

Sie können Ihr ursprüngliches Wesen visualisieren und bejahen, die Person, die Sie ursprünglich waren, ein reines, liebevolles Herz, noch nicht bombardiert mit den Botschaften der Welt: *Geh auf Nummer sicher! Sieh dich vor! Fühle nicht zu viel! Tu dies! Tu das!* (Verbringen Sie einmal eine Stunde mit einem Kleinkind, und Sie werden feststellen, was ich meine! Die Botschaften kommen früh und in Horden.) Es kann sich als überaus schwer erweisen, die Person, die Sie jetzt sind, von dem zu trennen, was Sie hätten sein können, doch es gibt einen Trost: Ihr Wesenskern ist nicht verloren. Er wartet immer noch in Ihnen auf das Signal, dass er willkommen ist – *mehr* als willkommen, dass Sie Ihr ursprüngliches Wesen mit all der Freude und Ekstase umarmen, wie Eltern ein sehnsüchtig erwartetes Neugeborenes in den Arm nehmen. Worte reichen hier nicht aus, wie Mark Twain sagt, darum müssen Sie in der Sphäre der Gefühle, der Musik, der Seele Ihr Geburtsrecht einfordern: Ihren Wesenskern.

Wenn Sie das nächste Mal die Chance haben, ein Neugeborenes auf den Arm zu nehmen, tun Sie das und fühlen Sie, wie dieser kleine Mensch völlig in seinem Wesen lebt. Atmen Sie den einzigartigen Duft des Babys ein und spüren Sie, wie unglaublich weich seine Haut ist. Lernen Sie etwas, während Sie dieses Bündel an Ursprünglichkeit halten: Lernen Sie, mehr Sie selbst zu sein und weniger so, wie man es von Ihnen erwartet.

Selbstbeherrschung ist die höchste Eleganz.

Ralph Waldo Emerson

Mit zunehmendem Alter lernen Sie, Masken über Ihr ursprüngliches Wesen zu stülpen, die Kleider, die Ihr wahres Selbst verbergen. Als ich meine Frau Kathlyn zum ersten Mal sah, war ich mir einer Energie bewusst, die sie umgab, eines machtvollen Kraftfeldes der Ursprünglichkeit. Als ich genauer hinschaute, fiel mir auch ihre Kleidung auf – leuchtende Farben, fließende Stoffe – und mir wurde bewusst, dass es da keine Persona gab: Kathlyns Wesenskern und ihr äußeres Selbst waren identisch. Zweifellos reagierte ich aus diesem Grund so stark auf sie. Doch bei vielen Menschen herrscht eine gewaltige Kluft zwischen der äußeren Persona und ihrem inneren Wesen. Wenn solche Menschen in ihre verschiedenen Masken schlüpfen, erfahren sie bisweilen das Gefühl der Verwirrung und der Dissonanz und sie fragen sich: «Was ist nur mit *mir* geschehen? Wer bin ich?» Andere lassen ihren Wesenskern förmlich verschlingen von den Rollen ihres Lebens, die schwer getragen werden, wie ein Kreuz; sie stellen sich nie die fundamentalen Fragen ihrer Existenz.

Identifizieren Sie die Schlüsselpersona Ihres Lebens. Das können Rollen sein, die Sie spielen («Tochter») oder eine Sammlung von Eigenschaften, die zusammen eine Rolle ergeben («pflichtbewusste Tochter»). Verurteilen Sie diese Rollen nicht. (Masken erfüllen oft einen nützlichen Zweck!) Der Wesenskern wächst selbst aus kleinsten Anfängen, solange nur die Bereitschaft besteht, sich für ein authentisches Leben zu engagieren.

Ich stehe auf der Seite der verlorenen Seelen, die den Wert des Lebens als Selbstzweck sehen, im Gegensatz zu den Heiligen, die das leugnen. Oliver Wendell Holmes

Sie kennen sicher den Ausdruck «Kampf oder Flucht». Zu der Zeit, als die Menschen noch gegen alle möglichen gefährlichen Kreaturen zu kämpfen hatten, entwickelte unser Körper zwei Reaktionen auf eine Bedrohung. Erstens gegen den Feind zu kämpfen und ihn zu besiegen, zweitens vor dem Feind zu fliehen. Heutzutage erleben unser Körper und unser Verstand immer noch dieselben physiologischen Reaktionen angesichts einer Bedrohung, selbst wenn diese Bedrohung emotionaler Natur ist. Ich schlage eine weitere Reaktion vor, eine dritte Möglichkeit: Fließen. Kämpfen Sie nicht und fliehen Sie nicht – fließen Sie. Mit anderen Worten, stimmen Sie sich auf die Gefühle ein und seien Sie bei ihnen, bis sie vorübergehen. Starke Gefühle haben wie Gewitter einen Anfang, eine Mitte und ein Ende. Sie können sich unheildrohend in Ihnen sammeln und wild toben, aber sie werden nicht unendlich dauern. Sie können sie aussitzen.

Das bedrohlichste Gefühl meines Lebens ist das Gefühl ________. Ich weiß, dass der Sturm an Kraft zunimmt, wenn mein Körper ________ und wenn meine Gedanken ________. Ich weiß, wann der Sturm seinen Höhepunkt erreicht hat, weil ich das Gefühl habe zu ________. Mein Körper signalisiert mir, dass der Sturm endet, wenn er ________. Ich verspreche mir, mich auf die Phasen meines emotionalen Sturms zu konzentrieren und die Kunst des Fließens einzuüben, anstatt zu kämpfen oder zu fliehen.

Was ihr in der Finsternis sagt, das wird man im Licht hören; und was ihr ins Ohr flüstert in der Kammer, das wird man auf den Dächern predigen. Lukas 12,3

Wenn die Persona so viel Schmerz und Rückschritt bedeutet, warum klammern wir uns dann so verzweifelt an sie? Das hat viele Gründe. Eine Persona sammelt häufig äußere Belohnungen. Eine «gute Mutter» wird beispielsweise mit dem Lob ihrer Mitmenschen belohnt, mit Kindern, die auf sie reagieren, und dem Gefühl, dass sie genau das verkörpert, was die Gesellschaft von ihr erwartet und was sie zumindest teilweise auch selbst sein will. Die dunkle Seite ist jedoch weitaus komplizierter: Durch ihr Opfer hat sie zum Beispiel Recht und alle anderen liegen falsch. Mit Hilfe einer Persona können wir auch beängstigende und überwältigende Gefühle vermeiden; die gute Mutter entflieht so vielleicht ihrem Zorn, weil sie ihre Träume aufgeben musste, Künstlerin zu sein, oder ihr gewaltiges Bedürfnis nach Freiraum nicht erfüllt wird. Die Persona erlaubt uns, solche Empfindungen zu meiden und uns überlegen zu fühlen. Das ist eine mächtige Kombination für einige Menschen, jedoch eine Kombination, die uns anderen entfremdet.

Sehen Sie sich noch einmal die Persona an, die Sie in der Übung vom 10. April identifiziert haben. Verbringen Sie heute etwas Zeit damit, die äußeren und inneren Belohnungen beim Namen zu nennen, die Sie für jede Seite Ihrer Persona empfangen.

Was du in anderen siehst, hat mehr mit dir als mit den anderen zu tun. Epiktet

Die Persona – die Maske, die wir tragen, um uns vor Schmerz zu schützen und die Anerkennung anderer zu gewinnen – distanziert uns von dem Gefühl der Klarheit und der Offenheit, die wir im Kern verkörpern. Wenn wir uns an eine Persona klammern, formt das die Art und Weise, wie wir die Welt sehen.

Gehe ich beispielsweise in meiner Persona als «Bestätigungssucher» auf eine Party, werde ich die anderen Gäste als Menschen sehen, «denen ich gefallen muss». Trage ich dagegen die Persona «missverstandenes Genie», wird der Raum voller Leute sein, die meine Genialität nicht verstehen. Mit anderen Worten, wir projizieren ein Bild unserer Persona auf unsere Mitmenschen. Kein Wunder, dass wir so große Probleme haben, ihnen näher zu kommen.

Denken Sie an eine Beziehung aus der Vergangenheit, die nicht so gut funktionierte. Fragen Sie sich: Was habe ich in diesem anderen Menschen gesehen, das in Wirklichkeit eine Projektion eines Teils meiner selbst war, den ich nicht besonders mag?

Kein Mensch kann über längere Zeit ein Gesicht für sich selbst und ein anderes für die Welt aufsetzen, ohne sich nicht über kurz oder lang zu fragen, welches davon echt ist.

Nathaniel Hawthorne

Wenn Ihre engen Beziehungen erfolgreich sein sollen, müssen Sie das Problem der Projektion verstehen und meistern. Gestern habe ich Sie eingeladen, sich eine Beziehung aus Ihrer Vergangenheit vorzunehmen, in der die Projektion eine Rolle spielte. Für gewöhnlich erblüht eine Beziehung, wenn beide Partner bereit sind, Persona und Projektionen loszulassen. Sind sie das nicht, welkt und stirbt die Beziehung.

In meinen dreißig Jahren als Therapeut habe ich herausgefunden, dass eine bestimmte Methode mehr Magie bewirkt als die meisten anderen: Wenn Sie feststellen, dass Sie an einem anderen Menschen etwas zu beanstanden haben, dann suchen Sie diesen Fehler zuerst bei sich selbst. Wenn ich beispielsweise mit der Wut meines Partners unglücklich bin, muss ich zuerst sehen, wie weit ich mich von meiner eigenen Wut entfernt habe. Beziehungen erblühen nur, wenn es eine Verbindung von Wesen zu Wesen gibt.

Fragen Sie sich selbst: Was habe ich in meinen engen Beziehungen am häufigsten zu beanstanden? Fragen Sie sich anschließend: Inwiefern könnte diese Sache auch auf mich zutreffen? Wenn wir demütig zuerst bei uns selbst nachforschen, liegt in der Lernerfahrung großer Lohn für die Beziehung.

Wie ein Mensch ist, so sieht er. William Blake

Konzentrieren Sie sich einen Augenblick auf «Dinge», auf die Besitztümer, mit denen Sie sich umgeben. Denken Sie insbesondere daran, welche Rolle die materiellen Güter für Sie spielen. Wenn Sie einen Mann mit struppigem Bart und zerrissenen Kleidern vor einer heruntergekommenen Hütte sehen, welches Urteil werden Sie dann über ihn und sein Leben fällen? Wenn Sie demselben Mann kurz darauf in einem Herrenhaus voller Kunstwerke begegnen, wie würde sich Ihr Urteil ändern? Vielleicht kommen Sie zu dem Schluss, dass der Mann ein Exzentriker ist, vielleicht ein Künstler, der zu sehr mit seiner Kunst ringt, um den Kopf für Armani-Anzüge und Designerhaarschnitte frei zu haben? Image ist alles. Wie wichtig ist Image für Sie? Wie sehr definieren Sie sich darüber, was Sie *haben*, anstatt darüber, was Sie *sind*? Wenn Sie morgen alles verlieren würden, was wäre dann noch übrig? Und die wichtigste Frage: Wer sind Sie ohne die Schutzschicht an Gütern, die Sie umhüllt? Fällt Ihnen die Antwort darauf schwer, ist es an der Zeit, sich zu entblößen, Ihr Leben zu vereinfachen, sich eine innere Existenz aufzubauen und die Äußerlichkeiten loszulassen, die Sie bislang definiert haben.

Erstellen Sie eine Liste von drei Dingen, für die Sie jeden Monat am meisten Geld ausgeben (Haus, Auto, Kleider, usw.). Erstellen Sie eine weitere Liste von drei Dingen, die Ihnen die größte Befriedigung verschaffen. Vergleichen Sie die beiden Listen. Je mehr sie sich überlappen, desto mehr Äußerlichkeiten sollten Sie abstreifen.

Der Geist lässt sich von Zeit und Ort nicht ändern. Er ist sein eig'ner Ort, kann aus dem Himmel Hölle und aus der Hölle Himmel schaffen. John Milton

Vor einigen Jahren gab es einen Autoaufkleber mit der Aufschrift: «Was geben Sie vor nicht zu wissen?» Eine herrliche Frage, die hilft, den Deckel über unserer Selbsttäuschung anzuheben. Aber auch eine Variante dieser Frage hat noch viel Kraft: «Was geben Sie zu wissen vor?» Das Vortäuschen von Wissen lässt den Entdeckungsprozess abrupt innehalten. Es versiegelt den Deckel auf einen bestimmen Aspekt Ihrer selbst, anderer Leute, der Welt. Es ist leicht, über Fundamentalisten zu lachen, die einst vorgaben zu wissen, dass die Erde flach sei oder sich die Sonne um die Erde drehe. Vor noch gar nicht langer Zeit verloren neugierige Menschen jedoch ihr Leben, weil sie den Wahrheitsgehalt dieser Illusionen hinterfragten.

Suchen Sie in Ihrem Leben nach Bereichen, in denen Sie so tun, als ob Sie etwas wüssten, eigentlich jedoch aktives Erkunden feiern sollten. Vielleicht geben Sie vor zu wissen, wie viel Sie jedes Jahr verdienen können oder wie viel Liebe Sie geben und empfangen. Wenn Ihnen einige Bereiche eingefallen sind, dann reißen Sie das Siegel ab und verwandeln Sie es in eine aktive Erkundigung. Sich selbst zu hinterfragen fühlt sich immer besser an als etwas zu wissen (insbesondere wenn dieses Wissen gar kein echtes Wissen ist!).

Ein freundliches Wort kann drei kalte Wintermonate wärmen. Japanisches Sprichwort

Viele von uns wissen nicht zu schätzen, wie sehr unser Leben von winzigen Augenblicken der Entscheidung geprägt wird. Wir treffen jeden Tag Hunderte solcher Entscheidungen, ganz profane («Was soll ich heute anziehen?») und enorm wichtige («Soll ich Mutter werden?»). Eine der wichtigsten Entscheidungen, die wir treffen können, ist die Frage, ob wir uns authentisch mit einem anderen Menschen verbinden oder in der Luftblase unserer eigenen Wahrnehmung dieses Menschen verweilen wollen. Vor kurzem traf ich eine Frau, die ich seit Monaten nicht gesehen hatte. Als sie mir zuwinkte, erkannte ich im Bruchteil einer Sekunde, dass ich wütend auf sie war. Ich erfuhr, dass sie demnächst ins Ausland reisen würde. Nun stand ich vor einer Entscheidung: Sollte ich die Gelegenheit, die mir das Leben bot, ergreifen und ihr sagen, was mir am Herzen lag? Ich tat es. Es dauerte nicht lange und wir umarmten und verabschiedeten uns. Ich war von einem tiefen Gefühl der Wertschätzung für sie durchflutet, insbesondere für die Art und Weise, wie sie mir zugehört hatte. Ein warmes Glühen durchströmte meinen Körper und ich wette, ihren auch.

Halten Sie einen Moment inne und engagieren Sie sich erneut für einige Dinge, über die wir bislang gesprochen haben und die so wichtig sind, dass man immer wieder über sie nachdenken kann. «Ich verpflichte mich, all meine Gefühle zu akzeptieren und mit den Menschen, denen ich begegne, authentisch darüber zu sprechen.»

Wenn wir das Wunder einer einzigen Blume klar erkennen könnten, würde sich unser ganzes Leben ändern.

Buddha

Drei Grundelemente sind für Wunder wirkende Maßnahmen unabdingbar: Wir müssen unsere Gefühle anerkennen, diese Gefühle in Besitz nehmen und wir müssen uns wundern, für gewöhnlich über unser eigenes Verhalten. Diese Elemente ähneln den wichtigsten Bestandteilen einer bewussten Beziehung: Gefühle akzeptieren, die Wahrheit sagen und Versprechen halten. Bei den ersten beiden Punkten lässt sich die Parallele eindeutig erkennen; in gewisser Weise ist der offene Ausdruck unserer Gefühle nur eine pragmatische Version der Akzeptanz unserer Gefühle; wir kennen unsere Wahrheit und akzeptieren sie. Die Inbesitznahme unserer Gefühle ist die Nagelprobe für unsere Wahrheitsliebe; wenn wir zugeben, dass wir ein bestimmtes Gefühl haben, sind wir dann bereit, ehrlich mit uns und anderen umzugehen und dieses Gefühl in Besitz zu nehmen, seinen Platz in unserem Leben zu erfahren? Der dritte Punkt, dass wir uns wundern sollen, beleuchtet unsere Versprechen: Wir engagieren uns für den Weg des Staunens, nicht für den Weg des Zweifelns.

Heute sollen Ihre Arbeit und Ihr Spiel in einem Zustand des Staunens erfolgen. Konzentrieren Sie sich in den nächsten 24 Stunden darauf, sich zu wundern – über Ihre Gefühle, Ihre Verhaltensweisen, Ihre Beziehungen. Urteilen Sie nicht, schmieden Sie keine Pläne, wundern Sie sich nur: Was fühle ich? Was tue ich? Was bedeutet mir diese Beziehung?

Von außen kann keine wunderbare Wirkung in uns getragen werden, wenn nicht ein inneres, aufgeschlossenes Wunder es empfängt. Herman Melville

Lassen Sie uns tief Luft holen und darüber nachdenken, was wir in der kurzen Zeit unserer Reise schon gelernt haben, zum Beispiel dass wir Fehler machen dürfen, dass eine bewusste Reise aus der Akzeptanz und dem Ausdruck unserer Gefühle besteht, dass wir unsere Wahrheit in Besitz nehmen, dass wir uns immer wieder von neuem wundern sollen, indem wir einfach unsere Gefühle zum Ausdruck bringen, diese Gefühle in Besitz nehmen und uns fragen, warum wir Dinge tun oder sagen. An diesem Punkt unserer Reise sollten wir einen Schritt zurücktreten und prüfen, was für Veränderungen wir gemacht haben und wie wir uns mit unserem neuen Leben fühlen. Unsere Inventur beginnen wir am besten damit, dass wir uns auf unseren Körper einstimmen und uns von ihm sagen lassen, was an uns neu ist und welche Geister der Vergangenheit sich hartnäckig festklammern.

Atmen Sie zehnmal tief ein und aus. Konzentrieren Sie sich ganz auf Ihren Körper. Spüren Sie, wie sich Bauch und Brust heben und senken. Lassen Sie mit jedem Atemzug alle Gedanken an Ihren Tag los. Konzentrieren Sie sich auf den Körperteil, der sich Ihnen am stärksten bemerkbar macht. Ermutigen Sie ihn zu sagen, warum er Sie gerade jetzt anspricht. Entlocken Sie ihm seine Geheimnisse. Lieben Sie Ihre Vergangenheit, alle Teile, die Sie zu dem machen, was Sie in diesem Augenblick sind.

Siebzig Jahre jung zu sein ist viel lustiger und hoffnungsvoller als vierzig Jahre alt zu sein.

Oliver Wendell Holmes Jr.

Einige der lebenssprühendsten Menschen, die ich kenne, sind Senioren, die regelmäßig ihre eingefahrenen Gleise verlassen. Auf einer Psychologenkonferenz unterhielt ich mich mit einem vitalen, geistreichen Mann von 77 Jahren, der dort eine Rede halten sollte. Ich war von seiner Weisheit und seiner Lebensfreude beeindruckt und fragte ihn rundheraus, wie er so geworden war. Er erzählte mir, er sei als gelangweilter Anwalt von 44 Jahren innerlich fast abgestorben, als er plötzlich den Drang verspürte, Arzt zu werden. Keine Universität in den USA ließ ihn zu, darum lernte er eine Fremdsprache und studierte in Europa. Als er seine Praxis eröffnete, war er 51, ein Alter, in dem viele Menschen sich schon auf die Rente freuen. Er nicht. Weil er in Manhattan aufgewachsen war, fühlte er sich außerhalb der Großstadt unwohl, also besiegte er dieses Unbehagen, indem er eine Stelle als Arzt in einem abgelegenen Reservat in der Wüste annahm. Zum Schluss fragte ich ihn, was er in seiner Freizeit mache. Augenzwinkernd erwiderte er: «Dieses Jahr lerne ich Gesellschaftstanz und Saxophon.»

Im Laufe des heutigen Tages sollten Sie überprüfen, wo Sie in eingefahrenen Gleisen leben. Fragen Sie sich, ob es «Wachstumsfelder» gibt, die Sie nicht erforschen, weil das Ihre Gewohnheiten durcheinander bringen würde. Suchen Sie sich ein solches Wachstumsfeld heraus und unternehmen Sie etwas – selbst wenn das für Sie unbequem ist.

Die Tränen, die wir selbst verursachen, sind oft schwer zu tragen. Marcel Proust

Mich inspirieren M. Scott Pecks Gedanken über die Verantwortung aus *Der wunderbare Weg*: Die mentalen Probleme seien im Grunde Störungen der Verantwortung; Neurotiker würden zu viel, Personen mit Charakterstörungen zu wenig Verantwortung übernehmen. Als Menschen neigen wir dazu, die Verantwortung als Last zu betrachten, als eine Beschränkung unserer Freiheit, wo sie doch in Wahrheit der Weg zu Ganzheit und zu unglaublicher Freiheit und Leichtigkeit ist. Es ist herrlich, wenn man weiß, dass man für sein Leben in jeder Hinsicht verantwortlich ist – denken Sie an jene berauschenden Momente, in denen Sie sich endlich für sich selbst verantwortlich fühlten, vielleicht an Ihrem ersten Arbeitstag. Schien nicht alles möglich? Verantwortung ist eine kraftvolle und befreiende Erfahrung.

Denken Sie heute über eine wichtige Beziehung nach. Beantworten Sie sich die folgenden Fragen: Die Beziehung, an die ich denke, ist ________. Meistens streiten wir uns über ________. Dieser Mensch erinnert mich manchmal an ________ (eine andere Person). Unser Streit erinnert mich an einen anderen Streit, den ich einmal hatte, weil ________.

Mit der Verantwortung feiern wir die Ganzheit. Wenn wir unsere Projektionen fallen lassen, folgt die Übernahme der Verantwortung wie von selbst.

Sagen Sie die Wahrheit nicht, leben Sie sie.

Elbert Hubbard

Die Grundlage des bewussten Lebens war schon immer die Integrität und wird es auch immer bleiben. Ich hatte das Vergnügen, vor einigen Jahren die Großen Pyramiden zu sehen, und aus persönlicher Erfahrung darf ich sagen, dass diese Bauten überaus viel Integrität besitzen. Man hat den Eindruck, dass sie sich seit Äonen auch nicht um einen Zentimeter von der Stelle gerührt haben. Ein Grund für ihre Stabilität ist das gewaltige Fundament an präzise behauenen Steinen, von denen jeder in seiner eigenen Integrität ausgerichtet ist. Stellen Sie sich Ihr bewusstes Leben als Pyramide vor, mit einem soliden Unterbau an Integrität und überwältigender Aussicht an der Spitze. Viele Menschen gehen die Sache verkehrt herum an. Sie besitzen eine mächtige Vision, aber sie achten nicht auf die Integrität als Fundament. Sobald der Wind der Veränderung bläst, werden sie ohne ein festes Fundament vom Sturm herumgewirbelt.

Nehmen Sie sich einen Augenblick Zeit und prüfen Sie das Fundament der Integrität in Ihrem Leben. Gibt es Bereiche, in denen Ihr Fundament abgestützt werden sollte? Gibt es vor allem Gefühle, zu denen Sie den Kontakt verloren haben? Unausgesprochene Wahrheiten? Absprachen, die Sie übersehen oder gebrochen haben? Kitten Sie das Fundament heute, indem Sie diese Dinge angehen. Die Energie, die dadurch freigesetzt wird, kann sich buchstäblich als Ehrfurcht gebietend erweisen.

Zweifel ist der Weisheit Anfang. René Descartes

Viele Menschen hören sich selbst nicht genau zu und wissen daher nicht, wie sie sich fühlen. Sie wissen auch nicht, wie sie ihren Kollegen so zuhören können, dass sie die besten Gedanken aus ihnen herauslocken. Ich brauchte lange, um herauszufinden, dass die Art und Weise, wie ich zuhöre, bestimmt, wie man mit mir spricht. Früher klagte ich ständig darüber, dass man mir in meinen engen Beziehungen nicht die Wahrheit sagt, doch dann wurde mir klar, dass ich praktisch jedem durch einen Filter an Vorurteilen zuhörte. Wenn die Leute nicht das Gefühl haben, dass man sie (vor)urteilsfrei anhört, dann sagen sie auch nicht die Wahrheit. Ein wichtiger Schlüssel für das richtige Zuhören liegt darin, wie man sich selbst zuhört, insbesondere seinen Gefühlen. Viele von uns reden ausgesprochen kritisch über sich selbst, als ob wir darauf aus wären, uns schlecht zu machen. Es ist besser, sich selbst (und anderen) mit einem großzügigen, offenen Herzen zuzuhören und so die Freiheit zu erfahren, wie es ist, wenn man fühlt, was man fühlt.

Hören Sie sich selbst ab sofort großzügiger zu. Legen Sie Ihr kritisches Ohr ab. Akzeptieren Sie offen alles, was Sie denken und fühlen. Machen Sie sich im Laufe des heutigen Tages bewusst, wann Sie wieder ins Kritisieren zurückfallen. Sobald Sie bemerken, dass Sie wieder hart gegenüber sich selbst werden, schalten Sie um und hören Sie sich ganz gemächlich zu.

Wir müssen einander lieben oder wir sterben.

W. H. Auden

Lassen Sie uns kurz zusammenfassen, was eine Beziehung ausmacht. Ich verwende den Begriff gute Beziehung nicht länger, denn meiner Meinung nach hat man eine Beziehung oder man hat keine. Wenn es keine Beziehung ist, handelt es sich einfach um eine Verstrickung.

Beide Partner sehen in der Beziehung die Chance zur Selbsterkenntnis und engagieren sich für ihre gegenseitige Nähe sowie für ihre individuelle Entwicklung. Beide Partner sagen sich stets die Wahrheit, ohne Ausnahme; alles andere wäre nur Verstrickung. Beide Partner übernehmen die volle Verantwortung für sich – es gibt kein Opfer und keinen Schurken. Bei Konflikten sucht man nach Lösungen, in denen beide Partner gewinnen; niemand muss verlieren, damit der andere gewinnen kann. Beide Partner zeigen, dass sie lieber Spaß als Recht haben.

Wiederholen Sie mehrmals die folgende Affirmation und nehmen Sie sich die Zeit, tief und langsam zu atmen und die gegenseitige Bindung in Ihrem Körper zu spüren:

Ich engagiere mich voll für die oben genannten Merkmale einer Beziehung. Weniger werde ich weder von mir noch von meinem Partner akzeptieren. Ich bin bereit, alles zu tun, was nötig ist, um die Hindernisse zu beseitigen, die ich mir selbst in den Weg gelegt habe, und um die Bahn für eine bewusste Beziehung zu ebnen.

Den größten Reichtum hat, wer arm ist an Begierden.
Henry David Thoreau

Gestern beendete ich meine Liste mit «lieber Spaß als Recht haben». Spaß haben? Wie kann das sein, wo es in Beziehungen doch um Kampf geht, um harte Arbeit, darum, die schlammige Dunkelheit unserer Seele im Tandem mit einem anderen Menschen zu durchpflügen? Laura schreibt: Vor kurzem nahm ich an einer Hochzeit teil, bei der Braut und Bräutigam ihr Gelübde selbst geschrieben hatten. Beide sind kreativ und liebevoll, darum freute ich mich auf ihre Worte der Affirmation und Hingabe. Stattdessen hörte ich in etwa das Folgende: «Wir verpflichten uns, die harte, schmerzliche Arbeit auf uns zu nehmen, die erforderlich ist, um eine Ehe in diesen schwierigen Zeiten aufrechtzuerhalten. Wir versprechen, einander in dunklen Zeiten beizustehen und uns zu unterstützen, wenn es den Anschein hat, als ob die Welt und unsere Ehe uns nicht länger tragen.» Ihre Worte machten mich unsäglich traurig. Was ist mit der Freude geschehen? Ihrem Gelübde fehlte das Versprechen, gemeinsam zu lachen. In Beziehungen geht es nicht um Qual, sondern darum, fröhlich miteinander auszuschreiten.

Halten Sie sich an die Zehn-Sekunden-Regel (Alles, was den Kern von Ihnen und Ihren Gefühlen enthält, kann in zehn Sekunden oder weniger gesagt werden) und überlegen Sie, wie Sie ein Gelübde für Ihre eigene Beziehung formulieren würden. Eine gute Übung, um zum Kern Ihrer selbst und Ihrer Wünsche und Bedürfnisse zu gelangen.

Wer in Sicherheit beginnt, endet mit Zweifeln; wer jedoch mit Zweifeln beginnt, endet mit Sicherheiten.

Francis Bacon

Im Kern der intrapersonellen (in Ihnen) und interpersonellen (mit anderen) Probleme liegen drei Aspekte, drei bereits beschriebene Methoden, Beziehungen zu schaffen. Diese Methoden – Gefühle akzeptieren, die Wahrheit sagen und Absprachen einhalten – können auch als Barometer dienen, an dem sich ablesen lässt, was in einer Beziehung nicht stimmt. Bitte erforschen Sie anhand der folgenden Fragen Ihre Beziehungen und legen Sie einen Kurs auf das bewusste Leben: Welche Wahrheiten werden nicht ausgesprochen? Welche Gefühle werden nicht erlebt oder nicht akzeptiert? Welche Absprachen wurden gebrochen? Versuchen Sie, die Antworten zuerst in sich selbst zu finden.

Nehmen Sie sich heute die Zeit, sich die folgenden Fragen zu beantworten: Eine Wahrheit über mich, die ich nur schwer zugeben kann, ist _______. Ein Gefühl, das ich nur schwer empfinden und akzeptieren kann, ist _______. Eine Absprache, die ich mir selbst gegenüber nicht eingehalten habe, ist _______.

Von allen Fertigkeiten ist die Ehrlichkeit die schwierigste.
Marie de Beausacq

Die Fähigkeit, unsere Gefühle zutiefst zu kennen, ist weitaus wichtiger, als den meisten von uns klar ist. Viele von uns haben ihr Leben lang gelernt ihre Gefühle zu verbergen. Vielleicht konnten wir in einer feindseligen Umgebung nur überleben, weil wir die Fähigkeit besaßen, unsere Gefühle zu verheimlichen. Doch das bewusste Leben lehrt, dass es in vielen Fällen zu einem Zusammenbruch der Kommunikation führt, wenn man seine Gefühle verbirgt. Außerdem weisen zahlreiche Ärzte darauf hin, dass das Verstecken unserer Gefühle vor anderen für viele emotionale und körperliche Krankheiten verantwortlich ist. Es ist eine Kunst, die eigenen Gefühle anzuerkennen und gleichzeitig zu lernen, sie in wirksames Handeln umzusetzen. Das gewährleistet viel eher eine effiziente Kommunikation.

Nehmen Sie sich fünf oder zehn Minuten und erinnern Sie sich, wie Sie als Kind Verstecken spielten. Wo haben Sie sich meistens versteckt: in einem Schrank oder einem anderen verschlossenen Ort oder in offenem Gelände, beispielsweise hinter dem Sofa? Wie fühlten Sie sich, wenn Sie hörten, dass sich Schritte näherten? Hörten Sie Ihr Herz schlagen? Ging Ihr Atem schneller? Inwiefern ähneln diese Gefühle jenen, die Sie heute erleben, wenn Sie einen Gedanken, ein Gefühl, eine Wahrheit verheimlicht haben und Sie nun Gefahr laufen entdeckt zu werden? Gibt es eine andere Möglichkeit für Sie, wie Sie hinaus ins Licht treten können?

Immer stellt die schöne Antwort eine noch schönere Frage.

e. e. cummings

Die Macht der Fragen ist gewaltig und doch ziehen nur wenige von uns in ihrem Alltag des bewussten Lebens wirklich einen Vorteil aus dieser Macht. Viele von uns stellen Fragen, die eigentlich gar keine Fragen sind – in Wirklichkeit handelt es sich bei ihnen um einen maskierten Angriff oder den Versuch, den anderen zu ändern: «Willst du den ganzen Tag da sitzen und fernsehen?» oder «Brauchst du wirklich noch mehr so teure Schuhe?» Verwandeln Sie Ihre Fragen heute in etwas Bedeutsames. Stellen Sie qualitativ hochwertige Fragen. Verschwenden Sie die Macht der Fragen nicht an Dinge, deren Antwort Sie bereits kennen.

Stellen Sie heute nur Fragen, auf die Sie wirklich und von ganzem Herzen eine Antwort suchen. Halten Sie jetzt einen Augenblick inne und fragen Sie sich selbst: Wie sehen die wichtigsten Fragen aus, die ich mir stellen muss, um aus meiner Reise des bewussten Lebens das meiste herauszuholen?

Das Leben soll gelebt werden – das ist alles.

Eleanor Roosevelt

Denken Sie immer an das große Bild: Holen Sie Ihren Taschenrechner hervor und versuchen Sie sich an einem Rechenspiel. Multiplizieren Sie Ihr Alter mit 365. Wenn Sie ganz genau sein wollen, fügen Sie noch die Anzahl der Tage seit Ihrem letzten Geburtstag hinzu. Sie kommen dadurch auf die Anzahl der Tage, die Sie seit Ihrer Geburt auf diesem Planeten atmen. Jetzt ziehen Sie die Summe von der Zahl 25 000 ab – so viele Tage leben westliche Menschen im Durchschnitt. Sie können mit guten Genen und vernünftiger Lebensweise diese Zahl ein klein wenig erhöhen, aber andererseits könnten Sie schon nächste Woche auf der falschen Seite im Bus sitzen. Sobald Sie ein klares Bild davon haben, dass Sie nur noch soundso viele Male aufwachen werden, sind Sie bestimmt willens, Ihre Prioritäten ernsthaft neu zu setzen. Man fragt sich: Was ist wirklich wichtig?

Wenn Sie fleißig gerechnet und die Anzahl der Tage herausgefunden haben, die Ihnen noch bleiben, nehmen Sie sich einen Augenblick Zeit und fragen Sie sich: Was ist wirklich wichtig? Behalten Sie diese Frage heute den ganzen Tag im Hinterkopf. Wenn heute Ihr letzter Tag wäre, würden Sie dann genau das machen wollen?

Und doch gibt es keinen Zug, den ich nicht nehmen würde, gleichgültig wohin die Reise geht.

Edna St. Vincent Millay

Waren Sie je auf einer Reise, die magische Qualitäten hatte? Vielleicht an einen unbekannten Ort, an dem die Sprache, das Essen und die Gebräuche fremd und aufregend anmuteten? Oder an einen Ort aus Ihrer Vergangenheit, an dem Sie wunderbare Augenblicke von früher erneut durchlebten? Laura schreibt: Mit Anfang dreißig, als berufstätige Mutter von drei Kleinkindern und mit einem Ehrenamt, das viel Zeit verschlang, ging ich in Urlaub – nur ich allein. Es war ein Geschenk an mich selbst, als ich mich fast verzweifelt nach Ruhe sehnte. Fünf Tage lang wohnte ich in einem Hotel: Ich aß, wenn ich essen wollte, schlief, wenn ich müde war, und ging jeden Tag schwimmen. Ich fühlte mich wie eine jüngere und ausgeruhtere Version meiner selbst. Am Ende kehrte ich gern wieder zu meinen Kindern zurück. Ich war präsenter, weil ich diese Reise mit mir selbst angetreten hatte. Jene Tage sind für mich immer noch magisch und ich erinnere mich an sie, wenn ich unter Druck stehe.

Ob Sie eine Reise antreten können, wie Laura sie beschreibt, oder ob Sie nur wenige Stunden Zeit für sich haben, heute besteht Ihre Aufgabe darin, einen «Urlaub» mit sich selbst zu planen. Schon ein einziger Nachmittag kann zum Urlaub werden, aber es gibt Regeln: Sie allein entscheiden, was Sie unternehmen und wie Sie diese Zeit verbringen. Sie dürfen diese Zeit nur für sich nützen und Ihr Urlaub soll das reine Vergnügen sein – planen Sie also entsprechend!

Mai

Eine Lüge ist sinnlos, außer die Wahrheit wäre gefährlich.
Alfred Adler

In den kommenden Tagen werden wir unsere Zeit damit verbringen, in die Wahrheitsliebe einzutauchen, über sie zu sprechen und sie zu praktizieren. Viele von uns verbringen so viele Jahre getrennt von der Wahrheit, dass sich die Heimreise lang und bisweilen entmutigend gestalten kann. Sie werden jedoch feststellen, dass Ihr Wesenskern ein eingebautes Belohnungssystem kennt: Auf Ihrer Reise zur Wahrheit werden Sie Leichtigkeit und Freude verspüren – den Klang Ihres inneren Wesens, das seine Stimme gefunden hat und nach allzu vielen stummen Jahren im Verborgenen endlich erblühen kann.

Als Vorbereitung zur Wahrheitsliebe gegenüber anderen sollten Sie das Erkennen und Aussprechen der Wahrheit erst an sich selbst einüben. Um unbefangen zu üben, stellen Sie sich vor den Spiegel, wenn Sie sicher sein können, nicht unterbrochen zu werden (Befangenheit ist nichts weiter als ein Hindernis, das Sie selbst errichtet haben). Atmen Sie tief und ruhig. Sehen Sie sich im Spiegel an. Stimmen Sie sich auf die körperliche Erfahrung ein und machen Sie dabei die folgenden Beobachtungen:

Im Moment fühle ich mich ________. Mein Kopf fühlt sich ________ an. Meine Schultern fühlen sich ________ an. Ich bin mir meiner ________ zutiefst bewusst. Ich bin mir dessen bewusst, weil es sich ________ anfühlt.

Sie müssen herausfinden, ob Sie in Ihrer Beziehung sowohl die Einheit mit dem Partner erfahren können als auch Ihre eigene Entwicklung als individuelles Wesen. Können Sie Ihrem Partner nah und gleichzeitig Sie selbst sein?

Für die meisten Menschen lautet die entscheidende Frage in einer Beziehung: «Wie kann ich *ich* und trotzdem mit meinem Partner zusammen sein?» Wir können die unerlässliche Fertigkeit erlernen, die Erfahrung, wer wir sind, zu ehren und gleichzeitig unserem Partner zuzuhören und ihn zu ehren. Die Fähigkeit, eigenständige Erfahrungen zu machen, während wir uns in Gesellschaft eines anderen Menschen befinden, insbesondere unseres Lebensgefährten, bildet den Kern beim Aufbau einer erleuchteten Beziehung. Zu wissen und zu ehren, wer wir sind, ist dafür unbedingt erforderlich; wenn wir uns dafür nicht engagieren, sind wir jeder stärkeren Schwankung von Stimmung und Energie in unserer Umgebung hilflos ausgeliefert.

Verbringen Sie einige Augenblicke mit der Überlegung, inwieweit Sie Äußerlichkeiten (Ereignissen oder den Gefühlen anderer Menschen) erlauben, Ihre Gefühlslage zu beeinflussen. Beantworten Sie diese Fragen in Ihrem Herzen und lernen Sie etwas aus den Antworten:

Wenn mein Partner schlechter Stimmung ist, fühle ich mich oft ________. Wenn nicht alles so läuft, wie ich es möchte, denke ich häufig, «wenn nur ________________». Um meine gute Laune umkippen zu lassen, muss mein Partner nichts weiter tun als ________.

3. Mai

Wo herzliche Wahrheit herrscht, da ist Liebe.

Henry David Thoreau

Für die meisten Menschen sind *alle* Ängste ein und dasselbe Gefühl: Man fürchtet sich nicht vor der Wahrheit an sich, man will nur nicht mit ihren Folgen umgehen müssen. Es gibt jedoch einfache Möglichkeiten, die Verteidigungshaltung in einer Beziehung abzulegen. Ersetzen Sie sie beispielsweise durch Staunen. Sobald Sie Ihre Gefühle wahrhaft akzeptieren und die Wahrheit sagen, werden Sie sich wie von selbst auf Ihr Gefühl des Staunens konzentrieren, nicht auf Zweifel oder Schuldzuweisungen. Ihre Absicht, Ihre Gefühle in Besitz zu nehmen, ist jedoch erst dann verinnerlicht, wenn Sie Ihre Sätze mit «ich» beginnen, nicht mit «du», wie es der bekannte Psychologe Martin Buber erläutert hat. Nur Sie können Ihre Wahrheit wissen und nur Sie sind für Ihre Wahrheit verantwortlich. Die Schlüsselsätze auf der Reise zu Ihren Gefühlen beginnen mit «Ich fühle», nicht mit «Du vermittelst mir das Gefühl».

Üben Sie, «Du»-Aussagen mit «Ich»-Aussagen zu ersetzen. Sprechen Sie sie laut aus. Achten Sie auf den Unterschied im Klang, wenn Sie das Personalpronomen du *mit* ich *austauschen.*

Du machst mich wütend.	*Ich fühle mich wirklich wütend.*
Du regst mich auf.	*Ich fühle mich wieder gereizt.*
Du verwirrst mich.	*Ich fühle mich verwirrt.*
Du machst mir Angst.	*Ich fühle mich jetzt ängstlich.*
Du regst dich offensichtlich auf.	*Ich spüre, dass dich etwas aufregt.*

Wer die Wahrheit spricht, lebt leichter.

Persisches Sprichwort

Die Wut taucht in unserem Körper häufig zuerst als kräftiges Stimulans auf. Herz und Puls rasen, wir gewinnen Energie, fühlen uns vielleicht sogar befreit, können Dinge sagen, die wir normalerweise nie sagen würden, und spüren das gewaltige Ausmaß unserer Emotionen. Ein Mensch im Frühstadium der Wut lässt an ein hungriges Kleinkind denken, das ohne Selbsteinschätzung in Rage gerät. Doch schon ein Kleinkind lernt bald, dass Wut nur selten positive Reaktionen erzeugt, und als Erwachsene haben die meisten von uns ausgefeilte Methoden erarbeitet, um ihre Wut zu unterdrücken, zu leugnen oder sie abzustreiten, damit wir uns nicht selbst verurteilen oder von anderen verurteilt werden, die Wut für schmutzig, chaotisch und Furcht einflößend halten. Der Haken ist der: Je mehr Sie Ihre Wut unterdrücken, desto wütender werden Sie. Solange Sie Ihre Wut nicht akzeptieren, die Wahrheit darüber sagen und sich selbst versprechen effektive Wege zu finden, um mit Ihrer Wut umzugehen, so lange nehmen Sie Ihre Wut nicht in Besitz und Sie werden nicht in der Lage sein, in Ihrem eigenen Herzen wahrhaft bewusst zu leben, geschweige denn bewusste Beziehungen zu anderen aufzubauen.

Welche Erfahrung würden Sie wählen, um Ihre Unvollkommenheit und die Unvollkommenheiten Ihrer Mitmenschen zu bejahen? Manchmal können wir nur schwer akzeptieren, dass unsere eigene Gegenwehr für unsere Probleme verantwortlich ist.

Wir werden, was wir denken. Mahatma Gandhi

Im bewussten Leben stellt sich uns täglich die Aufgabe, unsere Aufmerksamkeit auf das zu lenken, was wirklich wichtig ist. In der ersten Beratungsstunde mit meinen Klienten stelle ich häufig die Frage: «Was ist Ihnen in dieser Welt am wichtigsten?» Oft schießen die Augenbrauen meiner Klienten überrascht in die Höhe und viele sagen, das sei das erste Mal, dass man diese Frage an sie richtet. Merkwürdig, nicht? Seltsam, dass wir auch nur einen einzigen Tag auf diesem Planeten leben können – einen der kostbaren 25 000 Tage, die wir (durchschnittlich) geschenkt bekommen –, ohne jemals innezuhalten und uns zu fragen, ob wir uns auf das konzentrieren, worauf es wirklich ankommt.

Legen Sie jetzt eine Pause ein und stellen Sie sich die folgende Frage: Was ist mir im Leben am wichtigsten? Lassen Sie die Antwort frei aus Kopf und Körper kommen. Vielleicht gefällt Ihnen die Antwort nicht, die Sie erhalten, aber es ist immer am besten, selbst der unangenehmsten Antwort aufmerksam zuzuhören.

Die Wahrheit kennt keine eigene Zeit. Ihre Stunde ist jetzt – immer. Albert Schweitzer

Einfach ausgedrückt lauten die Regeln der Integrität wie folgt:

Erste Regel: Leugnen Sie Ihre Gefühle nicht, aber schwelgen Sie auch nicht in ihnen. Suchen Sie sich eine effiziente, direkte und schuldzuweisungsfreie Methode, Ihre Gefühle zu kommunizieren. Wenn Sie ängstlich oder wütend sind, sagen Sie es einfach – was ist schon dabei.

Zweite Regel: Sagen Sie die ganze Wahrheit. Geben Sie auch anderen das Gefühl, dass es sicher ist, die Wahrheit zu sagen.

Dritte Regel: Seien Sie wählerisch, was Absprachen angeht, und halten Sie sie gewissenhaft ein. Brechen Sie keine Zusagen, außer es gibt keine Alternative. Teilen Sie in diesem Fall die geplatzte Vereinbarung allen Betroffenen prompt mit.

Vierte Regel: Übernehmen Sie die Verantwortung für alles, woran Sie beteiligt sind, und bitten Sie alle anderen Beteiligten dasselbe zu tun.

Schreiben Sie diese Regeln ab und kleben Sie den Zettel an einen Ort, wo er für alle sichtbar ist, damit Freunde, Kollegen und Familienangehörige ihn sehen können. Wenn Sie jemand danach fragt, erklären Sie die Bedeutung des Zettels und welche Stellung er in Ihrem Leben einnimmt. Selbst wenn niemand fragt, werden Sie stets selbst freundlich daran erinnert.

Würde besteht nicht im Besitz von Ehrungen, sondern darin, sie verdient zu haben. Aristoteles

In meiner Rolle als Therapeut und Berater hatte ich die Gelegenheit, das Elend vieler zwischenmenschlicher Katastrophen hautnah zu sehen. Häufig musste ich feststellen, dass die Integrität einen Zusammenbruch erlitten hatte. Für gewöhnlich lassen sich die Probleme zu einem bestimmten Augenblick zurückführen, in dem jemand nicht die Wahrheit sagte oder eine feste Absprache nicht einhielt. Ich höre immer wieder, dass Betroffene die Wahrheit zurückhielten, weil sie glaubten, die Wahrheit würde das Vertrauen erschüttern, das sie genossen. Sie erkannten jedoch nicht, dass gerade dieses Zurückhalten der Wahrheit den eigentlichen Vertrauensbruch darstellte. Es zerstört Vertrauen, und um das Vertrauen zurückzuerlangen, muss man für gewöhnlich den Mut aufbringen und die unterschlagene Wahrheit beziehungsweise das gebrochene Versprechen anerkennen – eindeutig keine weit verbreitete Vorgehensweise.

Machen Sie es heute zu Ihrem wichtigsten Ziel, eine Wahrheit mitzuteilen, die Sie bislang zurückgehalten haben. Versprechen Sie sich, das auf sichere und effiziente Weise zu tun. Überlegen Sie sich anschließend, wie Sie jemand mitteilen können, dass Sie ihn schätzen oder etwas bedauern beziehungsweise verübeln. Setzen Sie alles daran, die Betroffenen heute anzusprechen, vorzugsweise persönlich von Angesicht zu Angesicht.

Als ob wir die Zeit totschlagen könnten, ohne nicht auch der Ewigkeit zu schaden! Henry David Thoreau

Sinn und Zweck sind kurze, punktgenaue Aussagen dessen, was wir mit unserem Leben vorhaben. Es gibt große Ziele, beispielsweise Lebens- oder Karriereziele, und es gibt bescheidene, beispielsweise die Absicht, die wir in einem bestimmten Gespräch verfolgen. Ob wir es nun mit einem großen oder kleinen Ziel zu tun haben, wenn wir unser Ziel kennen, gibt es eine spürbare Energieverlagerung. Ich habe mir beigebracht, mich bewusst auf mein Ziel zu konzentrieren, wann immer ich mich verwirrt oder nicht auf der Höhe fühle. Es gehört zum Leben, vom Ziel wegzutreiben, das Abdriften zu bemerken und entsprechend den Kurs zu ändern. Entscheidend dabei ist, dass wir unser Ziel kennen. In den Siebzigern setzte ich mich einmal hin und dachte eine Stunde lang über den Sinn meines Lebens nach. Das war wohl die wichtigste Stunde meines ganzen Lebens. Ich drücke das von mir gewählte Lebensziel gern so aus: Ich wachse jeden Tag in Liebe und Kreativität und inspiriere andere, die am selben Ziel interessiert sind.

Wählen Sie für den heutigen Tag ein großes Ziel – beispielsweise in jeder Ihrer Interaktionen an Liebe und Weisheit zu wachsen. Suchen Sie sich ein Ziel, das Sie befriedigt, und tragen Sie es den ganzen Tag vor sich her, wie man einen roten Teppich ausrollt. Stellen Sie sich vor, wie dieses Ziel an diesem speziellen Tag Ihres bewussten Lebens in jeder Interaktion den Weg ebnet.

Haltet mich fern von der Weisheit, die nicht weint, und der Philosophie, die nicht lacht … Kahlil Gibran

Laura schreibt: Eines Tages, als ich mich besonders gestresst fühle, kommt ein Paket für mich an. Ich habe den Morgen damit verbracht, Weihnachtsgeschenke zu kaufen, und obwohl ich mich am liebsten mit einer Tasse Kaffee und einem guten Buch hinsetzen würde, gönne ich mir diese Pause nicht. Zwar zähle ich das Schreiben sonst zu den wunderbaren Dingen, in denen ich mich völlig verlieren kann, dennoch sehe ich es an dem Tag als Bürde. Als ich dann in dem Paket einen Stapel Indexkarten finde, Recherchematerial für ein Schreibprojekt, fällt eine der 50 oder 60 Karten zu Boden und ich hebe sie auf. *Es war herrlich, aber jetzt muss ich schreien*, steht darauf. Mehr nicht. Ich lasse mich lachend zu Boden fallen. Sofort muss ich an den Spruch von Gay und Katie denken: «Es ist ein Wink des Universums.» In diesem Fall bedeutet es die Erlaubnis, mich an dem Tag zu freuen. Den Rest des Nachmittags trinke ich guten Kaffee und gehe ganz in einem herrlichen Roman auf. Am Abend fühle ich mich erfrischt und in der Lage, wieder an die Arbeit zu gehen, die ich wundersamerweise nicht länger als Bürde empfinde.

Gibt es etwas, das Sie in den letzten Wochen tun wollten, aber nicht getan haben, weil es zu maßlos wirkte, weil Ihr Leben zu geschäftig schien, weil Sie nicht das Gefühl hatten, es verdient zu haben? Geben Sie sich die Erlaubnis, es jetzt zu tun, und tun Sie es auch: Was ich tun wollte, ist ________. Ich werde es am ________ (Datum) tun.

Ich war wie ein Kind, das am Strand spielt und gelegentlich eine hübschere Muschel fand als sonst, während sich der große Ozean der Wahrheit noch unentdeckt vor mir erstreckte.

Isaac Newton

Prioritäten setzen ist eine wichtige Fertigkeit des bewussten Lebens. Durch die richtigen Prioritäten werden Visionen zu Realität. In Anne Lamotts wunderbarem Buch über die Kreativität, *Bird by Bird*, erinnert sie sich an den weisen Rat, den ihr Vater ihrem Bruder gab, der eine Hausarbeit über die amerikanische Vogelwelt bis zur Nacht vor der Abgabe hinausgeschoben hatte und nun verzweifelt am Küchentisch saß, umgeben von Büchern und Enzyklopädien. Sein Vater legte den Arm um ihn und sagte: «Vogel für Vogel, mein Junge. Geh einfach Vogel für Vogel an die Sache heran.» Auf diese Weise werden große Visionen immer umgesetzt: Schritt für Schritt. Jeder kann lernen Prioritäten zu setzen. Schätzen Sie sich glücklich, wenn Sie mit einem Talent dafür auf die Welt gekommen sind, aber dieses Glück haben nur wenige. Ich gehöre nicht dazu und verwende daher die profanen «Aktivitäten»-Listen, streiche Punkte durch und füge andere hinzu, Schritt für Schritt, Vogel für Vogel.

Schreiben Sie die fünf wichtigsten Dinge auf, die Sie heute bewerkstelligen wollen. Setzen Sie eine 1 vor die Aufgabe, die Sie am meisten fürchten, eine 2 vor diejenige, die Sie etwas weniger scheuen, und so weiter. Führen Sie die Aufgabe, die Sie am meisten scheuen, heute zuerst aus. Der Rest des Tages wird Ihnen wie Urlaub vorkommen.

Dem Furchtsamen rauschen alle Blätter. Sophokles

Wenn wir uns fürchten, reagieren wir auf vier verschiedene Arten: Kampf, Erstarrung, Flucht und Ohnmacht. Manche Menschen werden wütend und teilen aus, wenn sie sich fürchten; das sind die Kämpfer und man muss wissen, dass ihre Wut von Angst geschürt wird. Andere werden unbeweglich und sprachlos, wenn sie Angst haben; sie erstarren förmlich. Eine dritte Gruppe reagiert wie benommen und schließlich laufen einige auch weg, ziehen sich innerlich zurück oder verstecken sich, wenn sie es mit der Angst zu tun bekommen. In den letzten dreißig Jahren meiner Beratertätigkeit habe ich festgestellt, dass die meisten Menschen kämpfen oder flüchten; Menschen, die erstarren oder in Ohnmacht sinken, bilden die Minderheit. Ich habe miterlebt, auf welche Weise sich das Leben vieler Klienten änderte, als sie erkannten, wie sie auf Furcht reagieren. Zu wissen, dass man in seiner Wut auch Angst hat, ist ein wichtiger Lernprozess für Menschen, die oft wütend werden. Wenn meine Klienten gelernt hatten, «Ich habe Angst» zu sagen, anstatt vor Wut zu schäumen, wurden sie vor meinen Augen oft lammfromm.

Finden Sie im Laufe des heutigen Tages Ihre Reaktion auf die Angst heraus. Stellen Sie fest, ob Sie kämpfen, flüchten, erstarren oder benommen werden. Lernen Sie anschließend, Ihre Angst sich selbst und anderen gegenüber offen einzugestehen.

Heutzutage ist die schlimmste Krankheit nicht Lepra oder Tuberkulose, sondern das Gefühl, ungewollt zu sein.

Mutter Teresa

Wenn wir unsere Gefühle verdrängen, verdaut sich unser Körper förmlich selbst: Magengeschwüre, Herzerkrankungen, Krebs – alle stehen nachweislich in Verbindung mit Stress. Stress schafft zweifelsohne ein Umfeld, das physiologische Prozesse unterstützt, die uns letztendlich umbringen können und *werden*. Wenn wir diesen Vorgang visualisieren, können wir erkennen, was Verdrängung der Leichtigkeit und Magie des menschlichen Körpers antut. Unsere stärksten Gefühle, seien es Freude oder Trauer, sind rasiermesserscharf. Wenn starke Gefühle tief in uns versteckt werden wie schmähliche Geheimnisse, zerreißen sie unsere Organe und blockieren den Weg, den unser Leben spendendes Blut nehmen will. Offenheit macht uns dagegen stark und wir können unsere Gesundheit und unser emotionales Wohlbefinden verteidigen. Anstatt uns auf Kampf, Flucht oder die Verdrängung unserer Gefühle zu konzentrieren, tut unser Körper das, wozu er gedacht ist: im Zustand friedlicher Akzeptanz zu leben.

Das Gefühl, das ich am häufigsten in mir verberge, ist ________. Ich verberge dieses Gefühl, weil es mir ________ erscheint. Wenn ich es verberge oder verdränge, fühle ich mich ________. Ich weiß, es ist nicht gut, Gefühle zu verdrängen, und ich weiß, dass mich das davon abhält, ganz in einer Beziehung aufzugehen. Ich nehme mir fest vor dieses Gefühl von nun an auszudrücken und die Wahrheit über dieses Gefühl zu akzeptieren und zu ehren.

Wir werden im und gegen den Käfig der Realität geformt, der uns bei der Geburt überlassen wurde, und doch ist es gerade unsere Abhängigkeit von dieser Realität, die uns endlos betrügt.
James Baldwin

Manchmal kann sich eine Dosis Realität, mit Liebe und gutem Timing verabreicht, als die beste Medizin erweisen. Ein Zen-Schüler erzählte mir die folgende, angeblich wahre Geschichte: Ein Zen-Meister rief eine Schülerin an, die bald an Krebs sterben würde. Freunde, die bei ihr waren, hörten sie lachen. Als die Frau den Hörer auflegte, sah sie zum ersten Mal seit Tagen fröhlich aus. Die Weisheit, die er mit ihr geteilt hatte, ähnelte jedoch in nichts dem, was die Freunde erwartet hatten. Er hatte ihr gesagt: «Denke auch nicht einen Augenblick, dass du nicht sterben wirst!» Oberflächlich gesehen, klingt das nicht gerade tröstlich für eine Sterbende; bei solchen Gelegenheiten malen die Leute gern das Bild vom paradiesischen Jenseits. Aber der Zen-Meister wusste in seinem Herzen, dass die Wirklichkeit – dieser Augenblick! – die ganze spirituelle Befreiung in sich trägt, die man jemals braucht, und in ihrem Herzen wusste es die Zen-Schülerin auch.

Sehen Sie sich Ihr Gesicht im Spiegel an. Stellen Sie sich einen Moment lang vor, das Gesicht, das Ihnen entgegenblickt, sei das Gesicht eines Zen-Meisters. Sagen Sie sich selbst etwas Wichtiges und Wirklichkeitsnahes, wie es der Zen-Meister in der Geschichte seiner Schülerin sagte. Was will Ihr innerer Zen-Meister am dringlichsten sagen?

Die meisten Schatten in diesem Leben rühren daher, dass wir uns selbst in der Sonne stehen. Ralph Waldo Emerson

In unserem Leben wird es immer Dissonanzen geben – gerade die Dinge, die uns die größte Freude bereiten, bescheren uns manchmal die größten Qualen. Kahlil Gibran meinte, dass unsere Trauer proportional zu der Freude steht, die wir mit unserem Partner erlebt haben; je mehr man liebt, desto stärker spürt man den Verlust, wenn sich diese Liebe verändert. Ich glaube fest daran, dass wir den Schmerz neu sehen müssen – als eine Einladung, zu lernen und zu staunen. In Zeiten größter Trauer haben wir das Geschenk der Wahl: ob wir den Weg gehen, den wir oft beschritten haben, und somit unsere Qual vergrößern oder ob wir lernen zu staunen, zu wachsen, uns zu verändern, einen neuen Weg einzuschlagen. Die Entscheidung liegt bei uns.

Nehmen Sie sich etwas Zeit und ziehen Sie sich an einen ruhigen Ort zurück. Beantworten Sie die nachstehende Frage. Lassen Sie einfach die Gefühle auf sich einwirken, die angesichts Ihres größten momentanen Schmerzes hochkommen. Hüten Sie sich, eine Lösung zu suchen oder sich loszusprechen. Bleiben Sie einfach bei dem Schmerz.

Momentan ist der größte Schmerz in meinen Leben der, dass ________. Ich will diesen Schmerz kennen lernen, erfahren, woher er kommt und wohin er mich führen mag.

Die Menschheit verträgt nicht viel Realität. T. S. Eliot

Vor kurzem traf ich in der Bibliothek einen Freund, den ich lange nicht gesehen hatte. Ich war innerlich geschockt, als ich ihn sah. Sein Gesicht wirkte verhärmt und ausgezehrt und er vermittelte den Eindruck, zehn Jahre älter zu sein als der lebenslustige 35-Jährige, an den ich mich erinnerte. Ich fragte besorgt, wie es ihm gehe. Er meinte, er habe viele Kämpfe in seiner Ehe hinter sich, aber letztlich habe er sie beigelegt. Skeptisch angesichts seiner Antwort wollte ich wissen, wie er denn seine Probleme gelöst habe. Seine Antwort ließ mich erschauern. Er erwiderte, er habe seine Erwartungen heruntergeschraubt und beschlossen, sich mit weniger zufrieden zu geben, als er sich immer gewünscht habe. Ich ließ ihn wissen, dass ich seine Begeisterung für diese Lösung nicht teilen könne, und meinte, es würde ihm doch offensichtlich nicht gut tun. «Das ist meine Entscheidung und dabei bleibe ich», sagte er und ging. Seine Entscheidung stimmte mich zutiefst traurig, dann wurde mir klar, dass ich traurig war, weil ich wahrscheinlich in bestimmten Bereichen meines Lebens unbewusst dasselbe tat.

Halten Sie einen Moment inne und denken Sie über die wichtigsten Bereiche Ihres Lebens nach. Geben Sie sich in diesen Bereichen mit weniger zufrieden? Könnten Sie sich diesen Bereichen auch anders nähern, ohne Ihre Werte und Wünsche zu beschneiden?

Könnte es für uns ein größeres Wunder geben, als nur einen Augenblick hinter unsere Fassade zu schauen?

Henry David Thoreau

Ein Wunder besteht aus Magie. Per definitionem ist es etwas, das eigentlich nicht passieren kann – das macht es ja eben zum Wunder. Wenn ein unfruchtbares Paar ein Kind bekommt, ein Todkranker weit länger lebt als vorhergesagt, dann könnte man das ein Wunder nennen. Manche Wunder sind ein Wink des Universums – riesig, lebensverändernd, vom Schicksal bestimmt. Andere harren bei jeder Entscheidung, die wir treffen, in jedem Augenblick unseres Lebens auf ihren Einsatz. Und während wir darauf warten, dass das Schicksal eingreift, gehen tausende solcher Augenblicke voll möglicher Wunder an uns vorüber. Lassen Sie uns die Kontrolle übernehmen! Machen wir uns klar, dass wir es in der Hand haben, Wunder in unser Leben, unsere Liebe, unsere Beziehung zu lassen.

Verbringen Sie heute einige Minuten damit, über folgende Dinge nachzudenken, sie zu feiern und sich Schritte zu überlegen:

Ein Wunder, das in Ihrem Leben geschehen ist.

Welche Rolle Sie bei der Erschaffung des Wunders spielten.

Ein Wunder, das Sie sich für Ihr Leben wünschen.

Die Rolle, die Sie bei dessen Erschaffung spielen werden.

In dem Augenblick, in dem Sie aufhören, etwas vorzutäuschen, beginnt Ihre Heilung.

Das Leben ist eine Reise nach Hause.

Herman Melville

Die Angst, andere zu übertreffen – und somit hinter uns zu lassen –, ist in unserem Kopf und unserem Körper tief verwurzelt. Therapeuten in Australien nennen es das «Mohnblumensyndrom». Man versucht, die anderen Mohnblumen auf dem Feld nicht allzu sehr zu überragen. Viele besonders talentierte Menschen halten sich von ihrem vollen Potential zurück, weil das bedeuten würde, jemand anderen in den Schatten zu stellen – und dieser Jemand befindet sich häufig in weiter Ferne, wie ich anmerken möchte. Wir fürchten den Verlust und die Einsamkeit, wenn wir andere im Stich lassen, und seien es auch ferne Geister.

Denken Sie heute darüber nach, auf welche Weise Sie sich vom Erfolg abgehalten haben, aus Angst, jemand anderen in den Schatten zu stellen.

Tun Sie das heute auch noch?

Wen wollen Sie damit schützen?

Wie schaden Sie sich dadurch selbst?

Wie werden Sie die Ketten los, die Sie sich selbst angelegt haben?

Es ist aber der Glaube eine feste Zuversicht auf das, was man hofft, und ein Nichtzweifeln an dem, was man nicht sieht.

Hebräer 11,2

In den nächsten Wochen wird uns die Reise durch eine Reihe von Entscheidungen der Seele führen, die meiner Ansicht nach für das Erblühen einer Beziehung entscheidend sind. Diesen Entscheidungen füge ich sechs Vorsätze hinzu, die ein solides und sicheres Fundament für die Veränderung legen; sie fördern auch Gegenvorsätze zutage, Barrieren, die erst offensichtlich werden, wenn man eine Beziehung eingeht. Hören Sie auf Ihr Herz, während Sie von diesen Entscheidungen der Seele lesen. Lassen Sie den Klang der Angst oder Unsicherheit verschmelzen mit dem Klang von Hoffnung und Erregung, wie Gäste, die sich in Ihrem Körper einfinden. Ehren Sie die vielen widersprüchlichen Stimmen, die Sie hören – lauschen Sie ihnen, akzeptieren Sie sie und begrüßen Sie sie so, dass Sie auf Ihrer Reise fortfahren können.

Heute nehme ich mir fest vor, auf dem Weg der Wunder weiterzuschreiten.

Heute nehme ich mir fest vor, all meine Gefühle zu begrüßen und zu ehren.

Heute nehme ich mir fest vor, den Gefühlen, die mir das größte Unbehagen bereiten, besondere Aufmerksamkeit zu schenken, sie in meinem Körper zuzulassen und nichts zu tun, um sie zu verjagen.

Schon früh gewöhnen Sie sich an, sich selbst zu schützen, indem Sie vorgeben, nicht so zu sein, wie Sie in Wirklichkeit sind.

Das Leben schrumpft oder erweitert sich proportional zum eigenen Mut. Anaïs Nin

Vorsatz: Ich nehme mir fest vor, Nähe zu leben und alles zu beseitigen, was dieser Nähe im Weg steht.

Gegenvorsatz: Ich nehme mir fest vor, mich zurückzuhalten und meine Barrieren gegen die Nähe zu verbergen.

In dem Film *Besser geht's nicht* spielt Jack Nicholson einen Zwangsneurotiker mittleren Alters. Seine mentale Störung beherrscht sein Leben und er wird verbittert, weil er mit anderen Menschen keine Verbindung eingehen kann. Als er sich verliebt, ist er aufgrund seiner Symptome nicht in der Lage, eine Beziehung aufzubauen. Letztendlich geht er seine Krankheit an und versucht, die Barrieren auf dem Weg zur Nähe zu beseitigen. Er trifft diese Entscheidung, nachdem er sich sein Leben und seine Einsamkeit angesehen hat und sich voller Verzweiflung fragte: «Besser geht's nicht?» Wenn die Entscheidung darin besteht, sich selbst zu «schützen», geht es wirklich nicht besser als in Einsamkeit und Verzweiflung. Wenn Sie jedoch die Entscheidung treffen, sich ganz der Nähe zu verschreiben, stehen Ihnen endlose Möglichkeiten offen.

Stellen Sie sich heute – ohne Urteile, ohne Zweifel – die folgenden Fragen: Ein Grund, warum ich der Nähe Barrieren entgegenstelle, ist ________. Eine Art und Weise, wie ich der Nähe Barrieren entgegenstelle, ist ________.

Affirmation: «Ich nehme mir fest vor, mich ganz der Nähe zu verschreiben und alles zu beseitigen, was ihr im Weg steht.»

Am Tage des Gerichts wird man für alles Erlaubte zur Rechenschaft gezogen werden, an dem man sich hätte erfreuen können, es aber nicht tat. Talmud

Vorsatz: Ich nehme mir fest vor, meine Entwicklung als Individuum zu vollenden.

Gegenvorsatz: Ich nehme mir fest vor, meine volle Entwicklung als Individuum zu unterdrücken.

Die meisten von uns liefern sich ein Tauziehen zwischen diesen beiden Vorsätzen. Wenn der erste gewinnt, sind wir glücklich und führen ein erfülltes Leben. Wenn der zweite gewinnt, wissen wir das tief in unserem Herzen – und für gewöhnlich wissen es alle anderen auch. Nirgends ist die Entwicklung der eigenen Individualität wichtiger als in einer intimen Beziehung. Selbst wenn zwei Menschen sich der beiderseitigen Vereinigung zutiefst verpflichtet fühlen, trägt ihr Engagement, sich als Einzelwesen zu entwickeln, zur Gesundheit ihrer Beziehung ebenso viel bei wie die Aufmerksamkeit, die sie ihrer Verbindung widmen.

Sprechen Sie die oben genannten beiden Vorsätze zwei- oder dreimal laut aus. Bekommen Sie ein Gespür dafür, wie sich diese Vorsätze in Ihrem Körper und Ihrem Geist anfühlen. Versuchen Sie im Laufe des Tages hin und wieder an die folgende Affirmation zu denken: «Ich nehme mir fest vor, mich als Individuum voll zu entwickeln.»

Ihm, den ich liebe, wünsche ich Freiheit – selbst von mir.
Anne Morrow Lindbergh

Vorsatz: Ich nehme mir fest vor, den Menschen in meinem Umfeld Macht zu geben.

Gegenvorsatz: Ich nehme mir fest vor, die Menschen in meinem Umfeld zu bremsen, damit sie mich nicht verlassen.

Im Kern der Hingabe an die volle Eigenmacht liegt der Machtkampf, der zwischen den Zwillingsbedürfnissen nach Einheit und Autonomie tobt. Seit Beginn unseres Leben sehnt sich unsere Seele gleichzeitig nach der Verbundenheit mit anderen und kämpft um ihre Autonomie innerhalb dieser Verbindung. Wir fühlen uns jedoch nur dann der Eigenmacht anderer verpflichtet, wenn wir uns in der Autonomie selbst wohl fühlen. Die einzige Möglichkeit, andere umfassend zu ermächtigen, besteht darin, selbst ermächtigt zu sein und die Angst vor der Autonomie loszulassen. Dann werden wir entdecken, dass wir weniger allein, mehr mit anderen verbunden sind. Unsere Verbundenheit ist außerdem eine richtige Beziehung, keine angstgetriebene Verstrickung in gegenseitiger Abhängigkeit.

Um Eigenmacht zu gewinnen, müssen Sie jene Teile von sich loslassen, von denen Sie als Geisel gehalten werden. Beantworten Sie heute die folgenden Fragen: Am meisten fürchte ich mich davor, von ________ verlassen zu werden. Ich werde meine Angst loslassen und ________ die volle Eigenmacht geben.

Affirmation: «Ich nehme mir fest vor, die Menschen meines Umfelds zu ermächtigen.»

Wenn wir unsere Gedanken verändern, verändern wir die Welt.
H. M. Tomlinson

Vorsatz: Ich nehme mir vor, in meinen engen Beziehungen eine gesunde Verantwortung zu übernehmen.

Gegenvorsatz: Ich nehme mir vor, lebenslang nach jemand zu suchen, dem ich die Schuld für meine Misere geben kann.

Nachdem er in einem meiner Bücher über das Thema Verantwortung gelesen hatte, schickte mir ein Mann die folgenden Zeilen: «Bis ich dreißig war, habe ich nie die Verantwortung für das übernommen, was sich in meinen Beziehungen abspielte. Wenn etwas schief lief, gab ich immer anderen die Schuld. Doch dann wurde mir klar, dass dieselben Dinge immer wieder passierten, auch wenn die Partnerinnen wechselten! Von da an fiel es mir schwer, die Schuld anderswo zu suchen (obwohl mich das nicht davon abhielt, es von Zeit zu Zeit zu versuchen). Mein großes Thema war die Einsamkeit. Wenn ich mich also in einer Beziehung einsam fühlte, warf ich meiner Partnerin vor, nie für mich da zu sein. Das Problem war, dass ich mir immer Frauen suchte, die sich selbst die Schuld gaben. Ich lernte, dass es für jeden Menschen, der der Verantwortung aus dem Weg geht, einen Menschen gibt, der sie ihm nur allzu gern abnimmt.»

Sehen Sie sich in Ihrem Leben um: Ihre Gesundheit, Ihr Liebesleben, Ihre Arbeit. Übernehmen Sie die volle Verantwortung für diese Bereiche. Sagen Sie «Hin und wieder mache ich mir Asthma» (anstatt «Ich habe Asthma») oder «Ich habe es fertig gebracht, dass ich aus meiner letzten Stelle entlassen wurde.»

Wenn wir die Gründe für das Verhalten der anderen verstehen könnten, würde plötzlich alles einen Sinn ergeben.

Sigmund Freud

Vorsatz: Ich nehme mir vor, mich zu öffnen, nicht zu verbergen.

Gegenvorsatz: Ich nehme mir vor, mich zu verstecken.

Wenn ein anderer uns wirklich kennt – unseren tiefsten Kern –, dann ist das sowohl die beängstigendste als auch die berauschendste menschliche Erfahrung. Die Angst rührt von der Sorge, nicht länger geliebt zu werden, wenn man wirklich gekannt wird; das Berauschende kommt von der überschäumenden Freude, seine Deckung herunterzunehmen und so gesehen zu werden, wie man wirklich ist. Es ist ein Paradoxon, dass eben jenes Bedürfnis, das uns in eine Beziehung treibt, gleichzeitig das Bedürfnis ist, das uns ermutigt, uns zu verstecken. Wir sehnen uns verzweifelt nach Einheit, nach voller Verbindung mit einem anderen und fürchten uns doch so sehr vor Zurückweisung, dass wir uns auf Distanz halten. Erst wenn wir anderen Einblicke in unser wahres Ich gewähren, werden wir echte Beziehungen erleben. Ansonsten mag unsere Persona zwar mit einer anderen verstrickt sein, aber unser Wesenskern lebt nicht in einer Beziehung.

Wenn Sie in Beziehungen Angst haben, dann treten Sie einen Schritt zurück und atmen Sie im Einklang mit Ihrem Wesenskern, dem Teil Ihres Wesens, der sich am liebsten verstecken würde. Spüren Sie Ihre Angst und sagen Sie sich die Wahrheit über sich selbst: Ich habe Angst davor, gekannt zu werden. Beobachten Sie, wohin diese Ehrlichkeit Sie führt.

Im Menschen steckt genauso viel Entwicklungsvermögen wie -unvermögen. George de Santayana

Vorsatz: Ich nehme mir vor, in meinen engen Beziehungen Spaß zu haben.

Gegenvorsatz: Ich nehme mir vor, zu leiden und herauszufinden, wie viel Qual ich ertragen kann.

Er ist ein Klischee, der John-Wayne-Stoiker, der mit einem Grunzen die Kugel im Bauch zur Kenntnis nimmt und dann stumm leidend einfach weitergeht. Unsere Gesellschaft neigt dazu, Stoiker zu belohnen. Ich ermutige dagegen einen anderen Ansatz, den offenen Ausdruck der emotionalen Wahrheit, gleichgültig, wie unangenehm diese Wahrheit sein mag. Das gilt auch für die Freude: Von Anfang an werden wir dazu gedrängt, unser Lachen zu zügeln: *Nicht so laut! Das ist nicht lustig!* Wir hören diese Botschaften und noch viele andere, die uns sagen, dass es nicht in Ordnung ist, unsere Reise zu genießen. Das Leben, die Liebe und die Arbeit sollen leidend ertragen werden, nicht fröhlich – das ist zumindest die allgemeine Ansicht. Es ist an der Zeit, diese nörgelnden Stimmen zum Schweigen zu bringen und die Freude und den Humor zu spüren, die wir bislang immer unterdrückt haben, die jedoch stets ausbrechen wollten.

Sehen Sie die Welt heute mit anderen Augen. Wann immer Sie sich frustriert oder genervt fühlen (im Stau oder wenn die Arbeit nicht so läuft, wie Sie sich das wünschen), suchen Sie den Humor in dieser Situation. Lehnen Sie sich zurück, atmen Sie tief durch und spüren Sie, wie das Lachen die Anspannung ersetzt.

Der junge Mensch kennt die Regeln, der alte die Ausnahmen. Oliver Wendell Holmes

Laura schreibt: Mein vierjähriger Sohn hatte auf dem weißen Teppich ein Glas Traubensaft umgekippt. *Vielen Dank auch*, sagte ich und meinte damit natürlich das genaue Gegenteil. Ich kniete mich zu Boden und versuchte, den Schaden zu beheben. Als ich aufblickte, sah ich, wie Timothy so tat, als würde er einen Zylinder vom Kopf nehmen. Mit melodramatischer, weit ausholender Geste erklärte er: «Es war mir ein *Vergnügen.*» Später durchlebte ich diesen Moment noch oft: die Wut, die Erschöpfung, die Arbeit … aber was nach all dieser Zeit noch deutlich in Erinnerung ist, ist die Stimme, die wie Sir Laurence Olivier meinen Dank entgegennahm – und plötzlich muss ich lachen. Wir brachen damals in Lachen aus. Der Traubensaft konnte warten. Es kann immer warten: Ein Vierjähriger ist nicht ewig vier Jahre alt. Wann immer ich heute an diesem verblassenden Fleck vorbeikomme, sehe ich keine Wut oder Erschöpfung, ich sehe den Augenblick, als mein kleiner Sohn und ich uns lachend auf dem Teppich wälzten.

Sehen Sie heute etwas in einem anderen Licht. Entscheiden Sie sich, einen bestimmten Vorfall durch eine neue oder andere Linse zu betrachten (das alte Konzept von «halb leer oder halb voll»). Der Vorfall selbst hat sich nicht verändert, nur Ihre Interpretation davon.

Der Vorfall: _______

Die alte Interpretation: _______

Die neue Interpretation: _______

Ich bin ein Teil von allem, was mir je begegnet ist.
Alfred Lord Tennyson

Jedes Wort, das wir aussprechen, verfolgt eine Absicht. Wenn wir zu einem Freund «Wie geht's?» sagen, wollen wir möglicherweise tatsächlich etwas über die emotionalen Tiefen dieses Menschen erfahren. Wenn wir «Wie geht es Ihnen?» zu jemand sagen, den wir kaum kennen, wollen wir wohl nur höflich sein. Wahrscheinlich haben wir gar kein Interesse zu erfahren, wie es diesem Menschen wirklich geht. Auf die Absicht hinter unseren Worten kommt es an. Das gilt auch für das Zuhören. In jedem Augenblick des Zuhörens verfolgen wir eine Absicht. Manchmal hören wir zu, weil wir dem anderen anschließend widersprechen wollen. Dann wieder hören wir zu, um unserem Gegenüber zu gefallen. Die Absicht hinter unserem Zuhören ist der eigentliche Dreh- und Angelpunkt – jeder Mensch hat seine individuelle Art des Zuhörens, gleich einem Daumenabdruck.

Konzentrieren Sie sich heute darauf, die wechselnden Absichten hinter Ihren Worten und Ihrem Zuhören zu verlagern. Achten Sie beispielsweise darauf, wann Sie «zuhören, um zu kritisieren», und wann Sie «zuhören, um zu helfen». Achten Sie auch darauf, wann Sie etwas sagen, «um Möglichkeiten zu öffnen», und wann Sie etwas sagen, «um Recht zu haben».

Ich werde mich so verhalten, als ob ich etwas bewirken könnte. William James

Die Vorstellung, die Wahrheit zu sagen, erscheint vielen Menschen gefährlich, aber in Wirklichkeit ist es nur gefährlich, sich dagegen zu wehren. Immer wieder kommen Paare zu mir, deren Probleme daher rühren, dass sie sich angelogen haben. Der häufigste Grund für ihre Lügen? Sie wollten die Gefühle ihres Partners nicht verletzen. Ein besonders denkwürdiges Paar hatte sich im Laufe seiner zwölfjährigen Ehe über 20 Affären verschwiegen. Auf meine Frage nach dem Grund für dieses gewaltige Täuschungsmanöver meinten sie: Wir wollten einander nicht verletzen und das Vertrauen zwischen uns nicht zerstören! Einer der größten Irrtümer des Lebens besteht in der Annahme, dass wir die Kontrolle über die Gefühle anderer Menschen hätten. Wenn wir ihm erliegen, werden wir versuchen, die Wahrheit zu verbergen, damit die Menschen sich so fühlen, wie wir es uns wünschen. In einer Ehe, in der Politik und im Leben im Allgemeinen führt das unweigerlich zur Katastrophe.

Heute werden Ihnen Dutzende Gelegenheiten begegnen, die Wahrheit entweder zu sagen oder zu verbergen. Sie haben zweifelsohne auch die Chance, sich die Wahrheit anzuhören oder Ihre Ohren zu verschließen. Führen Sie ein einfaches Experiment durch: Sagen Sie einfach die Wahrheit und lassen Sie dem Gespräch Raum, damit die anderen das auch tun können.

Es ist nichts Edles daran, deinem Nächsten überlegen zu sein. Wahrhaft edel ist es, deinem früheren Selbst überlegen zu sein.
Hindu-Sprichwort

Wie passt Verantwortung in die Prioritäten unserer Beziehung? Diese Frage sollten wir uns täglich stellen – manchmal sogar minütlich. Es gibt zahlreiche Ebenen der Verantwortung: die Frage nach den täglichen Pflichten, ob man zugibt, den Partner verletzt zu haben, welchen Einfluss man auf seine Umwelt nimmt. Stellen Sie sich vor, Sie kehren nach einem langen Arbeitstag nach Hause zurück und sehen, dass jemand einen Müllberg direkt vor Ihrer Haustür abgeladen hat. Was tun Sie? Treten Sie durch die Hintertür ein? Rufen Sie die Stadtverwaltung an und verlangen wütend Abhilfe? Lassen Sie den Müll einfach liegen oder räumen Sie alles auf? Immer wieder wird alles Mögliche, auch Müll, auf Ihrem Weg abgeladen werden. Wie Sie diesen Müll betrachten und was Sie mit dem Müll tun, sind wichtige Schlüsselelemente in Ihrem Ansatz an Beziehungen. Die entscheidenden Fragen in Sachen Verantwortung lauten: *Was habe ich getan und wann habe ich es getan? Was kann ich jetzt tun, um das Resultat zu erzielen, das ich mir wünsche?*

Jedes Mal, wenn Sie sich in den nächsten 24 Stunden einer Aufgabe gegenübersehen, sei sie angenehm oder unangenehm, stellen Sie sich folgende Fragen: Wie habe ich zu dieser Aufgabe beigetragen? Welche meiner Taten hat diese Aufgabe geschaffen? Was kann ich aus dieser Aufgabe herausholen? Was kann ich jetzt tun, um das Resultat zu erzielen, das ich mir wünsche?

Ich bin so böse wie die Schlimmsten, aber Gott sei Dank bin ich auch so gut wie die Besten. Walt Whitman

Ich hatte einmal in einem Kurs über interpersonelle Kommunikation eine Schülerin, die mir mit großer Erleichterung mitteilte, dass die «Ich»-Sprache, die ich verwendete, ihr in ihrer Beziehung bestimmt helfen werde. Sie hatte sich viel mit ihrem Freund gestritten und die Auseinandersetzungen beinhalteten immer auch Beleidigungen und Vorwürfe. Mein Vorschlag, dass die Partner die Verantwortung für ihre Gefühle übernehmen und «Ich fühle mich wütend» anstatt «Du bist ein Idiot» sagen sollten, schien dieser jungen Frau große Hoffnung zu vermitteln. Sie versprach, diesen Ansatz zu versuchen. Einige Tage später beschuldigte sie mich, eine Theorie zu vertreten, die im wirklichen Leben nicht funktionierte. In einem Streit, der schnell eskalierte, hatte sie stolz ihre neuen Kommunikationsfertigkeiten präsentiert und ihrem Partner verkündet: «Ich fühle, dass du ein Idiot bist!»

Versuchen Sie heute, Ihre Gefühle zu einer «Ich»-Ausrichtung zu führen. Das schafft eine offenere Kommunikation und hilft Ihnen, die Verantwortung für das zu übernehmen, was Sie geschaffen haben.

«Du»-Ausrichtung: Wegen dir komme ich jetzt wieder zu spät!

«Ich»-Ausrichtung: Ich fühle mich genervt, weil ich mir wieder erlaubt habe, dir zu helfen, obwohl ich wusste, dass ich mich dadurch verspäten würde.

Die Tage kommen und gehen wie stumme, verschleierte Gestalten. Wenn wir ihre Geschenke nicht annehmen, tragen sie sie schweigend wieder fort. Ralph Waldo Emerson

Was tun Sie, wenn jemand Sie bittet, sich zu ändern? Fragen Sie sich, was es Sie kostet, sich zu ändern, oder was es den anderen kostet, wenn Sie es nicht tun? Für viele von uns ist das Selbst schwer erarbeitet, ein Gebäude, das wir von Grund auf errichtet haben, bisweilen zu beträchtlichen Kosten, und wir haben Stein für Stein aufgeschichtet. Wir wachen eifersüchtig über die Heiligkeit unseres Selbst, als ob jeden Moment die Feuersbrunst der Gefühle eines anderen Menschen durch die Flure und Räume züngeln und unser Selbst zu Asche zerfallen lassen könnte. Es gibt jedoch eine Zeit für Kompromisse, eine Zeit, wo wir die Mauern, Böden und Decken des Selbst einreißen und nachgeben, uns der Veränderung öffnen sollten. Es gibt eine Zeit, in der wir anderen erlauben sollten, in unser Leben zu treten und mit ihren Schritten auf dem geweihten Boden unserer Persönlichkeit Spuren zu hinterlassen, die uns verändern und irgendwie besser machen.

Suchen Sie einen Teil Ihrer Persönlichkeit, der am unbewohnbarsten scheint, wo es nicht sicher ist. Bestenfalls gibt es ein wackeliges Fundament. Wollen Sie das Fundament abstützen oder neu mauern? Legen Sie Ihre Energie heute in die kreative Beantwortung folgender Fragen: Was können Sie ändern? Wie werden Sie es ändern?

Ihrer Bitte um Glutamat konnte heute leider nicht entsprochen werden. Spruch in einem chinesischen Glückskeks

In jedem Augenblick haben wir sowohl die Chance, uns der Lernerfahrung zu widersetzen – indem wir so tun, als sei es die falsche Erfahrung – oder sie zu begrüßen, indem wir annehmen, es sei die richtige Erfahrung. Wenn wir morgens in Eile sind und uns drei rote Ampeln in Folge ausbremsen, könnten wir das ganze Lernpotential dieser Erfahrung verpassen, indem wir empört behaupten, das sei die falsche Erfahrung. Oder wir nehmen an Weisheit zu, indem wir uns fragen: «Was kann ich von diesen drei roten Ampeln lernen?» In dem Augenblick, wo wir uns dem Lernen öffnen, werden wir weiser. Wenn wir uns jedoch verschließen, erfahren wir die Botschaft oft erst viel später. Eine Frau erzählte in einem meiner Workshops, sie habe eines Tages einen Strafzettel wegen überhöhter Geschwindigkeit bekommen, kurz darauf sei ihr Wagen mitten auf einer der viel befahrensten Straßen in San Francisco mangels Benzin liegen geblieben und anschließend habe sie sich beim Überqueren der Straße den Zeh gebrochen. Man muss ihr zugute halten, dass sie sich fragte: «Was geht hier vor?» Sofort erlangte sie eine Einsicht über ihr Verhältnis zur Zeit: Sie musste langsamer vorgehen und nicht versuchen, an zwei Orten gleichzeitig zu sein.

Beginnen Sie diesen Tag mit einer Affirmation: «Heute öffne ich mich jeden Augenblick für die Erfahrung des Lernens.»

Tragen Sie diesen Satz heute mit sich herum – erinnern Sie sich hin und wieder daran, wenn Sie sich den Herausforderungen des Lebens stellen.

Juni

Liebe ist das, was man mit einem anderen durchgemacht hat.
James Thurber

Wir wählen die Partner, die unsere verborgensten Ängste an die Oberfläche bringen. Wenn diese Ängste jedoch an die Oberfläche kommen, beschuldigen wir häufig unseren Partner sie verursacht zu haben. Wir erkennen nicht, dass es unsere eigene inspirierte Partnerwahl war – getrieben von unserem Bedürfnis, über unsere Ängste hinauszuwachsen. Wenn wir aus dieser Falle nicht herausfinden, entscheiden wir uns häufig für die Trennung und wiederholen unsere Ängste in einer neuen Beziehung. Die Alternative des bewussten Lebens: Wenn unsere Ängste in einer Beziehung hochkommen, übernehmen wir die Verantwortung für sie. Wir geben nicht dem anderen die Schuld. Wir bedanken uns, dass er uns zu einer Erkenntnis verholfen hat, und bitten um seine Hilfe, uns durch unsere Ängste zu größerer Intimität zu führen. Was würde ein bindungsscheuer Junggeselle, der über oberflächliche Beziehungen und den Mangel an Kontinuität und Treue in seinem Liebesleben klagt, erleben, wenn er seine Angst in Besitz nimmt und anstatt seine neue Partnerin zu beschuldigen, allzu schnell zu viel zu wollen, anerkennt, dass er derjenige mit diesem großen Bedürfnis und somit dieser gewaltigen Angst ist?

Denken Sie an ein oder zwei Menschen, die tiefste Emotionen in Ihnen wecken. Strecken Sie diesen Menschen heute die Hand aus – unterhalten Sie sich mit ihnen, rufen Sie sie an, schreiben Sie ihnen – und danken Sie ihnen, dass sie Ihnen so wichtige Lektionen vermitteln.

Das Leben ist hoffnungslos, aber nicht ernst.

Ungarisches Sprichwort

Schon seit uralten Zeiten wird das Leben mit einem Spiel verglichen. Bei einem Gespräch, das ich mit meiner Tochter führte, als sie sieben Jahre alt war, entdeckte ich, dass sogar Kinder diesen Vergleich ziehen. Wenn ich sie zur Schule begleitete, stellte ich ihr oft philosophische Fragen, beispielsweise «Wo, glaubst du, wohnt Gott?» oder «Was ist das Wichtigste im Leben?». Es gab nie einen Mangel an Antworten. Eines Tages fragte ich: «Was ist das Leben?» Ohne zu zögern erwiderte sie: «Ein Spiel.» Daraufhin wollte ich wissen: «Was, glaubst du, ist der Sinn dieses Spiels?» Sie dachte kurz nach und meinte dann: «Spaß zu haben und anderen zu helfen, wenn sie hingefallen sind.» Welcher Philosophieprofessor könnte das übertrumpfen?

Stellen Sie sich Ihr Leben als Spiel vor. Welche Rolle haben Sie übernommen? Spielen Sie leidenschaftlich, aus purer Freude? Oder haben Sie beschlossen, nur mit halbem Herzen bei der Sache zu sein oder gar nicht zu spielen? Achten Sie im Laufe des heutigen Tages darauf, ob Sie mit dem Spiel, das Sie geschaffen haben, und der Art und Weise, wie Sie es spielen, zufrieden sind.

Sei, wo du bist, sonst verpasst du dein Leben. Buddha

Eine der größten Erkenntnisse von Buddha war, dass die Natur, das Universum und wir, seine Bürger, uns alle in einem Zustand ständiger Veränderung befinden. Diese Erkenntnis hat im Alltagsleben großen praktischen Wert. Wenn wir beispielsweise wissen, dass sich unsere momentane Stimmung von allein ändern wird, geraten wir nicht so leicht in Panik, wenn wir schlechter Laune sind, oder überziehen unser Konto, wenn wir guter Laune sind. Wenn wir wissen, dass Trauer oder Wut bald schon einem anderen Gefühl weichen werden, versuchen wir höchstwahrscheinlich nicht diese Gefühle wegzuzwingen. Wir müssen uns nur entspannen und loslassen, dann gehen sie von allein vorüber. Ich habe diese Lektion eines Abends gelernt, als ich mich allein in einer entlegenen Berghütte befand. Ich fühlte mich einsam, darum wollte ich Freunde anrufen. Es war niemand zu Hause. Nach einer Weile wurde mir klar: Je mehr ich die Einsamkeit loswerden wollte, desto stärker hatte sie mich im Griff. Anstatt sie fortzustoßen, erforschte ich sie. Wo war sie in meinem Körper? Innerhalb weniger Augenblicke löste sich das Gefühl völlig auf, wurde von einem Gefühl der Ruhe ersetzt.

Stellen Sie sich selbst als gewaltige Fläche mit vielen Aktivitäten vor, beispielsweise als Regenwald oder Großstadt. Spüren Sie, wie sich eine Million Vorgänge in Ihnen abspielen. Alles ist in Bewegung. Lassen Sie all diese Aktivitäten geschehen. Kehren Sie im Laufe des Tages gelegentlich zu diesem Gefühl zurück.

Gesegnet sind die, die uns von der Selbstverachtung heilen. Unter all den Diensten am Menschen kenne ich keinen kostbareren. William Hale White

Wenn Sie jemals operiert wurden, erinnern Sie sich vielleicht vage an den Augenblick, als Sie aus der Narkose aufwachten. Sie tauchten von einem tiefen, dunklen Ort auf. Das ist nicht immer einfach; das Unterbewusstsein zieht uns nach unten, während unser Wachbewusstsein nach oben drängt. So verhält es sich auch mit der Entscheidung, in unseren Emotionen und Beziehungen ein bewusstes Leben zu führen. Wir haben so viele Jahre unter einer Decke von Verdrängung und Verteidigung gelebt, dass sich das Loslassen bisweilen als Kampf erweist. Unser Herz protestiert: *Ich bin nicht stark genug! Ich kann das grelle Licht der Wirklichkeit nicht ertragen!* Das stimmt natürlich nicht, aber wie können wir sicher sein? Vertrauen Sie einfach meinem Wort. Oder vertrauen Sie den Gefühlen, die Sie erleben, wenn Sie diese Reise antreten, dem Durchbruch an Gefühlen der Erregung und Hoffnung. Tauchen Sie ein in die reichen, funkelnden Farben des Bewusstseins. Wenn Sie im Licht des bewussten Lebens und der bewussten Liebe gebadet haben, werden Sie nie wieder zu Ihrem alten Weg zurückkehren wollen.

Wie wachen Sie morgens auf? Fällt Ihnen das Aufstehen leicht oder schwer? Stöhnen Sie oder springen Sie voller Elan und Begeisterung aus dem Bett? Denken Sie darüber nach, wie Sie aufwachen, und Sie lernen etwas Wichtiges über die Art und Weise, wie Sie sich dem Leben im Allgemeinen stellen.

Niemand kann dir ohne deine Einwilligung Minderwertigkeitsgefühle vermitteln. Eleanor Roosevelt

In dieser Zeit der leicht zugänglichen Psychotheorien, da Bücher, Kinofilme und sogar Sitcoms mit Begriffen um sich werfen, die früher der Ledercouch des Analytikers vorbehalten waren, bekommt der Ausdruck passiv-aggressiv viel Medieninteresse. Man beschuldigt einander schnell, passiv-aggressiv zu sein. Schenken Sie der Passivität und der Aggression – und deren Kombination – doch einige Tage Ihre Aufmerksamkeit. Menschen, die sich im Gegensatz zu ihrer Umwelt einem bewussten Leben verschreiben, stoßen am häufigsten auf passiv-aggressive Reaktionen. Warum sind Ihre Hingabe an Ehrlichkeit und das Einhalten von Absprachen für andere ein rotes Tuch? Die Antwort, die am deutlichsten nachhallt, lautet: Wenn Sie in einen bewussten Zustand übergehen, halten Sie anderen ein wenig schmeichelhaftes Bild ihres eigenen Lebens vor Augen. Wo Sie Freude und Leichtigkeit erleben, lebt Ihr Partner in Wut und Bürde. Wir alle sind ein Spiegel für andere. Wenn wir unseren Spiegel polieren, sehen andere im Vergleich zu uns blass und ungesund aus.

Nehmen Sie sich etwas Zeit, um über eine Schlüsselperson in Ihrem Leben nachzudenken, die sich gegen Ihre Versuche, sich zu ändern, bislang gesträubt hat. Überlegen Sie, wie Sie diesem Menschen versichern können, dass Ihre Reise der Veränderung nur Sie betrifft und dass Sie nicht die Absicht haben, Geiseln zu nehmen.

Sei dein eigner Palast, sonst wird dir die Welt zum Kerker.
John Donne

Wenn Sie in Ihrem bewussten Leben anderen – und natürlich auch sich selbst – als Spiegel dienen, dann verwundert es nicht, dass jene, die weniger bewusst leben, mit ihrem Spiegelbild in Ihren fröhlichen Augen nicht zufrieden sind. Auch wenn Sie sich selbst mit Freude und neuem Charme betrachten, sieht jemand anderes in Ihren Augen nur das natürliche Spiegelbild eines Menschen, der noch nicht dasselbe Engagement eingegangen ist und deshalb das Leben und die Liebe für eine erschöpfende und ewig gleiche Übung hält, die zum Großteil daraus besteht, denselben Fehler immer wieder zu begehen. Was bedeutet es für Ihre Beziehungen, wenn Sie beschließen zu wachsen, sich zu ändern, sich von einer neuen Art zu leben führen zu lassen? In den nächsten Tagen werden wir darüber nachdenken, was mit Beziehungen geschieht, wenn einer der Partner sich dem Prozess des Wachstums und der Veränderung verschreibt.

Werfen Sie einen ehrlichen und selbstkritischen Blick auf sich. Sind Sie – tief in Ihrem Innern – sicher, dass es nicht in Ihrer Absicht liegt, den anderen zu verändern, während Sie öffentlich nur Ihren eigenen Wunsch nach Veränderung erklären? Bei dieser Reise geht es um Sie; es ist wichtig, dass Sie sich auf Ihrer Reise immer wieder daran erinnern. Die Veränderung ist Ihr Privileg, nicht die Arbeit der anderen.

Ein Wald von tausend Bäumen schlummert in einer Eichel.
Ralph Waldo Emerson

Achten Sie darauf, in Ihrem Budget genügend Geld für Kreativität und kreative Erholung einzuplanen. Sie wissen, dass Sie sich Ihrer Kreativität verschrieben haben, wenn Sie systematisch Geld in diese Richtung schleusen. Stellen Sie sich Ihre Kreativität als einen wichtigen fortlaufenden Prozess in Ihrem Leben vor. Sie ist in der Tat Ihr wichtigstes Produkt. Wenn Ihnen Ihre Kreativität entgleitet, entgleitet alles in Ihrem Leben. Achten Sie darauf, was mit Ihrem Leben geschieht, wenn Sie mehr Geld für Ihre kreativen Ausdrucksmöglichkeiten ausgeben. Ich sage voraus, dass Ihre Kreativität und Ihr Geldfluss drastisch zunehmen werden.

Planen Sie in der kommenden Woche eine Möglichkeit ein, wie Sie zusätzlich etwas Geld in Ihre Kreativität investieren können. Vielleicht wünschen Sie sich ein Computertool, einen Pinsel oder einen Gedichtband. Gehen Sie los und kaufen Sie es sich. Denken Sie anschließend darüber nach, wie Ihr Jahresbudget für Ihre Kreativität aussehen könnte. Dabei kommt es nicht darauf an, ob Ihnen zwei Mark oder zwei Millionen zur Verfügung stehen. Es ist nur wichtig, dass Sie Ihrer Kreativität höchste Priorität einräumen und das auch mit Ihrer Geldbörse zum Ausdruck bringen.

So stelle dir die flüchtige Welt vor: ein Stern in der Morgendämmerung, eine Luftblase in einem Fluss. Buddha

Viele Menschen, darunter auch ich, gestalten ihre Übergänge bisweilen härter, als es sein müsste. Die Dinge ändern sich, wir ändern uns. Wir alle durchlaufen Altersstufen, Lebensphasen und Gefühle – so ist nun mal das Leben. Ich habe auf die harte Tour gelernt, dass es hilft, sich anderen anzuvertrauen, wenn ich wieder einen Übergang vor mir habe. Es erleichtert den Prozess der Veränderung ungeheuer, wenn man anderen sein Herz öffnen kann, während man wächst. Viele Menschen, auch ich, begehen allzu oft den Fehler zu warten, bis sie den vollen Durchblick haben, bevor sie ihre Erkenntnisse mit anderen teilen. Wenn wir jedoch warten, bis wir alles ordentlich eingewickelt und abgepackt haben, dauert es manchmal ziemlich lange, bevor wir andere in unser verändertes Innenleben einlassen. Wie oft habe ich in meiner Beratertätigkeit schon gehört: «Warum hat sie mir nicht gesagt, was in ihr vorging?» Machen Sie Veränderungen leichter, indem Sie die nicht analysierten Erfahrungen, die verwirrenden Dinge, die keinen Sinn ergeben, und die Gefühle, die völlig grundlos zu sein scheinen, mit anderen teilen.

Lassen Sie sich heute in einer ruhigen Minute die folgenden Gedanken durch den Kopf gehen: Es ist in Ordnung, meine Gedanken und Gefühle mit anderen zu teilen, auch wenn mir noch nicht alles klar ist. Ich muss nicht alles verstehen, was ich tue. Ich kann anderen Zutritt in meine nicht analysierten Erfahrungen gewähren.

Die Qualität des Lebens eines Menschen steht in direktem Verhältnis zu seiner Leistungsbereitschaft, ungeachtet seines Tätigkeitsfeldes. Vince Lombardi

Was wäre, wenn jemand, der Ihnen nahe steht, Ihr Wachstum und Ihre Veränderung nicht begrüßt, sondern sich bedroht fühlt? Häufig führt dieses Gefühl der Bedrohung zu zwei Reaktionen, entsprechend den uralten «Kampf oder Flucht»-Instinkten der Menschen. Als unsere Altvordern Kunst noch auf Höhlenwänden fabrizierten, reagierte ihr Körper auf eine Bedrohung, indem er entweder gegen die Bedrohung ausschlug (Aggression) oder vor ihr davonlief (Passivität). Jene Tage sind längst vorüber und doch hat der Mensch die physiologischen und psychologischen Reaktionen auf eine Bedrohung beibehalten: Kampf oder Flucht. Wenn Ihr Partner nicht direkt mit dieser Bedrohung umgehen mag, dann baut sich entweder Konfliktpotential in Ihrer Beziehung auf oder Ihr Partner schafft Distanz zwischen Ihnen beiden. Diese passiv-aggressiven Reaktionen höhlen das Vertrauen, die Kommunikation und die Ehrlichkeit zwischen den Partnern aus. Was nun?

Kampf oder Flucht – wie haben Sie's am liebsten? Denken Sie über Ihre typische Reaktion auf Stress oder eine vermeintliche Gefahr (insbesondere emotionaler Natur) nach. Funktioniert diese Reaktionsweise für Sie? Richtet sie sich eher gegen Sie? Überlegen Sie sich heute neue Reaktionen auf Ihren Stress.

Wie viele Therapeuten braucht man, um eine Glühbirne auszuwechseln? Nur einen, aber die Glühbirne muss wollen, dass man sie auswechselt.

Wie kann man eine Beziehung zu einem Menschen haben, der nicht bewusst leben will? Kann man jemand mit dem sprichwörtlichen Tritt in den Hintern zu mehr Bewusstheit verhelfen? Sie kennen das Sprichwort: Man kann ein Pferd zum Wasser führen … Auf die Veränderung gibt es zwei mögliche Formen des Widerstands: Ihr Partner lobt Sie für das, was Sie tun, und verspricht, sich Ihrer Reise der Bewusstheit anzuschließen, tritt jedoch niemals wirklich die Reise an. Oder er verkündet ganz offen seine mangelnde Bereitschaft, Veränderungen durchzuführen. In gewisser Hinsicht lässt sich mit einem solchen Partner leichter umgehen, denn zumindest verfolgt er eine Politik der Ehrlichkeit. Prüfen Sie Ihren Partner genau und fragen Sie ihn, ob er einfach nur Passagier auf der Reise sein möchte oder ob er plant seinen Anteil an der Fahrt zu übernehmen. Wenn Ihr Partner sich Ihnen auf der Reise anschließen will, können Sie sich auf eine reiche Beziehung vorbereiten; wenn nicht, machen Sie sich allein auf die Reise und beschließen Sie unterwegs, ob diese Beziehung Ihnen erlauben kann oder wird, ganz Sie selbst zu sein.

Suchen Sie einen wichtigen Menschen in Ihrem Leben heraus, der Ihre Pläne, sich zu ändern, am wahrscheinlichsten vereiteln oder durchkreuzen wird. Wie wird sich diese Person verhalten? Wie können Sie deren Vereitelungsversuche verhindern?

Beziehungen führen uns immer genau dorthin, wo unsere größte Aufmerksamkeit erfordert wird.

Eine der wichtigsten Aufgaben auf Ihrer Reise des bewussten Lebens besteht darin, darauf zu achten, wie Sie (und andere) sich verteidigen. Jede Verteidigungshaltung verlangsamt den kreativen Prozess – auf diese Weise sabotiert man sich selbst am häufigsten, wenn die Möglichkeit eines Durchbruchs in der Luft liegt.

Hier eine Liste der beliebtesten Verteidigungsstrategien: Sich verwirren lassen, kritisieren, sich dumm stellen, schläfrig werden, in hektische Betriebsamkeit ausbrechen, erkranken, etwas essen oder eine Zigarette rauchen, das Thema wechseln. Es gibt noch viele andere Strategien – diese gehören nur zu den häufigsten, die Ihnen jeden Tag begegnen werden.

Stellen Sie sich vor, Sie stehen an einer roten Ampel und beobachten, wie ein überaus attraktiver Mensch die Straße überquert. Sie spüren, dass Sie sexuell erregt werden. In diesem Augenblick fragt Ihr Partner: «Wie fühlst du dich gerade?» Eine authentische Antwort könnte lauten: «Ich fühle, wie ich sexuell erregt werde.» Falls Sie nicht den Mut haben, authentisch zu sein, welche der folgenden Verteidigungsmaßnahmen würden Sie ergreifen?

Verdrängung:	*Das Thema wechseln*
Sich dumm stellen:	*Lügen*
Angriff:	*Einen Witz reißen*

Mich beunruhigt nicht, dass du mich belogen hast, sondern dass ich dir von nun an nicht mehr glauben kann.

Friedrich Nietzsche

Warum sehnen Sie sich nach der Wahrheit und wenden doch gleichzeitig so viel Zeit dafür auf, sie in Schach zu halten? Vielleicht lässt sich die Antwort in Ihrer Kindheit finden, wo die nackte Wahrheit häufig nicht belohnt wurde: Wenn Sie Ihr Herz offen legten, ernteten Sie dafür die zornentbrannten, entsetzten oder peinlich berührten Blicke der Erwachsenen. Engagieren Sie sich heute für die Wahrheit und umgeben Sie sich mit Menschen, die diese Wahrheit auch vertragen. Jetzt ist die Zeit gekommen, Ihre Angst abzubauen vor dem, was geschehen könnte, wenn Sie den Weg der Ehrlichkeit einschlagen.

Erinnern Sie sich, wann Sie in Ihrer Kindheit die Wahrheit gesagt haben. Die Folgen waren manchmal sicher unangenehm. Schreiben Sie einige dieser Konsequenzen auf, die Sie als Kind zu tragen hatten, als Sie die nackte Wahrheit gesagt haben, und sehen Sie sich dann diese Ergebnisse genau an. Leben Sie in Angst vor einer erwachsenen Version dieser Konsequenzen?

Eine Angewohnheit kann man nicht aus dem Fenster werfen. Man muss sie die Treppe hinunterboxen, Stufe für Stufe.

Mark Twain

Wir haben alle unsere Gewohnheiten; zu Beginn unseres Jahres des bewussten Lebens haben wir über jene Gewohnheiten nachgedacht, die wir mit uns herumtragen und die häufig unser Verhalten beeinflussen. Vielleicht haben Sie sich angewöhnt, Ihre Stimme zu senken, wenn ein Konflikt sein hässliches Haupt reckt, oder Sie haben es sich in Ihrem Opferdasein bequem gemacht und ziehen sich oft und instinktiv dahin zurück. Wie Ihre Gewohnheit auch immer aussehen mag, Sie müssen sie loslassen, wenn Sie mit sich und anderen bewusste Beziehungen eingehen wollen. Bewusst zu leben bedeutet, unsere Entscheidungen und Verhaltensweisen zu hinterfragen und nicht in das Vertraute und Funktionsuntüchtige zurückzufallen, nur weil es das ist, was wir immer schon gekannt haben.

Denken Sie an eine Gewohnheit, die Sie aufgegeben haben. Vielleicht war sie körperlicher Natur (Rauchen, Nägelkauen, Völlerei) oder mehr emotionaler Natur (Konfliktvermeidung). Finden Sie heraus, was Ihnen damals geholfen hat, diese unzuträgliche Gewohnheit abzulegen. Sie können diesen Erfolg wiederholen und mit derselben Methode eine funktionsuntüchtige Gewohnheit von heute ablegen.

Die Natur hat dem Menschen eine Zunge, aber zwei Ohren gegeben, auf dass wir doppelt so viel hören wie sprechen.
Epiktet

Denken Sie über das nachfolgende Zitat über das Zuhören nach. Für mich ist es anrührend und real; der Akt des wahren gegenseitigen Zuhörens, der wahren Bindung zu einem anderen Menschen auf tiefster emotionaler, intellektueller und spiritueller Ebene, die Entfernungen überwindet und Mauern einreißt. Man betritt einen Ort, an dem man noch nie zuvor war, aber zu dem man von da an immer wieder zurückkehren will – und das möglichst oft.

> Wahres Zuhören ist wie Sterben. Man lässt die Kontrolle los … man geht über in die Kunst des *Was kommt.* Ohne eine solche Offenheit bleibt die Konditionierung intakt und die natürliche Unschuld verwandelt sich in eine Arroganz, die glaubt, auf alles eine Antwort zu wissen. Tom Lutes

Versprechen Sie sich heute, wahrhaft zuzuhören. Versuchen Sie im Laufe dieses Tages, das, was andere sagen, nicht durch den Griff Ihres automatischen Zuhörens zu kontrollieren. Lassen Sie vielmehr los und hören Sie unbegrenzt, offenherzig und vorurteilslos einfach auf das, was die Menschen sagen.

Was wir spielen, ist das Leben. Louis Armstrong

Laura schreibt: Vor kurzem schenkte ein Freund meiner Familie ein Klavier. Mein vierjähriger Sohn Tim verbrachte viele Stunden vor dem Instrument, seine kleinen Hände eilten über die Tasten, schufen wilde Dissonanzen. Ein paar Tage darauf entdeckte Tim den Unterschied zwischen den weißen und den schwarzen Tasten und er machte Musik. Ich sah seinen Gesichtsausdruck, als er erst eine weiße, dann eine schwarze Taste anschlug und immer weiter mit den unterschiedlichen Klängen experimentierte. Schließlich sah er mich an: «Die hier», sagte er und schlug auf einige weiße Tasten, «sind glücklich und die hier sind *so* traurig», fuhr er fort und schlug einige schwarze Tasten an. Das ist auch der Klang Ihres Lebens. Es wird immer eine Symphonie der Klänge geben, in der sich die Dur-Akkorde nicht von den Moll-Akkorden trennen lassen, in der der Reichtum der Musik in direktem Zusammenhang steht mit dem Ineinander guter und schlechter Tage. Für eine fröhliche Erfahrung des Lebens ist es von entscheidender Bedeutung, die schwarzen und die weißen Tasten unseres emotionalen Lebens und unserer Beziehungen zu akzeptieren.

Wir alle tragen Klänge im Herzen – das fröhliche Singen, wenn wir lieben und geliebt werden, und die traurigen Akkorde, wenn wir einsam sind oder wir das Gefühl haben, im falschen Film zu sein. Verbringen Sie heute fünf oder zehn Minuten damit, dem Klang Ihres Herzens zu lauschen. Was will es Ihnen sagen?

Alle wollen die Menschheit verändern, aber niemand will sich selbst ändern.
Leo Tolstoi

Ich glaube an das Vertrauen. Ich nehme die Leute beim Wort, wenn sie sagen, dass sie sich ändern wollen – trotzdem ignoriere ich nicht etwaige Anzeichen des Gegenteils. Worte sind schließlich nur Worte, und obwohl sie viel Macht haben, bewirken sie allein keine Veränderung. Eine Absichtserklärung ist etwas Wunderbares, aber auch sie allein führt noch keine Veränderung herbei. Wenn Ihr Partner sagt, dass er sich ändern will, dann akzeptieren Sie das vertrauensvoll und tun Sie alles, was Sie können, um sein Wachstum zu fördern. Prüfen Sie sich selbst und achten Sie darauf, ihm weder aktiv noch passiv im Weg zu stehen. Seien Sie offen zu Ihrem Partner, wenn Sie Anzeichen entdecken, dass er seiner Absichtserklärung nicht nachkommt. Es ist ganz natürlich, dass bei radikalen Veränderungen Konflikte auftauchen, aber diese lassen sich in den Griff bekommen, wenn Sie aufrichtig sind, sie offen ansprechen und Ihre Ambivalenz angehen.

Heute ist ein guter Tag, um eine Absprache zu treffen und zu halten – mit sich selbst. Beschließen Sie etwas, egal wie groß oder klein, das Sie heute geschehen lassen können, zum Beispiel ein Buch zu lesen, spazieren zu gehen oder einen Schrank auszumisten. Geben Sie sich das Versprechen und halten Sie es ein. Achten Sie dann darauf, wie es sich anfühlt, die eigene Absprache einzuhalten.

Wer am tiefsten atmet, lebt am längsten.
Elizabeth Barrett Browning

Stellen Sie sich Ihr bewusstes Leben als Atemaufgabe vor: Wie stark können Sie einatmen, wie stark können Sie ausatmen? Sehen Sie Ihren Atem als Metapher dafür, wie intensiv Sie leben wollen. Ihr volles Einatmen sagt: «Ich bin offen dafür, meine Gefühle umfassend zu leben.» Ihr volles Ausatmen sagt: «Ich bin offen dafür, mich umfassend in der Welt auszudrücken.» Unser Atem ist ein extrem feines Anzeigegerät dafür, wie wir leben. In jedem Augenblick registriert unser Atem winzige Fluktuationen in unserer Stimmung, unserem Denken, unserer Umgebung. Wenn wir lernen, unserem Atem Aufmerksamkeit zu schenken, kann er uns mehr erzählen als die empfindlichste Biofeedback-Maschine. Es ist kein Zufall, dass viele der uralten Sprachen dieser Erde ein und dasselbe Wort für Atem und Geist kennen: *atman* im Sanskrit, *spiritus* im Lateinischen und *pneuma* im Griechischen.

Stimmen Sie sich heute im Laufe des Tages hin und wieder auf Ihren Atem ein. Beobachten Sie ihn urteilsfrei: Achten Sie einfach auf seine Eigenschaften – voll, locker, zögernd, abgehackt, zurückhaltend, gezwungen, fließend. Stellen Sie eine Verbindung her zwischen den Eigenschaften Ihres Atems und dem, was sonst noch in Ihnen und in Ihrer Umgebung vor sich geht.

Wie? Ich widerspreche mir selbst? Nun gut, so widerspreche ich mir selbst. Ich bin ja umfangreich, ich enthalte Massen.
Walt Whitman

Die großen Lehrer des bewussten Lebens – von Epiktet bis Carl Gustav Jung – haben unsere Aufmerksamkeit auf den Unterschied zwischen Wesenskern und Persona gelenkt. Unser Wesen ist unser authentischer Kern, der hinter den verschiedenen Masken lebt, mit deren Hilfe wir mit der Welt interagieren. Das heißt natürlich nicht, dass unser eigentliches Wesen besser ist als die Persona. Es ist ein Fehler, die Persona zu verurteilen, denn gerade unser Urteil hält die Persona an Ort und Stelle. Jahrelang kämpfte ich in meinen engen Beziehungen gegen meine «kritische» Persona, die nur allzu gern bei anderen Fehler suchte und fand. Je mehr ich versuchte sie loszuwerden, desto stärker trat sie zutage. Eines Tages wurde mir die Ironie klar: Ich versuchte doch tatsächlich meinen inneren Kritiker durch Kritik loszuwerden! Natürlich würde er auf diese Weise nie verschwinden. Also ging ich es anders an: Ich liebte ihn. Seit damals zieht er sich immer mehr zurück, ist nicht länger der Drache, den ich einst zu besiegen trachtete.

Bitten Sie eine mitfühlende und einfühlsame Freundin um ein Feedback. Erklären Sie den Unterschied zwischen Wesenskern und Persona und fragen Sie dann: «Deiner Erfahrung nach mit mir, was ist mein ursprüngliches Wesen? Wer ist meine Persona?» Die Bitte um Feedback ist etwas sehr Mutiges, das Zeichen für einen reifen Menschen.

Wer saß nicht bang vor seines Herzens Vorhang?
Rainer Maria Rilke

Eine der besten Möglichkeiten, unsere Wahrnehmung aus dem gewohnheitsmäßigen Trott herauszubringen, besteht darin, sich selbst Fragen zu stellen. Eine ehrliche Frage – eine, die wir von ganzem Herzen beantwortet sehen möchte – kann eine Fülle an Lernerfahrungen öffnen. Ein Freund von mir stellte in einem Augenblick großer Demut eine Frage, die sein Liebesleben sofort veränderte. Er war immer schon Junggeselle gewesen, doch eines Abends kam ihm die Erkenntnis, dass sein Dasein als Single auf der tiefen Angst basierte, dass er niemals die Art von Liebe finden würde, die er sich wünschte. Allein in seinem Zimmer fragte er laut: «Wie kann ich die Liebe bekommen, die ich mir wünsche?» Sekunden später brach er in Tränen aus und weinte lange Zeit. Einige Wochen danach traf er die Liebe seines Lebens, mit der er nun seit annähernd zwei Jahrzehnten verheiratet ist. Sein Leben wurde die Antwort auf seine Frage.

Was möchten Sie aus ganzem Herzen erfahren? Was möchten Sie aus ganzem Herzen lernen? Was möchten Sie aus ganzem Herzen leisten?

Jeder von uns trägt einen Kontinent an unentdecktem Charakter in sich. Charles L. Wallis

Ich hoffe, dass Sie auf Ihrer Reise zur bewussten Liebe und zum bewussten Leben Folgendes erfahren: Ekstase, Qual, Freude, Schmerz, Tränen, Gelächter. Mit anderen Worten, ich erhoffe mir das Beste für Sie. Ich hoffe, dass Sie Ihre Reise zum Herzen aller menschlichen Erfahrung führt, zu einem vollen, ehrlichen und aufrichtigen Leben. Beim Militär sagt der Ranghöhere, wenn ihm ein Rangniederer salutiert hat: «Rühren!» – die Anweisung, zu dem zurückzukehren, mit dem der Soldat vor den Formalitäten des Ranges beschäftigt war. Laura schreibt: Diese Aufforderung – Rühren! – ging mir heute Abend ständig durch den Kopf, und indem ich sie ehrte – mich über sie wunderte –, habe ich auch verstanden, warum. Ich möchte Ihnen zurufen: Rühren! Kehren Sie zu dem offenen, fröhlichen, ehrlichen Fluss guter Gefühle zurück, der Ihr Geburtsrecht ist, den Sie lebten, als Sie noch zu jung waren, um etwas anderes erlernt zu haben. *Rühren!*

Schließen Sie die Augen und atmen Sie tief durch. Erlauben Sie sich zu einer Zeit zurückzukehren, als Sie noch Sie *waren … bevor Erwartungen, Enttäuschungen und die Suche nach äußerer Anerkennung Sie zu formen begannen. Verbringen Sie zehn oder fünfzehn friedliche Momente mit der Erinnerung an Ihr früheres Ich. Nehmen Sie die Teile Ihrer früheren Persönlichkeit, die Sie ehrten und am meisten genossen. Wie können Sie diesen Teilen von sich in Ihrem heutigen Leben eine stärkere Stimme verleihen?*

Liebe ist nicht Liebe, die sich verwandelt, wo sie Wandel findet.
William Shakespeare

Laura schreibt: Ich erinnere mich an meine erste Liebe. Eigentlich sollte ich das Wort *Liebe* in Anführungszeichen setzen, als ob mir als erwachsene Frau klar wäre, dass es sich nicht um richtige Liebe handelte, sondern um die pubertäre Annäherung an die Liebe und sie daher weniger wertvoll war. Ich erinnere mich gern an Ted und werde meinen erwachsenen Zensor weder mich noch ihn oder die Intensität unserer Gefühle beleidigen lassen. In dieser zunehmend gefährlichen Welt der sexuell übertragbaren Krankheiten heißt es: Wenn du mit jemand schläfst, schläfst du mit allen, mit denen er oder sie je geschlafen hat. Auf Beziehungen übertragen bedeutet das: Wenn Sie jemand lieben, dann lieben Sie auch jeden Menschen, den Sie je zuvor geliebt haben. Sie tragen all Ihre Beziehungen in sich, jeden Schmerz, jede Freude, die irgendwo in Ihr Gedächtnis eingebrannt sind. Das macht die Liebe später schwerer, aber auch reicher an Erfahrung – und es verleiht Ihrer ersten Liebe eine Leichtigkeit des Seins, die eines der großen Wunder des Lebens darstellt.

Denken Sie an Ihre erste große Romanze. Erinnern Sie sich an die positiven und die negativen Gefühle, die Sie diesem Menschen entgegenbrachten. Ehren Sie diese Erinnerung und ergänzen Sie die nachfolgenden Gedanken: Er/sie war ________. Mit ihm/ihr auszugehen war ________. Mit ihm/ihr auszugehen machte mir klar, dass ________. Wenn ich mit ihm/ihr zusammen war, war ich ________.

Großes geschieht, wenn Mensch und Berg sich treffen.
William Blake

Abraham Maslow, ein bekannter Psychologe, entwickelte eine Hierarchie der Bedürfnisse. Er sagte, bevor man sich auf die Beziehung mit anderen oder die Selbstverwirklichung konzentrieren könne (dazu gehören die wichtigen Fragen über den Wesenskern und die Bewegung auf diesen Kern zu), müsse man eine Unzahl niedriger Bedürfnisse befriedigen, beispielsweise das Bedürfnis nach Nahrung, Schutz und Sicherheit. Merkwürdigerweise habe ich festgestellt, dass der umgekehrte Fall zutrifft: Je reicher die Gesellschaft, desto größer der Mangel an Selbsterkenntnis. Ich frage mich, ob eine Existenz, die mit Dingen überhäuft ist, mehr Mühe hat, das innerste Wesen zu erreichen. Vielleicht besteht der Zweck von «Dingen», die Menschen erwerben, ja gerade darin, eine Blockade zwischen sich und schwierigen Fragen zu errichten. Wenn wir zulassen, dass unser Besitz und unser Wohlstand zu einem Betäubungsmittel werden, dann schläfern wir uns vielleicht gerade so weit ein, dass diese Fragen eine Zeit lang verschwinden.

Sehen Sie sich heute zu Hause um. Wo stehen Sie in Ihrer eigenen Hierarchie der Dinge? Versuchen Sie, Grundbedürfnisse wie Nahrung oder Unterkunft zu erfüllen? Wenn Sie bereits in der Lage waren, sich ein sicheres Nest zu bauen, dann richtet sich Ihre Energie jetzt wohl auf die Selbstverwirklichung. Denken Sie über einen Aspekt Ihrer selbst nach, auf den Sie sich am stärksten konzentrieren wollen, und richten Sie all Ihre Energie dorthin.

Die große Kunst des Lebens ist zu fühlen, dass wir existieren, selbst im Schmerz. Lord Byron

Jeder Paartherapeut lernt früher oder später, dass Paare streiten, um Energie aufzubrauchen, die für etwas anderes eingesetzt werden könnte. In der Tat dienen Auseinandersetzungen oft dem Zweck, Energie aufzubrauchen, damit das Paar nicht den mutigen, kreativen Sprung in das Unbekannte wagen muss, vor dem es sich fürchtet. Streiten hat die Funktion, eine Zone der Vertrautheit zu schaffen, in die man sich zurückziehen kann, wenn man Angst vor dem kreativen Durchbruch hat. Auseinandersetzungen ähneln häufig einem Melodram, dessen Anfang, Mitte und Ende vorhersehbar sind. Die meisten Paare haben nicht Hunderte von Auseinandersetzungen, sie führen ein und denselben Streit Hunderte Male.

Halten Sie einen Augenblick lang inne und denken Sie ernsthaft über die folgende Frage nach: Wenn meine engsten Beziehungen harmonisch und reibungslos verlaufen würden, was würde ich dann mit der Energie und der Zeit anfangen, die ich momentan noch für den Konflikt aufwende?

Frage nicht, was dein Land für dich tun kann, frage, was du für dein Land tun kannst. John F. Kennedy

Stellen Sie sich vor, Sie seien ein Baum, dessen Blätter Sauerstoff in die Atmosphäre abgeben. Wie ein Baum haben auch wir unserer Welt viel zu geben. Wir sind nicht einfach nur dekorativ; wir dienen in der Kette des Lebens einem Zweck, leisten für unsere Umwelt einen notwendigen Beitrag. Lassen Sie uns diesen Beitrag erkennen und akzeptieren. Wann immer wir das Gefühl haben, dass wir Raum einnehmen, ohne genügend zurückzugeben, sollten wir nach einer Möglichkeit suchen, das zu ändern. Es klingt wie ein Klischee – helfen Sie anderen, schenken Sie Ihre Zeit –, aber Klischees sind deshalb so berühmt-berüchtigt, weil sie häufig wahr sind. Wenn Sie etwas zurückgeben und in Ihrem Umfeld einen wertvollen Beitrag leisten, werden Sie feststellen, dass die Welt sich erkenntlich zeigt. Ein bewusstes Leben besteht nicht aus einer «Ich»-Egozentrik, die nur daran interessiert ist, was Sie fühlen und was Sie wollen. Ein wahrhaft bewusster Mensch leistet seinen bestmöglichen Beitrag und nimmt teil am Geben und Nehmen, an Ebbe und Flut der Welt, in der er lebt.

Denken Sie an eine Begebenheit, als Sie zur rechten Zeit am rechten Ort waren und irgendwie etwas verändern, etwas bewirken konnten. Gratulieren Sie sich, dass Sie offen waren für die Signale des Universums, das Sie zu dieser Zeit an diesen Ort geführt hat, und überlegen Sie sich, wie Sie auch künftig offen sein können.

Die Wahrheit ist das, worüber sich nicht streiten lässt. Wer die Wahrheit sagt, schafft Raum, um Probleme zu heilen.

Das Leben besitzt eine Symmetrie, einen Kreislauf aus Geburt, Leben und Tod, dem viele Menschen ihr Leben lang zu entrinnen suchen. Die Mauern, die wir errichten, damit das Leben mit seinen Zyklen uns nicht einholen kann, entfernen uns nur von der Realität menschlicher Erfahrung. Was wäre, wenn wir zugeben würden, dass wir einst klein und hilflos waren, dass sich ein Teil in uns immer noch klein und hilflos fühlt und dass wir jetzt ein Leben führen, das eines Tages nicht mehr existieren wird? Diese Form der Ehrlichkeit könnte uns zu der Erkenntnis führen, dass wir *jetzt* leben müssen, nicht irgendwann *später.* Selbst tief verwurzelte Unterschiede werden oberflächlich, wenn man sie Seite an Seite mit unserer essentiellen Verbindung stellt: Wir sind alle Menschen und ruhten einst alle friedlich im Schoß der Mutter; jetzt wachen wir alle auf, schauen mit einer Mischung aus Hoffnung und Angst nach vorn und eines Tages werden wir alle in die Dunkelheit oder ins Licht zurückkehren. Wie wir gelebt haben, wird alles sein, was wir in diesem letzten Augenblick mit uns nehmen können.

Wir kennen alle die alte Weisheit: Man kann nichts mitnehmen. Wenn Sie in Ihrem letzten Augenblick auf Ihr Leben zurückschauen, was würden Sie dann am liebsten mit sich nehmen? Welches Wissen oder welche Erfahrung?

Von Irrtum zu Irrtum entdecken wir die ganze Wahrheit.
Sigmund Freud

Wir kennen alle Menschen, die schon einmal die Kontrolle verloren haben. Wahrlich kein schöner Anblick. Ein gewisses Maß an Kontrolle ist wichtig für ein bewusstes Leben. Wenn ich von der Kunst spreche, die Kontrolle loszulassen, dann meine ich damit nicht, dass wir in irgendeiner Hinsicht nachlässig werden sollten. Im Gegenteil, etwas weniger Kontrolle macht uns für gewöhnlich effizienter und leistungsfähiger. Das Problem liegt darin, dass ein Großteil unserer überschüssigen Kontrollenergie in den Versuch fließt, Dinge zu kontrollieren, über die wir keine Macht haben. Wir haben nun mal keine Kontrolle darüber, ob uns jemand mag, oder darüber, was in der Vergangenheit geschehen ist oder wie sich die Zukunft gestalten wird. Wenn wir beispielsweise darüber nachgrübeln, ob uns eine bestimmte Person mag, dann ist die Menge an Energie, die wir in unsere Grübeleien fließen lassen, genauso hoch wie die Energie, mit der wir etwas Positives für andere Menschen tun könnten.

Atmen Sie ein paar Mal bewusst durch – langsam, tief, fließend. Lassen Sie beim Atmen bewusst die Kontrolle über andere Menschen los. Gestehen Sie ihnen zu, so zu sein, wie sie sind, zu fühlen, was sie fühlen, zu denken, was sie denken. Üben Sie sich heute im Laufe des Tages gelegentlich im «bewussten Atmen» – ein paar Sekunden, in denen Sie sich daran erinnern, die Kontrolle über das Unkontrollierbare loszulassen.

Was immer uns einschränkt, das nennen wir Schicksal.
Ralph Waldo Emerson

Absichten sind die Eckpfeiler des bewussten Lebens. Wenn Sie sorgfältig prüfen, wie Ihre Absichten funktionieren, werden Sie eine Fülle an Einsichten erlangen. Stellen Sie sich die Absicht als den ersten Energiefluss in eine bestimmte Richtung vor. Wenn Sie beispielsweise eine Schüssel Popcorn verzehren, dann gab es irgendwann das ursprüngliche Aufblitzen der Absicht, die Sie in diese Richtung schickte anstatt zum Rasenmähen. Es gibt einen praktischen Grund, unsere Absichten zu erforschen. Da sie auftauchen, bevor wir etwas denken oder tun, sind sie der ideale Ort, um sich selbst abzufangen, bevor man sich in eine Richtung des Denkens oder Handelns aufmacht, die man später bereut. Wenn Sie allein sind und sich spät am Samstagabend in Richtung Kühlschrank begeben, dann halten Sie kurz inne und fragen Sie sich: Was beabsichtige ich hier gerade? Will ich meinen Hunger oder will ich meine Einsamkeit stillen? Eine Sekunde Aufmerksamkeit für die zugrunde liegende Absicht kann uns einen hässlichen Augenblick auf der Badezimmerwaage am nächsten Morgen ersparen.

Halten Sie im Laufe des Tages öfter einmal mitten in dem inne, was Sie gerade tun, und fragen Sie sich: «Was beabsichtige ich damit eigentlich?» Beobachten Sie Ihre Absichten, um festzustellen, ob diese von Ihrer unbewussten Programmierung oder von Ihrem frei gewählten Weg des bewussten Lebens getrieben werden.

Ich akzeptiere Beziehungen als wichtige Lehrmeister, die mir etwas über mich, andere Menschen und die Geheimnisse des Universums beibringen.

Laura schreibt: In einer Phase meines Lebens, die chaotisch und traurig war, verliebte ich mich – eine tiefe Liebe, anders als alles, was ich bis dahin gekannt hatte; sie ließ mich die Liebe zwischen Erwachsenen völlig neu definieren. Die Stärke der Gefühle war unerwartet und bedingungslos – und einseitig: von ganzer Seele und von ganzem Herzen auf meiner Seite, freundliche Zuneigung auf seiner, was nur noch mehr zu meiner Verwirrung beitrug. Einerseits glaubte ich, dass dieser Mann der Mensch sei, mit dem ich den Rest meines Lebens verbringen sollte. Andererseits wusste ich, dass aus dieser Beziehung einfach nichts werden konnte. Das Leben ging weiter, wie es das immer tut, und obwohl ich immer noch mit Wehmut an ihn denke, ist die zerfleischende Traurigkeit verschwunden. Stellen Sie sich vor, Sie würden in heißes Wachs getaucht. Es brennt, es heilt, es weicht auf – einiges schmerzhaft, anderes angenehm. Je nachdem, was Sie mit dieser Erfahrung anfangen, können Sie hart werden und zerbrechen oder Sie werden – wenn Sie sich mit Liebe wärmen – weicher, geschmeidig, warm und beweglich.

Ich bin nicht sicher, inwiefern ein gutes Leben die beste Rache sein soll, aber mir gefällt dieses Sprichwort. Kehren Sie innerlich zu der Wärme und Erregung einer jungen Liebe zurück. Erleben Sie diese Gefühle zehn oder fünfzehn Minuten erneut und bewahren Sie sich das innere Glühen den heutigen Tag über.

Das Leben ist entweder ein Abenteuer oder ein Nichts. Wenn wir uns der Veränderung stellen und uns angesichts des Schicksals wie freie Geister verhalten, werden wir stark und unbesiegbar.

Helen Keller

Es gibt Menschen, die auf ihre Kratzwunden zeigen, gegen das Schicksal wettern und jammern, dass Zweige gegen ihre zarte Haut geschlagen seien; dabei vergessen sie zu erwähnen, dass sie ihre Augen fest geschlossen hatten, um die Zweige nicht sehen zu müssen. «Das Schicksal», seufzen sie mit der stets leicht zu erkennenden Stimme des Opfers. Es *gibt* das Schicksal: Die Flut kommt und Wirbelstürme wüten, aber Sie können in den tosenden Fluten schwimmen oder sich von den hungrigen Winden des Sturmes in einem wilden Tanz der Losgelöstheit herumwirbeln lassen. Manche verstecken sich vor dem Schicksal und vor Veränderung, kauern im dunklen Keller eines furchtsamen Herzens. *Sie dagegen, Sie sind anders.* Sie bereiten sich auf das verwegene Abenteuer einer Beziehung vor, während Sie sich eine Machtprobe mit Ihrer Angst liefern und sich auf den Weg der Wahrheit zu sich und anderen machen.

Suchen Sie sich einen ruhigen Ort und nehmen Sie sich etwas Zeit für sich. Denken Sie über den folgenden Satz nach: Ich bin anders, denn ich ________.

Sind Sie ein Opfer oder ein Freiwilliger? Ein Großteil der Qual, die Sie erleben, ist nicht auf die Verhaltensweisen anderer zurückzuführen, sondern darauf, wie Sie die Welt sehen.

Keine Ungerechtigkeit regiert ewig. Seneca

Denken Sie zurück an unsere Ausführungen über die Zehn-Sekunden-Fenster, jene Momente, in denen mächtige Veränderungen in unser Leben treten. Einige der wichtigsten Fenster sind jene, in denen wir bestimmte Gefühle hegen, wenn wir beispielsweise wütend sind oder uns in Gegenwart eines wütenden Menschen befinden. Wut wird häufig durch Situationen ausgelöst, die einfach nicht fair sind. Unser Chef kommt beispielsweise zum Ende der Arbeitszeit und ruft: «Nicht so eilig, ich habe hier noch einen wichtigen Vorgang, den Sie erledigen müssen.» Es mag ein durchaus vernünftiges Ansinnen sein und doch ist es gleichzeitig unfair. Außerdem taucht hier ein weiteres Problem auf: Da zwischen zwei Menschen (beispielsweise zwischen uns und unserem Chef) häufig ein Ungleichgewicht der Macht herrscht, haben wir möglicherweise Angst, unserem Gegenüber von unserer Wut zu erzählen. Also köcheln wir vor uns hin und gehen irgendwann mit Rücken- oder Kopfschmerzen nach Hause.

Achten Sie im Laufe des heutigen Tages auf jedes Anzeichen von Wut und ob Sie mit diesem Gefühl auf eine Ungerechtigkeit reagieren. Sollte dies der Fall sein, fragen Sie sich, ob es eine bessere Reaktion gibt. Können Sie zum Beispiel in diesem Augenblick etwas sagen, das die Wut davon abhält, sich in Ihrem Körper häuslich niederzulassen?

Juli

Ich glaube, wir lernen irgendwie, wer wir wirklich sind, und dann leben wir mit dieser Entscheidung.

Eleanor Roosevelt

In der Therapie heißt es üblicherweise, dass in einer Partnerschaft beide die Verantwortung für 50 Prozent von allem, was gut und was schief läuft, übernehmen müssen. Ich glaube jedoch, dass jeder Partner 100 Prozent der Verantwortung übernehmen muss – im Guten wie im Schlechten. Es funktioniert wie folgt: Vor dieser Beziehung waren Sie eine getrennte Einheit und trugen im Idealfall die 100-prozentige Verantwortung für Ihr Leben. Sie konnten niemand die Schuld für selbst gefällte Entscheidungen geben. Warum sollte Ihr Verhalten also plötzlich zu dem Verantwortungsbereich eines anderen gehören, wenn Sie eine Beziehung eingehen? Verantwortung ist die Feier der Ganzheit. Eine Beziehung besteht nur zwischen zwei oder mehr Menschen, die 100-prozentig verantwortlich für ihr Leben sind – alles andere ist Verstrickung. Wenn Sie mehr oder weniger Verantwortung tragen, haben Sie keine echte Beziehung.

Sehen Sie sich Ihre bedeutendste Beziehung zu einem anderen Erwachsenen an und bewerten Sie das Maß der Verantwortung, das Sie für die nachfolgenden Aspekte der Beziehung übernehmen. Sie müssen noch keine Schlussfolgerungen ziehen, achten Sie einfach auf Ihre ersten Eindrücke: Emotionale Intimität/Wohlbefinden der Beziehung, tägliche Pflichten in der Beziehung, Initiative für Sex und andere Spiele.

Man muss sich vor nichts im Leben fürchten. Man muss es nur verstehen. Marie Curie

Denken Sie an eine Zeit, als Sie sich fürchteten, vielleicht sogar schreckliche Angst hatten: Ihr Herz pochte wild, Ihr Atem ging schnell und schwer. Sie reagierten physiologisch auf Ihre Angst, aber es ist Ihre *Interpretation* der physiologischen Reaktionen, die das Ergebnis bestimmt. Ob Sie Angst haben, aufgeregt, wütend oder sexuell erregt sind, viele der körperlichen Anzeichen ähneln sich: Adrenalin jagt durch Ihren Körper, Sie schwitzen und der Pulsschlag erhöht sich. Sie weisen diesen Symptomen aus dem Zusammenhang heraus ihre Bedeutung zu: Ein pochendes Herz kann vielerlei bedeuten, je nachdem, ob Sie sich allein in einer dunklen Gasse befinden oder im Bett mit Ihrem Liebsten. Sie können Ihre Reaktion auf die Furcht vor Veränderung völlig neu definieren.

Spüren Sie, welche körperlichen Empfindungen sich einstellen, wenn die Angst kommt. Denken Sie daran, dass es sich um dieselben Empfindungen handelt, die Sie bei Erregung oder intensivem Vergnügen spüren. Gestatten Sie sich einen Augenblick lang diese Empfindungen zu erleben, spüren Sie sie in ihrer ganzen Kraft, anstatt sich auf den äußeren Kontext zu konzentrieren. Erinnern Sie sich daran, dass Sie ebenso sehr die Erregung und die Spannung des Unbekannten spüren wie die Angst: Gestatten Sie sich auf der erregenden Seite der Angst zu leben, ohne ihren negativen Beigeschmack.

Zuerst war er krank – jetzt verhungert er.

John Steinbeck

Am Ende von John Steinbecks Roman *Früchte des Zorns* sitzt Rose vom Leben geschlagen, hungrig und unter unvorstellbarem Mangel in einer Scheune. Sie scheint aufgegeben zu haben und man kann ihr das kaum verübeln. Doch dann geschieht etwas Magisches und Wunderbares: Sie legt sich neben einen verhungernden Mann, drückt seinen Kopf vorsichtig an ihre Brust und stillt ihn. In diesem Augenblick größter Niederlage, als sie sich den Furcht einflößenden Kräften des Universums unterwirft, findet sie eine Antwort und ihre Hingabe an das Leben leuchtet durch sie hindurch. Ich denke in solchen Augenblicken oft an das chinesische Wort für «Krise», es besteht aus den beiden chinesischen Schriftzeichen für Gelegenheit und Chance. In Ihren dunkelsten Momenten können Sie für die Veränderung ganz offen sein, wenn Sie sich nur der offenen Beziehung zu Ihrer Umwelt hingeben.

Denken Sie heute an eine Phase Ihres Lebens, als Sie sich in einer Krise befanden. Lassen Sie sich von den nachfolgenden Gedanken leiten: Meine schlimmste Krise war ________. Ich hatte viele Gefühle, aber am Höhepunkt der Krise fühlte ich ________. Als ich mich diesem Gefühl schließlich hingab, da begann ich ________. Seitdem habe ich erkannt, dass ich durch diese Krise ein besseres Gefühl habe für ________.

Versprechen Sie sich eines: «Ich nehme mir fest vor, selbst die schwierigsten Gefühle umfassend zu erfahren, damit jeder Zweifel in das Erleben eines Wunders verwandelt werden kann.»

Es gibt nur einen Winkel des Universums, den man ganz sicher verbessern kann, unser eigenes Selbst.

Aldous Huxley

Die Menschen spüren vermehrt Dankbarkeit, wenn sie die Wunden der Vergangenheit heilen. Mir fiel sowohl bei mir wie bei meinen Schülern auf, dass Dankbarkeit spontan eintritt, je mehr wir aus dem Schatten der Vergangenheit in das Licht der Gegenwart treten. Dankbarkeit ist ein Symptom eines erfolgreichen Lebens, ein Zeichen, dass Sie die unerledigten Angelegenheiten früheren Schmerzes bewältigen. Dankbarkeit ist aber nicht nur ein positives Symptom, es ist auch eine kraftvolle Heilmethode. Oft saß ich einem Menschen mit großen Problemen gegenüber und staunte, wie dieser Mensch den mutigen Schritt tat und seine Dankbarkeit für ebenjene Sache aussprach, die seinen Schmerz verursachte. Rasche Heilung tritt ein, wenn man Dankbarkeit für etwas ausdrückt, das früher eine Quelle von Wut oder Schmerz war. Es erfordert gewaltigen Mut, der eigenen Trauer, den eigenen Schwierigkeiten ins Auge zu sehen und für die Lektionen Dank zu sagen, die wir durch sie gelernt haben.

Nehmen Sie sich heute die Zeit, einen Blick auf Ihr Leben zu werfen. Wem sind Sie dankbar? Sagen Sie es. Schreiben Sie einen Brief, schauen Sie mit einem kleinen Geschenk bei dem Menschen Ihrer Wertschätzung vorbei oder nehmen Sie den Hörer in die Hand und teilen Sie ihm Ihre Gefühle mit … und machen Sie sich dann bewusst, wie es sich anfühlt, dankbar zu sein.

Wenn wir alles lieben, erkennen wir das göttliche Geheimnis aller Dinge. Sobald wir es erkennen, verstehen wir es jeden Tag etwas besser. Und zuletzt werden wir alle die ganze Welt allumfassend lieben. Fjodor Dostojewski

Ein Augenblick aus dem Leben von Dostojewski kann uns allen eine wichtige Lektion über das bewusste Leben lehren. Der junge Dostojewski war politischer Dissident in einer Zeit, die unseren Sechzigern ähnelte. Der Zar ließ ihn inhaftieren. Nachdem Dostojewski lange Zeit im Kerker geschmachtet hatte, wurde er eines Morgens geweckt und vor ein Exekutionskommando geführt. Ihm und seinen Freunden wurden Augenbinden angelegt und man forderte sie zu einem letzten Gebet auf. Dann wurde der Befehl zum Feuern erteilt und … Überraschung! Es handelte sich nur um Platzpatronen. Der Zar hatte ihnen einen üblen Streich gespielt, um sie von ihren radikalen Ansichten abzubringen. Dostojewski schrieb danach noch einige der größten Bücher, die je verfasst wurden. Er erlangte solche Berühmtheit, dass Tausende Menschen zu seiner Beerdigung gingen. Für den Zaren endete es nicht so rosig.

Gab es auch in Ihrem Leben einen alles entscheidenden Augenblick? Vielleicht war es nicht ganz so extrem wie bei Dostojewski, aber die meisten von uns hatten einen Wendepunkt, der unser Leben formte. Denken Sie einen Moment über Ihren persönlichen Wendepunkt nach. Was haben Sie daraus gelernt? Wie können Sie sich davon heute durch den Tag leiten lassen?

Es ist nicht so schlimm, wie es klingt.

Mark Twain über Wagners Musik

Jack Downing, mein wunderbarer Freund und Mentor, hat in seinem Leben schon Tausende therapiert und unterrichtet. Während einer besonders stressigen Zeit in meinem Leben gab er mir einen Rat, der mich auf einen Weg führte, von dem ich seitdem unablässig profitiert habe. Jack vertritt nämlich die Theorie, dass die Menschen weder Psychotherapie noch Medikamente bräuchten, wenn sie nur eine Stunde am Tag ihre Lieblingsmusik auflegen und danach tanzen würden. Ein ziemlich radikaler Standpunkt für einen Arzt, der auf seinem Gebiet als Koryphäe gilt und schon in so angesehenen Einrichtungen wie der Menninger Foundation gelehrt hat. Ich folgte seinem Rat und tanzte frei zur Musik, wann immer ich mich unter Stress fühlte, deprimiert oder verwirrt war. Stets wirkte es sich nachhaltig positiv auf meine Stimmung aus. Bald war ich dem so verfallen, dass ich es kaum erwarten konnte, wieder schlechter Laune zu sein. Schließlich tanzte ich einfach nur, um mich gut zu fühlen, auch wenn es mir gar nicht schlecht ging.

Machen Sie heute im Laufe des Tages eine musikalische Pause. Legen Sie Ihre Lieblingsmusik auf und bewegen Sie Ihren Körper dazu. Verfolgen Sie damit keine festen Pläne, genießen Sie einfach das Gefühl, sich zur Musik zu wiegen. Achten Sie darauf, wie Sie sich nach nur zehn oder fünfzehn Minuten fühlen.

Besitztum ist zum Fürchten. Spanisches Sprichwort

Während ich mich einst durch eine Phase schleppender Kreativität mühte, suchte ich zufällig in meinem Schrank nach einer Krawatte. Plötzlich hatte ich eine Erleuchtung: Es gab Dinge in meinem Schrank, die ich seit Jahren nicht getragen hatte! Sie waren immer noch da, weil ich dachte, sie eines Tages wieder brauchen zu können. Das führte zu einem noch größeren Durchbruch: Ich beschloss auf der Stelle meinen Schrank durchzugehen und alles auszumisten, was ich nicht wirklich gern trug. Alles, was ich nicht wirklich liebte oder nur aufgehoben hatte, weil es ein Geschenk war, flog raus. Innerhalb einer Stunde hatte ich drei Viertel meiner Garderobe eliminiert, und übrig geblieben waren nur Sachen, in denen ich mich großartig fühlte. Gleich, darauf geschah etwas höchst Inspirierendes: Über Nacht sprudelte meine Kreativität wieder. Ideen schossen mir förmlich durch den Kopf. Ich bin sicher, irgendjemand hat sich an meinen Sachen sehr gefreut, denn die meisten waren von hoher Qualität und fast wie neu. Aber der wahre Nutznießer meiner Menschenfreundlichkeit war meine eigene Kreativität.

Suchen Sie sich einen Bereich aus – Ihr Bücherregal, Ihren Kleiderschrank oder Ihre Garage. Misten Sie alles aus, was Sie nicht mehr benützen. Misten Sie dann alles aus, was Sie nicht wirklich lieben. Verschenken Sie es und achten Sie darauf, was gleich darauf in Ihrem Leben geschieht.

Wir führen unser Leben durch das, was wir bekommen; wir leben durch das, was wir geben. Winston Churchill

Laura schreibt: Am Geburtstag meiner Söhne achte ich immer genau auf die Uhrzeit und in ihrem «Geburtsaugenblick» feiern wir still und innig. Ich stelle den Küchenwecker und beschreibe, wenn der Geburtsaugenblick naht, wie es vor drei, vier oder sieben Jahren war. Und dann nehme ich den Jungen in den Arm und sage ihm, das war der Augenblick, in dem wir uns getroffen haben. Es ist zu einem Ritual geworden, auf das wir uns alle freuen. Noch Stunden danach spüre ich den Augenblick und bade in dieser neuen Liebe. Es ist eine Lektion für uns Erwachsene, langsamer zu machen, den Anfang zu genießen, jene ersten Momente in der Beziehung zu unseren Eltern, Kindern und Partnern, die Liebe neu zu schmecken mitten in der Achterbahnfahrt des Lebens, die für solche Augenblicke nur stoppt, wenn wir darauf bestehen. Lösen wir uns für einen Augenblick von dem endlosen Auf und Ab und spüren wir erneut, wie es zu Beginn der Liebe war.

Kehren Sie zum Augenblick Ihrer Geburt zurück. Stellen Sie sich die Arbeit vor, die erforderlich war, um Sie in die Welt zu bringen, und die Freude in dem Raum, als Sie Ihren ersten Atemzug taten. Stellen Sie sich als Winzling vor, verletzlich, voller Hoffnung und Möglichkeiten. Dieser neue Mensch lebt immer noch in Ihnen. Erwecken Sie ihn und erleben Sie erneut die Erfahrung, die Welt zu betreten und all die Hoffnung, all die Möglichkeiten vor sich zu sehen.

Der Natur befiehlt man nicht, man gehorcht ihr.

Francis Bacon

Nach einem langen, kalten Winter ist endlich der Sommer eingekehrt. Ich nehme einen Stapel Papiere und einen Stift und gehe zum Stausee. Die Rosen erblühen und bald werden ihre Blütenblätter das grüne Gras am Ufer bedecken. Ich setze mich an einen Picknicktisch am Ufer und beobachte, wie andere an mir vorbeispazieren, das Gesicht der Sonne entgegengereckt. Jeder von uns atmet so tief ein, als ob wir den Winter ohne Sauerstoff verbracht hätten. Als ich endlich schreibe, sprudele ich vor Kreativität geradezu über. Das erstaunt mich immer wieder aufs Neue. Ich staune darüber, dass meine Stimme seit dem Tag, als ich beschloss, bewusst zu leben, stärker, reicher, kreativer geworden ist. *Ein wenig hegen und pflegen*, denke ich, atme tief durch und nehme den Sommer in mich auf wie eine Mahlzeit. Ich beobachte, wie sich die Falten in den Gesichtern um mich herum glätten. Es ist Zeit aufzuwachen, flüstere ich und mit dem Zwitschern der Vögel in der Morgendämmerung und dem Schwung des Lebens räkelt sich die schlafende Welt.

Wenn Sie nicht regelmäßig etwas Künstlerisches tun, ist jetzt die Zeit gekommen, sich ein solches Hobby zu suchen. Ehren Sie heute den Künstler, der in Ihrem Herzen lebt. Suchen Sie sich eine künstlerische Ausdrucksform und tun Sie etwas, um den Künstler wissen zu lassen, dass er nicht vernachlässigt wird.

Am liebsten würde ich etwas ________ erschaffen. Heute werde ich meinen inneren Künstler stärken, indem ich ________.

Machen Sie sich jemandem unentbehrlich.

Ralph Waldo Emerson

Fühlen Sie sich in Ihrer Beziehung zu Hause? Es kommt häufig vor, dass man mit anderen eine intime Beziehung eingeht und dann einen Rückzieher macht. Jemand in unser Herz zu lassen heißt zu riskieren so gesehen zu werden, wie wir wirklich sind. Manchmal rede ich mir ein, dass nur ich die Geheimnisse kenne, die in den dunklen Winkeln meines Herzens schlummern, und die Schatten dort lassen die Geheimnisse Furcht erregend aussehen. Betrachten Sie Ihre Geheimnisse bei Tageslicht. Sind sie wirklich so schlimm? Es ist pure Arroganz anzunehmen, dass unsere eigenen Geheimnisse viel gewichtiger und dunkler seien als die der anderen. Wir sollten uns klarmachen, dass wir uns alle bisweilen einsam, kindisch, selbstsüchtig und kleingeistig verhalten und uns manchmal an die Bitterkeit klammern, als wäre sie das Einzige, was uns vor dem Ertrinken bewahrt. Doch in Wahrheit ist keines unserer Geheimnisse einzigartig. Die Wahrheit *wird* zur Wahrheit, wenn wir sie anerkennen und sie aus ihrem Versteck in unserem Herzen holen.

Nehmen Sie sich ein Geheimnis vor, das Sie schon lange hüten. Vielleicht etwas, das Sie gesagt, getan oder gefühlt haben. Welche Ihrer Eigenschaften hat Sie in diese Zwangslage gebracht? Fassen Sie sie in ihrer Essenz zusammen. Wenn sie es nicht in weniger als zehn Sekunden sagen können, ist es nicht die Essenz. Suchen Sie die positive Seite dieser Eigenschaft. Wie war sie Ihnen oder anderen in einem anderen Zusammenhang schon von Nutzen?

Je mehr du dich kennst, desto mehr wirst du dir selbst verzeihen.
Konfuzius

In der Kindheit lernen wir, dass manche Verhaltensweisen funktionieren und andere nicht. In Ihrer Familie hat es vielleicht geholfen, ein schlaues Kerlchen zu sein, in einer anderen Familie gewann man als Wildfang Anerkennung. Als Teenager hatten wir uns bereits ein fest etabliertes Repertoire an Verhaltensweisen zugelegt, das unsere Persönlichkeit formte. Das Erwachsenenleben hielt jedoch einige Überraschungen für uns bereit: Ebenjene Verhaltensweisen, die uns in der Kindheit Anerkennung brachten und uns vor Schmerz bewahrten, sind jetzt die Verhaltensweisen, die wir ablegen müssen, wenn wir unser authentisches Selbst finden wollen. Es gibt noch eine Überraschung: Man wird seine Verhaltensweisen nicht los, indem man sie für falsch erklärt. Wir können sie nur transzendieren, indem wir sie so sehen, wie sie sind – einfach als Verhaltensweisen –, und ihnen die Liebe geben, die sie brauchen. Wenn wir das tun, nehmen sie an Bedeutung ab und werden durch unseren Wesenskern ersetzt. Sobald dies geschieht, können wir unseren wahren Geburtstag feiern.

Achten Sie im Laufe des Tages auf Ihre unterschiedlichen Verhaltensweisen. Akzeptieren Sie sie und schenken Sie ihnen Ihre Liebe.

Einem willigen Geist ist alles möglich. Anonymus

«Bereitwilligkeitsfragen» können unsere gesamte Kommunikation revolutionieren. Eine Bereitwilligkeitsfrage ist eine Frage, die man stellt, um die Bereitschaft des anderen zu öffnen. So könnten Sie einen Freund fragen: «Möchtest du hören, wie ich mich gerade fühle?» oder: «Möchtest du gern ein Feedback zu deinem Artikel?» Viele Menschen begehen den Fehler, mit allen möglichen Dingen herauszuplatzen, ohne zuerst herauszufinden, ob es auf willige Ohren stößt. Dann reagieren sie verletzt oder wütend, wenn der andere nicht wie erwünscht reagiert. Eine Bereitwilligkeitsfrage hätte dieses Problem aus dem Weg geräumt. Hier einige Beispiele: *Möchtest du gern einen Rat von mir? Möchtest du meine Meinung dazu hören? Bist du an den Informationen interessiert, die ich dazu habe?* Seien Sie immer darauf gefasst, dass Ihr Partner Nein sagt. Das ist sein gutes Recht. Es ist aber auch möglich, dass er Ja sagt, und das bereitet den Weg für ein Gespräch. Man kann natürlich immer noch nicht vorhersehen, wie der andere reagieren wird, aber zumindest haben wir damit sichergestellt, dass er uns anhören will.

Bevor Sie heute Ihre Gefühle, Einsichten oder Ratschläge mit anderen teilen, fragen Sie nach, ob das auch erwünscht ist. Stellen Sie «Bereitwilligkeitsfragen».

Folge deinem Verlangen dein Leben lang. Ptah-Hotep

Das Zehn-Sekunden-Wunder ist für jeden wichtig, zu Hause oder bei der Arbeit, allein oder im Kreis geliebter Menschen. Wenn Sie nicht wissen, welche Schritte des bewussten Lebens Sie in den Zehn-Sekunden-Fenstern, die Ihr Schicksal bestimmen, machen sollen, dann wird Ihre unterbewusste Programmierung diese Augenblicke mit alten Verhaltensmustern auffüllen. Diese Muster wiederholen sich im Laufe der Beziehung und eskalieren schließlich. Eine Schablone, die bei der ersten Begegnung zweier Menschen geformt wurde, kann Jahrzehnte später große Belastungen hervorrufen. Wie die Jahreszeiten in der Natur haben auch Sie Ihren eigenen Zyklus. Das Wunder besteht nun darin, sich selbst neu zu programmieren, um Instinkte wie beispielsweise die Ehrlichkeit in Ihrem Leben und Ihren Beziehungen erblühen zu lassen. Das Zehn-Sekunden-Wunder ist weder selbstsüchtig noch eigennützig; seine Blätter und Zweige sind Sauerstoff für die Beziehung und für das Selbst und erlauben Ihnen, endlich tief durchzuatmen.

Suchen Sie in einer wichtigen Beziehung Ihres Lebens jene Gefühle, die Ihnen gewissermaßen als Stichwortgeber dienen für sich wiederholende, belastende Muster:

Schlüsselbeziehung: ________.

Muster: ________.

Hervorgerufene Gefühle (Stichwortgeber): ________.

Das ist wahres Wissen: unter Schmerzen und mit Freude in all den kleinen Momenten unseres Lebens etwas für uns selbst herauszufinden, bis es unser ist, denn nur das ist unser, was tief in der Struktur unseres Lebens wurzelt.

Thomas Wolfe

Wenn Sie ein Kind geboren haben oder bei seiner Geburt zugegen waren, dann wissen Sie vielleicht, dass es ein Aufzucken gibt, wenn das Kind sich auf seine Reise macht. Niemand weiß genau, was den Geburtsprozess einläutet: Wissenschaftler glauben, dass Hormone oder andere Chemikalien Signale an Mutter und Kind schicken oder dass die Gebärmuttermuskeln eine Art Auslösepunkt erreichen. Und wenn es ein Wunder wäre? Was wäre, wenn wir nicht der Wissenschaft glauben, sondern dem menschlichen Hunger nach Geburt und Wiedergeburt, der Synergie von Mutter und Kind, bei dem das zirkulierende Blut zwischen den beiden die Botschaft übermittelt: Jetzt! Es ist Zeit für Veränderung, für neues Wissen, für das Leben! Das Kind weiß instinktiv, wann die Zeit gekommen ist, mehr zu werden, als es ist, wann es Zeit ist, zu atmen, zu wissen und ganz und gar zu leben.

Stellen Sie sich vor, Sie würden geboren. Die Erinnerung daran ist in Ihnen eingegraben. Suchen Sie sich einen ruhigen, dunklen Ort und legen Sie sich mit geschlossenen Augen zusammengerollt hin. Atmen Sie langsam und tief, erinnern Sie sich an die beruhigenden Klangwellen Ihrer Mutter, an ihren Herzschlag. Wiederholen Sie die folgende Affirmation: Ich bin bereit, mich selbst zu tragen, ich bin bereit, geboren zu werden.

Das Leben will gefühlt, nicht verstanden werden.

Thomas Hardy

In meinen ersten Jahren als Therapeut habe ich etwas gelernt, das mich wirklich überraschte: Das Leben der Menschen ändert sich nicht durch Erkenntnisse, es verändert sich durch Erfahrung. So habe ich zum Beispiel niemals erlebt, dass die Erkenntnis «Meine Eltern haben mich nicht geliebt» oder «Ich wurde als Kind missbraucht» das Leben eines Menschen umgekrempelt hätte. Wir ändern uns erst, wenn wir innehalten und die Trauer über einen Verlust oder unsere Wut angesichts einer unfairen Situation wirklich erfahren. Der Augenblick der Kontaktaufnahme zu dieser Erfahrung führt uns in eine neue und positive Richtung. Heute halte ich Einsichten für etwas, das die Bühne für das Erleben bereitet. Manche Menschen klammern sich an ihre Einsichten und müssen sanft ermutigt werden, sie loszulassen und sich der unmittelbaren Erfahrung zu öffnen, beispielsweise den Schmerz ihres Liebeskummers zu erleben oder den kalten Griff der Angst.

Fragen Sie sich: Was will ich nicht erleben? Gibt es etwas, vor dem ich davonlaufe? Vielleicht ist es ein Gefühl wie Trauer oder Angst. Oder ein unerledigtes Projekt, ein nicht ausgelebtes Potential. Was immer es ist, halten Sie einen Augenblick inne und durchleben Sie es: Begrüßen Sie es, atmen Sie es ein und öffnen Sie sich ihm.

Möge er, der die Welt ändern will, zuerst sich selbst ändern.
Sokrates

Wahrscheinlich erinnern Sie sich unbewusst an Augenblicke, als etwas gesagt oder getan wurde, das den Fluss der Intimität zwischen Ihnen und einem Ihnen wichtigen Menschen zerstörte – vielleicht ein Augenblick der Freude, in dem Ihr Partner Sie belehrte, Sie seien allzu hoffnungsvoll, oder der Moment, als sich Ihr Partner von Ihrer Trauer abwendete. Es hilft, wenn wir wissen, dass unsere emotionale Reaktion darauf mit unseren frühesten Erfahrungen in Verbindung steht, aber erst wenn wir die Zehn-Sekunden-Fenster kennen, die unsere Reaktion umgeben, werden wir bewusste Momente erleben und die Wunder wirkenden Schritte tun, die diese Muster in unseren Beziehungen verändern. Bewusste Augenblicke sind ein Durchbruch, bei dem Sie etwas sagen oder tun, das einen neuen Horizont in der Beziehung öffnet. Sie treten in einen neuen Bereich des Möglichen, den Sie noch nie zuvor gesehen haben. Und das Gute dabei: Sie sind immer nur zehn Sekunden von einem bewussten Augenblick entfernt.

Denken Sie an ein Muster, das sich in der Beziehung zu einem Mitglied Ihrer Herkunftsfamilie wiederholt. Bestimmen Sie das Zehn-Sekunden-Fenster, das der Zerstörung des Intimitätsflusses vorausgeht. Nehmen Sie sich vor, einen Wunder wirkenden Schritt zu tun, wenn Sie diesen Hinweis das nächste Mal erhalten. Folgen Sie nicht Ihrem üblichen Konfliktverhalten, sondern ehren Sie einfach Ihre Gefühle: Das Muster: _______. Das Fenster: _______. Das alte Verhalten: _______. Das neue Verhalten: _______.

Meine Weltanschauung ist einfach: Fülle das, was leer ist; leere das, was voll ist. Und kratze dich da, wo es juckt.
Alice Roosevelt Longworth

Das Zehn-Sekunden-Wunder, die bewusste Liebe, das bewusste Leben – ein Bekannter von mir hörte mich darüber reden und meinte: «Leichter gesagt als getan!» Sein Kommentar war ein Geschenk, denn er wies paradoxerweise genau auf das hin, was mir bei dieser Weltanschauung so wichtig ist: Sie ist einfach und sagen und tun ist bei ihr dasselbe. Diese Weltanschauung wurzelt in den natürlichsten Verhaltensweisen und Gedanken; es geht darum, wer wir sein könnten, wenn uns nicht Erfahrung, Unterdrückung und die erlernte Fähigkeit, uns vor uns selbst und anderen zu verbergen, in die Quere gekommen wären. In diesem Leben der Wunder wollen wir den Kern dessen erreichen, was wichtig ist, das Herz unserer Gefühle und unseres ursprünglichen Wesens.

Verbringen Sie heute einige Augenblicke damit, die Konzepte, die Sie bislang auf Ihrer Reise gelernt haben, zu vereinfachen. Vervollständigen Sie die nachfolgenden Aussagen und überlegen Sie, wohin diese Aussagen Sie führen werden.

In dieser Phase meiner Reise lerne ich: ________.

Am meisten möchte ich an folgender Lektion arbeiten: ________.

Holen Sie dreimal tief Luft und rufen Sie mich morgen früh an.

Graffito an einer Wand
während der Konferenz für ganzheitliche Medizin

Erinnern Sie sich an den alten Rat, ein paar Mal tief Luft zu holen, bevor man etwas macht, wovor man Angst hat? Es zeigt sich, dass dieser Ratschlag nicht nur dem gesunden Menschenverstand entspringt, sondern wissenschaftlich fundiert ist. Die Wissenschaft lässt uns heute wissen, dass nur zwei oder drei tiefe Atemzüge nötig sind, um die Angst-Chemie in unserem Blut in eine entspanntere Richtung zu lenken. Wenn Sie also demnächst eine Rede halten, die Führerscheinprüfung ablegen oder für die Metropolitan-Oper vorsingen müssen, dann denken Sie daran, dass Sie nur wenige Atemzüge von einer ruhigeren Physiologie entfernt sind. Bekannte ganzheitliche Ärzte wie Andrew Weil und Dean Ornish sprechen sich offen für Atemübungen aus, die man früher nur an esoterischen Orten fand, beispielsweise im Yogaunterricht und auf alternativen Beautyfarmen. Je komplexer und technologischer die Medizin wird, desto mehr wenden sich die Menschen den einfachsten Behandlungsmethoden zu, um ein Höchstmaß an Gesundheit mit einem Minimum an Technologie zu erreichen.

Atmen Sie jetzt dreimal tief durch. Genießen Sie diese Atemzüge. Achten Sie darauf, wie sich Ihr Körper danach anfühlt. Suchen Sie heute im Laufe des Tages regelmäßig Ihren inneren «Atemdoktor» auf. Atmen Sie hin und wieder voll durch, um Ihren Körper mit frischer Energie zu füllen.

Der Sinn von gut und böse, von besser und schlechter, ist der, uns zu helfen oder zu verletzen.

Ralph Waldo Emerson

Eine Falle in der unbewussten Liebe ist die Neigung, Menschen mit destruktiven Verhaltensweisen davonkommen zu lassen. Für jede destruktive Verhaltensweise, die uns begegnet, gibt es eine weinerliche Entschuldigung oder Ausrede: *Er weiß es nicht besser,* höre ich da oder *Sie hat mir nicht absichtlich wehgetan.* Wie kommt es dann, dass wir es sehr wohl besser wissen, und warum sind wir trotz all der vermeintlich guten Absichten immer noch verletzt? Letztendlich ist es doch so, dass wir unsere eigenen Fallen entwerfen und aufstellen. Mag ja sein, dass Sie mit einem hartherzigen, nichtsnutzigen Schurken zusammenleben – aber warum haben Sie sich ihn ausgesucht? Mag sein, dass Ihre Mutter Sie jedes Mal, wenn Sie mit ihr zusammen sind, zutiefst verletzt, aber warum lassen Sie diese Interaktionen überhaupt noch zu? Bewusst zu leben bedeutet genau das, was es heißt: sich der Interaktionen in unseren Beziehungen bewusst zu sein und die Verantwortung dafür zu übernehmen, die nutzlosen Schuldzuweisungen, die nichts verändern, loszulassen und die 100-prozentige Verantwortung, die alles verändert, zu übernehmen.

Wählen Sie heute eine Beziehung in Ihrem Leben aus, die Sie für gestört halten. Was genau ist für Sie daran so negativ?

Die Frage ist die: Ist der Mensch ein Affe oder ein Engel? Ich, meine Herrschaften, stehe auf Seiten der Engel.

Benjamin Disraeli

Ein Großteil unserer inneren Hektik rührt daher, dass wir die Gedanken und Gefühle kritisieren, die in jedem Augenblick durch unser Bewusstsein geistern. Es heißt, die Menschen würden über 50 000 Gedanken pro Tag denken, darum ist in unserem Kopf allerhand los. Wenn wir dann auch noch all diese Gedanken verurteilen und kritisieren, wundert es nicht, dass sich unser Kopf bisweilen wie Manhattan während der Rushhour anfühlt. Was würde geschehen, wenn wir unseren Verstand einfach in Ruhe ließen? Was würde geschehen, wenn wir uns einfach gestatten, das zu denken, was wir denken, ohne den Versuch, es zu korrigieren, zu unterdrücken oder zu kontrollieren? Wenn wir uns fühlen lassen, was wir fühlen wollen? Das Schlimmste, was geschehen könnte, wäre, dass wir einfach denken, was wir denken, und fühlen, was wir ohnehin fühlen. Möglicherweise stellen wir auch fest, dass unsere Gedanken uns nicht länger quälen, wenn wir sie in Ruhe lassen.

Halten Sie einen Augenblick inne und führen Sie eine besondere Meditation durch. Lassen Sie sich sechzig Sekunden lang einfach in Ruhe. Machen Sie einfach mal Pause vom Wollen, Tun, Wünschen, Urteilen. Legen Sie auch eine Pause ein. Lassen Sie sich einfach in Ruhe.

Du wirst, was du denkst. Upanischaden

Hier zwei Zitate über das Denken, die von Lehrern des bewussten Lebens aus der Antike stammen. Es ist bemerkenswert, dass beide im Grunde dasselbe sagen – was darauf hindeutet, dass die Menschen von jeher dieselben Überlegungen anstellten.

Marc Aurel:
Deine Einstellung wird dem entsprechen, was du am häufigsten denkst, denn die Seele trägt die Farbe und die Tönung ihrer eigenen Gedanken.
Dein Leben ist, was deine Gedanken daraus machen.

Buddha:
Wir sind das Ergebnis dessen, was wir gedacht haben.
Der Geist ist alles. Was wir denken, das werden wir.

Denken Sie heute bewusst darüber nach, wer Sie sein wollen. Erträumen Sie sich eine Version Ihrer selbst, die Ihnen zusagt. Verweilen Sie einige Augenblicke bei diesen Gedanken und kehren Sie im Laufe des Tages immer wieder zu ihnen zurück.

Eine Halbwahrheit ist eine ganze Lüge.

Jüdisches Sprichwort

Integrität stammt von dem griechischen Wort für «Ganzheit» und wird häufig als Moralvorstellung missverstanden. Dieses Missverständnis führt die Menschen dazu, sich zu schämen, wenn sie sich auf die Integrität konzentrieren, anstatt sie deutlich zu sehen. Integrität ist in Wirklichkeit eine Frage der Physik. Wenn eines unserer Autoräder aus der Spur läuft, hält man das resultierende Schaukeln für eine Frage der Physik, nicht der Moral. Genau das ist auch der beste Weg, um sich der Integrität zu nähern. Wenn wir integer handeln, kommen wir von einem Ort der Ganzheit, der Harmonie und der Verbundenheit. Wenn wir dagegen nicht mit Integrität agieren, wird die Beziehung zu uns selbst, zu unseren Kollegen und zu unserer Firma leiden. Schließlich wird das durch den Mangel an Integrität hervorgerufene Schaukeln zu Chaos, Zusammenbruch und Versagen führen. Wir müssen immer zuerst bei der Integrität nachhaken, wenn die Dinge nicht funktionieren.

Sprechen Sie den nachfolgenden Satz mehrmals laut aus und achten Sie darauf, wie sich Ihr Körper dabei anfühlt: «Ich nehme mir fest vor, in meinem Leben voller Integrität zu handeln.» Halten Sie im Laufe des Tages immer wieder inne und sagen Sie sich diesen Satz innerlich vor. Wenn Sie heute auf eine entsprechende Situation stoßen, fragen Sie sich, wie ein integrer Mensch mit dieser Situation umgehen würde.

Mitten im Winter lernte ich endlich, dass es in mir einen unbesiegbaren Sommer gab. Albert Camus

Unsere Gefühle sind die Anlaufstelle auf unserer Suche nach der Integrität. Ein Mensch, der seine Gefühle nicht begreift, ist dazu verurteilt, ohne Integrität zu handeln. Wer jedoch seine Gefühle versteht, ist mit einer entscheidenden Fertigkeit ausgerüstet. Diese anatomische Tatsache zeigt die Bedeutung der Emotionen: Das Gehirn hat die Größe einer Grapefruit; der Gefühlsabschnitt ist mit der Menge an Fruchtfleisch zu vergleichen, während das Denken der Rinde entspricht. Um aus unserer Fähigkeit zu denken das meiste herauszuholen, müssen wir in Harmonie mit unseren Gefühlen leben, andernfalls werden unsere Denkprozesse von dem Lärm verdrängter Gefühle übertönt. Der wichtige erste Schritt besteht also darin, unsere Gefühle anzuerkennen – sie sich bewusst zu machen, ohne sie zu beurteilen.

Versuchen Sie sich heute an den nachfolgenden Aussagen und stellen Sie fest, ob sie sich für Ihr Leben richtig anfühlen:

Ich erkenne meine Wut an, wenn ich sie fühle.

Ich erkenne meinen Schmerz an, wenn ich ihn fühle.

Ich erkenne meine Angst/Nervosität an, wenn ich sie fühle.

Ich erkenne meine Freude/Erregung (meine positiven Gefühle) an, wenn ich sie fühle.

Niemand, nicht einmal die Dichter, haben je ermessen, wie viel ein Herz ertragen kann. Zelda Fitzgerald

Man kann seine Gefühle auf unzählige Weise schmerzlich ausdrücken – von körperlicher Bedrohung über wütende Schuldzuweisung bis hin zu eiskalter Verleugnung –, aber es gibt nur wenige Möglichkeiten, sie *wirksam* zum Ausdruck zu bringen. Ein wirksamer emotionaler Ausdruck ist die Fähigkeit, unsere Gefühle auf klare und direkte Weise zu kommunizieren, so dass sie von anderen umfassend verstanden werden. Stellen Sie sich vor, Sie könnten all Ihre Gefühle so klar zum Ausdruck bringen, als sagten Sie jemand die Uhrzeit; es gibt keinen Grund, die Tageszeit zu dramatisieren, zu verstecken oder sich ihrer zu schämen. Sie sagen einfach: «Jetzt ist es Mittag.» Es ist durchaus möglich, bei den eigenen Gefühlen ebenso deutlich zu sein: «Es ist Mittag und ich habe Angst» oder: «Es ist drei Uhr und ich bin wütend.» Die meisten von uns sind weit davon entfernt, in ihrem emotionalen Ausdruck so geschickt zu sein, aber angesichts der Tatsache, wie wenig Übung wir darin haben, müssen wir uns deswegen nicht schlecht fühlen. Es erfordert eben etwas Übung.

Stellen Sie fest, ob sich die nachfolgenden Aussagen für Sie richtig anfühlen:

Ich kommuniziere meine Wut wirksam.
Ich kommuniziere meinen Schmerz wirksam.
Ich kommuniziere meine Ängste wirksam.
Ich kommuniziere angenehme Gefühle wirksam.

In unserem Körper gibt es mehr Hohlräume als flüssige oder feste Stoffe. Grundlagenphysik

Wir sind mit einem eigenen kraftvollen Instrument ausgestattet, um die Weitläufigkeit unserer inneren Sphären zu vermessen. Man nennt dieses Instrument ‹Bewusstsein› und es wird bei der Geburt gleich mitgeliefert. Wir müssen nur noch lernen, damit umzugehen. Eine der besten Möglichkeiten, unser Bewusstsein einzusetzen, besteht darin, auf die verschiedenen Wirklichkeitsebenen in uns zu achten – auf Gefühle, Gedanken, den Atem und die vielen Facetten unserer Persönlichkeit. Durch solide wissenschaftliche Forschung fand man heraus, dass Menschen, die mehr über die verschiedenen Aspekte ihrer selbst wissen, nicht nur glücklicher sind, sondern auch seltener den Arzt aufsuchen müssen und weniger Medikamente benötigen. Sobald wir beschließen, die immensen Regionen unserer inneren Sphären zu kartographieren, begeben wir uns auf eine lebenslange Entdeckungsreise.

Richten Sie Ihre Aufmerksamkeit mit der Absicht zu staunen (nicht zu kritisieren oder zu reparieren) auf jede Empfindung, die unbestritten in Ihrem Körper existiert. Sobald diese erste Empfindung sich verändert, konzentrieren Sie Ihre Aufmerksamkeit auf eine weitere Empfindung, dann auf die nächste. Schon bald werden Sie in der Lage sein, das ganze weite Ausmaß hinter, neben und zwischen all Ihren festen und flüssigen Teilen zu spüren.

Der scheint mir kein freier Mann zu sein, der nicht manchmal nichts tut.
Cicero

In einigen Bereichen des Lebens finden wir Freiheit, wenn wir feste Positionen einnehmen und sie standhaft verteidigen. Dieser Ansatz wurde im Mittelalter verfolgt, als Burgen und Festungen groß in Mode waren. Doch in engen Beziehungen scheint diese Strategie nie besonders gut zu funktionieren. Mauern und Burggräben mögen einfallende Barbarenhorden aufhalten, aber wie Sally Kempton schon sagte: «Es ist schwer, einen Feind zu bekämpfen, der einen Außenposten in unserem eigenen Kopf errichtet hat.» Im wirklichen Leben rührt Freiheit meistens daher, dass wir unsere Positionen loslassen und sie nicht länger verteidigen. Das trifft zweifelsohne auch auf unser Intimleben zu. In dem Augenblick, in dem wir erkennen, dass es nichts zu verteidigen gibt, gibt es plötzlich auch nichts mehr, wogegen wir uns verteidigen müssten.

Nehmen Sie sich heute Ihre Verteidigungsmuster vor. Achten Sie im Laufe des Tages darauf, wie Ihre Positionen aussehen und wie Sie sie verteidigen. Machen Sie sich klar, dass die meisten errichtet wurden, um sich gegen etwas zu verteidigen, was es in Ihrem Leben schon lange nicht mehr gibt.

Man sieht viel, wenn man einfach nur zuschaut.

Yogi Berra

Wir alle sind an dem komplizierten Spiel menschlicher Kommunikation beteiligt. Viele von uns übersehen jedoch seine verborgenen Schätze und leiden infolgedessen. Wir verpassen ein Zwinkern, das uns hätte helfen können, eine wichtige Emotion in einem geliebten Menschen zu verstehen, oder die nervöse Geste, die uns hätte sagen können, warum unser Verkaufsgespräch so schlecht lief. Die begnadeten Heiler aus Gegenwart und Vergangenheit – Menschen wie Sir William Osler, Virginia Satir und Milton Erickson – haben erklärt, dass ihre Fähigkeit vor allem auf der genauen Beobachtung subtiler Körpersignale beruht. Osler sagte einmal, wer empfindsam auf die Körpersprache seiner Patienten reagiere, würde nicht nur die Krankheit erkennen, sondern auch genau sagen können, wie man sie behandeln müsse.

Achten Sie heute bei Ihren Gesprächen auf die Verlagerung von Energiemustern, wie sie in der Körpersprache deutlich wird. Sie könnten beispielsweise eine Mitarbeiterin fragen, ob sie einen bestimmten Termin einhalten kann. Achten Sie darauf, ob ihre Augenbewegungen schneller werden. Ungeachtet ihrer verbalen Antwort wird die Körperkommunikation Ihnen alles sagen, was Sie wissen müssen. Fragen Sie ruhig: «Mir fällt auf, dass Ihre Lider zucken – was haben Sie gefühlt, als ich mich nach dem Termin erkundigt habe?» Normalerweise sind die Menschen dankbar, wenn man so einfühlsam auf sie reagiert.

Ich bin nicht gerade verrückt nach der Wirklichkeit, aber es ist immer noch der einzige Ort, an dem man eine anständige Mahlzeit bekommt. Groucho Marx

Ein einflussreicher Manager meinte mir gegenüber einmal: «Haferflocken sind großartig, aber Feedback ist das wahre Frühstück für Champions.» Er fuhr fort, dass jeder Erfolgsmensch, den er kannte, besonders gut darin war, Rückmeldungen einzuholen. Überprüfen Sie diese Wahrheit in Ihrem eigenen Leben. Wachsen Ihr Erfolg und Ihr Glück nicht Hand in Hand mit Ihrer Fähigkeit, Feedback anzunehmen? Eines der Kennzeichen eines bewussten Lebens ist die Fähigkeit, Feedback zu geben und vor allem anzunehmen. Und doch wird in der traditionellen Ausbildung nur wenig Wert auf diese entscheidende Fertigkeit gelegt. Machen Sie Ihr Leben zu einem Experiment im Geben und Annehmen von bedeutsamen Rückmeldungen.

Fangen Sie damit an, dass Sie sich selbst etwas versprechen: «Ich nehme mir fest vor, Rückmeldungen mit Dankbarkeit und Begeisterung entgegenzunehmen.» Je mehr Ihre Fähigkeit, Feedback anzunehmen, wächst, desto mehr können Sie dieses Versprechen ausbauen: «Ich nehme mir fest vor, mich jeden Tag auf die Suche nach bedeutungsvollen Rückmeldungen zu machen.»

Eine einzige großartige Idee kann Ihr ganzes Leben revolutionieren. Earl Nightingale

Um uns auf dem Weg des bewussten Lebens zu entwickeln, müssen wir unbedingt die Fähigkeit erwerben, alles unerschütterlich ins Auge zu fassen, was uns von unserer Integrität wegführt. Diese Fertigkeit wird umso wichtiger, je schneller wir im Leben vorankommen. Es steht jedem Reisenden auf diesem Weg gut an, häufig nach Fehlausrichtungen Ausschau zu halten. Am schnellsten verliert man die eigene Wahrheit aus den Augen, wenn man sie beugt, verdreht oder verstümmelt. Achten Sie auch sorgfältig auf Ihre Lügen aus Höflichkeit: Wenn Sie wütend sind und das nicht sagen, dann bauen Sie ein Kraftfeld der Unehrlichkeit um sich herum auf. Wenn Sie jemand zusagen, ihn später anzurufen, und das nicht tun, vergrößert sich dieses Kraftfeld. Bald eilt es Ihnen voraus, wohin immer Sie gehen, und zieht sich noch hin, wenn Sie schon lange gegangen sind.

Erneuern Sie heute Ihr Versprechen, aufrichtig zu sein. Tun Sie Ihr Bestes, um selbst das geringste Beugen der Wahrheit zu vermeiden.

Eine Tatsache verschwindet nicht einfach dadurch, dass man sie ignoriert. Aldous Huxley

Jeder Satz, der aus unserem Mund kommt, entspringt einem von zwei Zusammenhängen: der Entdeckung oder der Verteidigung. Mit anderen Worten, wenn wir etwas sagen, schweben die Klangwellen unserer Worte auf einem unsichtbaren Floß des Zusammenhangs durch die Luft zum Ohr unseres Gegenübers. Stellen Sie sich ein ungutes Gefühl in Ihrer Magengrube vor, während Sie eine emotional erhitzte Unterhaltung mit Ihrem Partner führen. Da bemerken Sie, wie der Blick Ihres Gegenübers unstet wird. Anstatt zu sagen: «Du hörst mir überhaupt nicht zu», was aus dem Zusammenhang der Verteidigung kommt, sollten Sie aus dem Kontext der Entdeckung sprechen. Sagen Sie in etwa: «Mir fällt auf, dass dein Blick auf Wanderschaft geht» und: «Ich spüre ungute Gefühle im Bauch. Bei näherer Betrachtung glaube ich, dass ich Angst habe. Ich frage mich, wie wir uns hier verständigen können.» Diese Art der Kommunikation mag Ihnen zuerst merkwürdig vorkommen, aber nach einer Weile werden Sie darin geschickter, dann klingt es ehrlicher und weniger künstlich.

Spüren Sie heute im Laufe des Tages dem Kontext Ihrer verbalen Kommunikation nach. Achten Sie auf die Worte der anderen Ihnen gegenüber und untereinander. Beobachten Sie einfach den Zusammenhang und notieren Sie innerlich, ob es sich um Entdeckung oder Verteidigung handelt. Wie andere vor Ihnen werden Sie überrascht sein, wie oft aus dem Kontext der Verteidigung heraus kommuniziert wird.

Es gibt keine Grenze dafür, wie umfassend wir uns selbst annehmen müssen.

Eine Möglichkeit, die Macht der Akzeptanz zu spüren, ist ein alter Trick, der in Trainingsprogrammen für Therapeuten gelehrt wird, damit diese wissen, wie sie ihren Klienten Selbstakzeptanz vermitteln können. Achten Sie darauf, wie es sich anfühlt, wenn Sie den heutigen Tag akzeptieren. Nehmen wir an, heute sei Freitag. Spüren Sie in sich, wie Sie das akzeptieren. Denken Sie: «Heute ist Freitag und ich akzeptiere das.» Wiederholen Sie diesen Satz einige Male. Und jetzt stellen Sie sich vor, wie es sich anfühlen könnte, sich dagegen zu wehren, dass es Freitag ist. Ihr Körper fühlt sich innerlich völlig anders an, obwohl sich an der Tatsache, dass es Freitag ist, nichts geändert hat. Sie können diesen Trick natürlich auch bei schwierigen Konzepten anwenden, aber im Moment bitte ich Sie nur, sich darauf zu konzentrieren, wie es sich anfühlt, das zu akzeptieren, was unzweifelhaft der Wahrheit entspricht.

Verwenden Sie jetzt dieselbe Technik, um etwas zu akzeptieren, das zwar real ist, aber von Ihnen nicht akzeptiert werden konnte. Für den einen ist es etwas aus der Vergangenheit, für den anderen ein unerträglicher Verlust. Konzentrieren Sie sich auf Ihre größten Probleme. Sagen Sie beispielsweise: «Es ist Montag und ich hasse meinen Job» oder: «Es ist Samstag und ich bekomme mein Alkoholproblem einfach nicht in den Griff.» Erst wenn Sie diese Realität so akzeptieren können, wie sie ist, sind Sie in der Lage, sich zu ändern.

August

Unsere Bemühungen auf der inneren Ebene sind nutzlos, wenn sie nicht zu verbesserten Verhaltensweisen oder gar sozialem Engagement auf der äußeren Ebene führen.

Häufig sind die Leute entsetzt, wenn sie den wahren Grund für ihre Sorgen erfahren: Sie halten sie davon ab, wirksam aktiv zu werden. Viele von uns sind der Ansicht, wenn sie sich nur genug Sorgen machen, wird schon etwas Gutes daraus entstehen. Für gewöhnlich sorgt man sich aber nur bis zur eigenen Erschöpfung, woraufhin man lange genug die Kontrolle loslässt, damit ein positives Ergebnis eintreten kann. Den Teil mit den Sorgen kann man sich jedoch sparen und sofort zum Loslassen übergehen. Sorgen haben nicht wirklich eine Funktion, sie sind nur Lärm, geschaffen von Ihrem Verstand, weil er sich keine bessere Strategie ausdenken konnte. Wenn Sie sich das nächste Mal sorgen, dann versuchen Sie es mit einer völlig neuen Strategie, den «Neugierfragen». Eine Neugierfrage beginnt mit den Worten *Ich bin wirklich neugierig* und hängt eine Frage an, auf die Sie ehrlich keine Antwort wissen. Vielleicht fragen Sie sich, ob Sie jemals all Ihre Rechnungen bezahlen können. Beenden Sie den Sorgenstrom und stellen Sie die Neugierfrage: «Ich bin wirklich neugierig, wie es mir möglich sein könnte, immer genug Geld zu haben, um all die Dinge zu tun, die ich tun will.»

Ersticken Sie heute im Lauf des Tages Ihr «Sorgendenken» im Keim und wandeln Sie es um in Neugierfragen. Zählen Sie, wie viele dieser Fragen Sie sich bis zum Endes des Tages stellen können. Beachten Sie, wie viel leichter Sie sich am Abend fühlen werden.

Warum schnell laufen, wenn man sich ohnehin auf der falschen Straße befindet? Anonymus

Der Spaß hat einen schlechten Ruf, denn viele Leute denken, er sei etwas Triviales, gehöre in Videotheken und auf Kegelbahnen. Spaß wird als eigenständiger Weg zur Erleuchtung eindeutig vernachlässigt. Viele Menschen halten Ernsthaftigkeit und Leiden für Merkmale psychologischen und spirituellen Wachstums. Ich glaube jedoch, dass es sich genau andersherum verhält. Kein Weg des bewussten Lebens ist von Wert, außer man hat dabei qualitativ hochwertigen Spaß. Ich hatte das Vergnügen, vielen Lehrern des bewussten Lebens zu begegnen, berühmten und weniger berühmten, und fast alle waren spaßig. Einige waren in der Tat so komisch, dass die Menschen nicht mit ihrem Humor umgehen konnten und entsetzt die Flucht ergriffen.

Schlagen Sie «Spaß» in einigen guten Wörterbüchern nach. Stellen Sie fest, welche Definitionen Ihnen am besten gefallen. Bestimmen Sie für sich selbst, was Spaß ist, und finden Sie heraus, ob Sie den Spaß heute zu einem Teil Ihrer Reise machen können.

Das Staunen, nicht das Zweifeln ist die Wurzel unseres Wissens.
Abraham Heschel

Wenn ein Problem auftaucht, führen Sie so schnell wie möglich die folgenden drei Schritte durch. Jeder bewirkt sofortige Ergebnisse; alle drei zusammen beschleunigen das Auftauchen eines Wunders. Erstens, nehmen Sie die Angelegenheit in Besitz. Erklären Sie in einem Streit oder einer schwierigen Lage: «Ich übernehme die volle Verantwortung für das Entstehen dieser Situation.» Das versetzt Sie in die Position der Macht. Zweitens, nehmen Sie die (unbewusst) arbeitende Absicht in Besitz. Sagen Sie: «Ich habe wohl gerade das Bedürfnis, mich mit dir zu streiten.» Drittens, nehmen Sie die Lösung in Besitz: «Ich übernehme die Verantwortung für ein günstiges Ergebnis.» Lassen Sie sich unter keinen Umständen Ihre eigene Vorgehensweise von den Reaktionen Ihres Partners diktieren. Der wichtigste Bestandteil, um Konflikte zu meistern? Staunen, nicht urteilen. Wenn Sie über Ihre eigene Verantwortung staunen, erlaubt Ihnen das, sich in der Beziehung vorwärts zu bewegen.

Denken Sie über einen der Wendepunkte in Ihrem Leben nach, sowohl im Positiven wie im Negativen. Gibt es Erfahrungen, die Sie immer noch nicht in Besitz genommen haben? Wenn ja, worauf warten Sie noch? Bevor Sie ein bedeutsames Gespräch beginnen, halten Sie einige Sekunden inne, um ein Gefühl echter Wertschätzung für den anderen Menschen zu entwickeln. Sagen Sie dann darüber die Wahrheit, wenn Sie die anstehende Angelegenheit diskutieren.

Wenn wir mehr Wissen anhäufen, werden die Dinge nicht verständlicher, sondern geheimnisvoller.

Albert Schweitzer

In Konflikten versucht man häufig, den anderen mit drei unterschiedlichen Ansätzen zu überreden oder zu überzeugen. Bei der *westlichen Logik* verwendet man Fakten, Statistiken und Beweise, um seinen Standpunkt zu vertreten. Bei der *theologischen Logik* versucht man, den anderen mit Hilfe von Moraldiskussionen über richtig und falsch zu überreden. Und in der *östlichen Logik* neigt man dazu, sich dem Problem aus der Sicht des Schicksals anzunähern. Versuchen Sie bei Ihren Konflikten herauszufinden, welche Form der Logik angewendet wird – und dann achten Sie darauf, ob diese Logik auch auf die Gefühle Anwendung findet. Manchmal geraten wir in einen «Rechtsstreit der Liebe» (wie ich es nenne) und versuchen, den anderen von der Berechtigung und Vernünftigkeit unserer Gefühle zu überzeugen, als ob Gefühle Begründungen und Beweise nötig hätten. In Wahrheit sind Gefühle Tatsachen, Realitäten, die für sich stehen und weder Beweise noch eine Debatte erfordern. In einer bewussten Beziehung muss man den Punkt erreichen, wo man nicht länger das Bedürfnis hat, seine Gefühle zu verteidigen, und vom anderen keine Beweise für seine Gefühle fordert.

Merken Sie sich die folgende Affirmation für Ihren nächsten Konflikt: «Meine Gefühle sind Tatsachen.» Erinnern Sie sich bei Ihrem nächsten Streit daran und gestatten Sie sich keine Beweisführung. Beschreiben Sie einfach Ihre Gefühle und belassen Sie es dabei.

Ein jegliches hat seine Zeit: Weinen hat seine Zeit, lachen hat seine Zeit, leben hat seine Zeit, sterben hat seine Zeit.
Prediger

Wir alle erleiden Verluste und bei den meisten von uns werden die Verluste mit zunehmendem Alter häufiger. Während wir zusehen, wie die letzten Barrieren zwischen uns und unserer eigenen Sterblichkeit fallen, erleben wir eine Vielzahl von Gefühlen, nicht zuletzt Schrecken. Gibt es eine Möglichkeit, sich der Sterblichkeit dessen, was wir in uns lieben, so zu stellen, dass sie dem Schrecken eine Stimme verleiht und gleichzeitig das letztendliche Nachlassen aller Gefühle akzeptiert? *Ja, die gibt es.* Die Antwort ist erstaunlich einfach: Wenn wir uns für ein bewusstes Leben engagieren, geht es bei unserer Trauer und unseren Verlusten immer weniger um Schmerz und immer mehr darum, wie sehr wir uns gegen die Wirklichkeit sträuben. Leben und Tod bewusst zu erfahren heißt zu akzeptieren, dass es im Universum Flut *und* Ebbe gibt. In den nächsten fünf Tagen sprechen wir über Verluste und die Phasen, die wir dabei durchmachen. Erlauben Sie sich, Ihre eigenen Verluste neu zu erfahren und den Ort in sich zu lieben, der für die großen und kleinen Verluste geschaffen wurde, die wir alle durchleben müssen.

Denken Sie kurz über die größten Verluste in Ihrem Leben nach, vielleicht den Tod eines nahe stehenden Menschen oder das Ende einer Beziehung. Erfahren Sie erneut die Gefühle, die Sie verspürten, als der Verlust noch frisch war; diese Gefühle sind bei einem Verlust notwendig und auch notwendig für die Liebe.

Mach mein Herz weise. Das ist das beste Geschenk der Götter.

Euripides

Als ich noch jünger war, betete ich: *Bitte gib mir* ____ (was immer ich wollte). Ob es sich um eine Arbeitsstelle, eine Freundin oder einen Geldsegen handelte, war höchst unwichtig; ich bat das Universum, meinen Wünschen entgegenzukommen. Je älter und erfahrener ich wurde, desto mehr veränderten sich meine Gebete und Affirmationen. Ob Sie glauben, dass eine Gottheit, das Schicksal oder eine andere Kraft – vielleicht eine Kombination aus eigenem Willen und der Zufälligkeit des Schicksals – Ihr Leben bestimmt, ich möchte Sie heute ermutigen, den Inhalt Ihrer Bitten an das Universum zu überdenken. Ein bewusstes Leben ist ein Leben im Zustand der Gnade, bei dem wir erkennen und akzeptieren, dass wir gewaltigen Einfluss, aber auch die Verantwortung für das haben, was in unserem Leben geschieht. Wir akzeptieren, dass es Zeiten gibt, in denen unsere Wünsche nicht erfüllt werden, und dass das Universum einen Grund hat, warum es uns enttäuscht. Wir kennen den großen Plan nicht und vielleicht gibt es gar keinen großen Plan; wir können unser Leben nur bewusst und verantwortlich leben und uns der Gnade unterwerfen, die Wirklichkeit so zu akzeptieren, wie sie ist, nicht, wie wir sie haben wollen.

Wenn Sie im Streit mit der Wirklichkeit liegen und sich Dinge anders wünschen, als sie sind, dann wiederholen Sie diese Affirmation: «Mein größter Wunsch ist es, im Zustand der Harmonie und Gnade zu leben und würdevoll und liebevoll zu akzeptieren, was ich nicht ändern kann.»

Weisheit kommt allein durch Leiden. Äschylos

Eine 80-jährige Bekannte unterzog sich kürzlich einem Facelifting, weil sie glaubte, eine jugendlichere Erscheinung würde ihr das Glück von früher zurückbringen. Zur gleichen Zeit unterzog sich ihre Großnichte, eine Frau in den Zwanzigern, einer Fettabsaugung, um die Zellulitis von Hüften und Schenkeln loszuwerden. Die Hoffnung der jüngeren Frau ähnelte der ihrer viel älteren Tante: Sie war überzeugt, sie würde die große Liebe finden, sobald ihr Körper einem imaginären Ideal entsprach. Ein Jahr nach den Operationen sprach ich mit den beiden Frauen. Die alte Frau zeigte uns die winzigen Narben, die von ihren Haaren verborgen wurden, und bemerkte mit einem merkwürdigen Dauerlächeln voller Bitterkeit: «Ich war vor der Operation nicht glücklich. Und jetzt sehe ich nur so aus, als ob ich glücklich wäre.» Die Nichte zeigte uns ihre neue Figur und meinte, sie habe ihren Traummann immer noch nicht gefunden. «Ich glaube, die Männer sehen mich jetzt öfter an, aber bis jetzt hat sich nichts verändert.» Sie können sich straffen und überschüssiges Fett entfernen lassen, aber zuerst sollten Sie die Trauer in sich auflösen und allmählich die Mauern abbauen, die Sie für andere so unerreichbar machen.

Konzentrieren Sie sich auf den Teil Ihres Körpers, den Sie sich mehr als alles andere verändert wünschen. Schließen Sie die Augen und schenken Sie diesem Teil von sich Ihre Liebe. Lieben Sie Ihre runden Hüften, Ihre weiche Haut, den Teil von sich, der am dringlichsten Ihre liebevolle Akzeptanz braucht.

Das Auge ist das Juwel des Körpers.

Henry David Thoreau

Elisabeth Kübler-Ross führte die Welt als Erste in die typischen fünf Phasen der Trauer bei einem Verlust ein. Die erste Phase, Verdrängung, erfolgt bei der Begegnung mit dem Verlust. Sei es der Tod eines geliebten Menschen oder ein anderes schweres Trauma im Leben, die meisten von uns treten zuerst in die Phase der Verdrängung: *Das kann gar nicht sein! Das glaube ich nicht! Das akzeptiere ich nicht!* Die erste Reaktion auf Verlust oder potentiellen Verlust kann den gesamten nachfolgenden Trauervorgang beeinträchtigen. Ein starker Glaube – ob an Gott, das Schicksal oder feste Lebensregeln – hilft, den Prozess der Verdrängung möglichst kurz zu halten. Ich freue mich nicht über Verluste, aber ich akzeptiere sie; mir ist klar, dass Verluste Teil des großen Plans des Universums sind, und je mehr Liebe und Verbundenheit ich erfahre, desto mehr Verluste werde ich erleben, durch Tod oder Distanz. Bewusst die Erfahrung des Verlustes zu durchleben bedeutet, an einem Ort der Akzeptanz anzufangen und sich selbst auf unvermeidliche Verluste vorzubereiten. Wir alle leben und wir alle sterben. Es ist eine Tatsache des Universums und die Verdrängung des Unvermeidlichen ist Teil dessen, was die Erfahrung eines Verlustes so entsetzlich schmerzhaft macht.

Denken Sie an den größten Verlust Ihres Lebens und wie Sie anfangs darauf reagierten. Wie hat sich die Verdrängung bemerkbar gemacht? Überlegen Sie heute, wie Sie Verdrängung erfahren. Körperliche Verdrängung: ________. Geistige Verdrängung: ________. Emotionale Verdrängung: ________.

Wut, die man füttert, stirbt; Wut, die man aushungert, wird fett.
Emily Dickinson

Die zweite typische Phase des Trauerns ist die Wut. Meistens ist das unsere erste Form der Verteidigung, wenn wir aus der Phase der Verdrängung heraustreten. Viele Menschen werden wütend, weil sie um den emotionalen Schmerz wissen, der ihnen bevorsteht. Mit dem Verlust kommt die Erinnerung, wie wenig Kontrolle wir über das Universum haben, und viele Menschen können mit Kontrollverlust nicht gut umgehen. Wenn wir jedoch das Drehbuch aus dem Ursprung unserer Trauer heraus neu schreiben, wenn wir Verdrängung zu Akzeptanz wandeln, dann wird unsere Wut wahrscheinlich nicht ganz so stark. Das soll nicht heißen, dass wir uns gar nicht wütend fühlen. Doch unsere Wut ist gut platziert; die typische Wut der Trauer ist dagegen eine Mauer, die man um die eigene Traurigkeit aufbaut, damit man sie nicht erfahren muss (das funktioniert natürlich nicht; es hält die Trauer nur so lange in Schach, wie wir die Wut aufrechterhalten). Wenn wir also mit der Akzeptanz beginnen, bewegen wir uns zu einem Ort der Trauer und umgehen die Wut, die unser Leben ins Chaos stürzen kann. Da wir letztendlich sowieso zur Trauer übergehen müssen, warum nicht gleich die unproduktive Wut umgehen?

Was haben Sie verloren, als Sie Ihren größten Verlust erlitten? Es kann helfen, sich die Wahrheit darüber zu sagen, um was genau Sie eigentlich trauern.

Ich habe mir gesagt, ich sei wütend über ________. In Wirklichkeit trauere ich, weil ich ________ verloren habe.

Der Mensch fährt dahin, wo er ewig bleibt, und die Klageleute gehen umher auf der Gasse. Prediger 12,5

Die dritte typische Phase der Trauer ist das Feilschen. Das klingt dann ungefähr so: Wenn alles wieder so wird wie früher, werde ich ______ (den Toten mehr zu schätzen wissen, das Rauchen aufgeben, nur noch die Wahrheit sagen und so weiter). Wenn Sie wütend waren, weil das Universum Sie daran erinnerte, wie wenig Kontrolle Sie besitzen, dann versuchen Sie durch Ihr Feilschen nur, wieder ein Gefühl der Kontrolle über das Universum zurückzuerlangen. Sie müssen jedoch Verdrängung zu Akzeptanz wandeln und somit Ihre Wut als das erleben, was sie ist: Trauer. Die Folge? Kein Bedürfnis, mit dem Universum zu handeln, da Sie die Wirklichkeit bereits akzeptiert haben. Ich empfehle, es mit dem östlichen Ansatz, der auf dem Schicksalsglauben basiert, zu versuchen. Das soll nicht heißen, dass wir keine Verantwortung mehr tragen, im Gegenteil. Aber sobald etwas stattgefunden hat, *ist* es. Wir können nicht länger darüber verhandeln und je mehr wir uns davon lösen, unsere Geschichte neu zu schreiben, desto mehr leben wir im Zustand der Synchronizität und Akzeptanz des Universums.

Denken Sie an Ihren größten Verlust. Erinnern Sie sich noch an den Pakt, den Sie schließen wollten? Als Ihnen klar wurde, dass Feilschen den Verlauf der Ereignisse nicht ändern würde, wie haben Sie sich da gefühlt?

Ich versuchte, den folgenden Handel zu machen: ____. Als mein Feilschen nicht funktionierte, fühlte ich mich: ______.

And you wonder where we're going,
where's the rhyme, where's the reason? John Denver

Wenn das Feilschen nicht funktioniert, und das tut es nie, dann setzen die Depressionen ein. Ich glaube, dass die meisten Menschen in Depressionen verfallen, wenn sie auf einmal sowohl einen Verlust als auch das Gefühl ihrer eigenen Hilflosigkeit erfahren. Wenn wir uns jedoch klarmachen, dass unsere Hilflosigkeit in dem vergeblichen Versuch gründet, das zu kontrollieren, was sich nicht kontrollieren lässt, gewinnen wir eine ungeheure Macht, mit der wir unsere Erfahrung der Trauer verändern können. Wenn wir loslassen, wenn wir unser Leben von *Akzeptanz* anstatt von *Widerstand* beherrschen lassen, sind wir Teil der Maschinerie des Universums, kein Schraubenschlüssel, den man ins Getriebe wirft. Letztendlich wird ein solcher Schraubenschlüssel nur ausgespuckt und beschädigt. Wir müssen uns selbst umgestalten, um nicht länger der Schraubenschlüssel zu sein. Wir müssen uns, auch in schwierigen Zeiten, als integralen Bestandteil des Rätsels sehen, das uns umgibt. Die Tatsache, dass wir bisweilen den Rhythmus oder den Grund des Rätsels nicht verstehen, bedeutet nicht, dass wir nicht ein Teil davon wären. Besser ein Teil des Universums sein ohne das Ganze sehen zu können, weil man mittendrin steckt, als außen vor zu stehen.

Wodurch haben Sie letztendlich Ihre tiefe Trauer überwunden? Wenn Sie heute zurückschauen, können Sie erkennen, wie Sie Ihre Trauer verlängert haben, indem Sie sich gegen sie zur Wehr setzten?

Ich werde das große Vielleicht suchen. François Rabelais

Heute komme ich zur fünften Phase der typischen Reaktion auf einen Verlust: zur *Akzeptanz*, zu dem, was ich intuitiv für die erste und wichtigste Arbeit im Umgang mit dem Verlust halte. Damit will ich nicht sagen, dass Trauer und das Gefühl des Verlusts und der Wut angesichts unseres Verlusts unnormal, falsch oder schlecht wären. Auch ich habe große Verluste erfahren und werde das auch weiterhin tun. Ich habe in diesen Zeiten des Verlusts nicht getanzt oder fröhliche Freudenschreie ausgestoßen; ich habe wahrscheinlich dasselbe getan wie Sie: mich gefragt, warum so viel Schmerz nötig ist, und versucht, der Trauer zu entfliehen. Allerdings habe ich gelernt, dass dieses Auflehnen gegen das Schicksal, dass die Forderung, alle Räder mögen stillstehen oder die Zeit sich zurückdrehen, und die Weigerung, die Wirklichkeit zu akzeptieren, meine Erfahrung des Verlusts nur verlängert und mich von ebenjenem Universum distanziert haben, das mich in seiner Gewaltigkeit und seiner Tiefe trösten kann.

Wenn Sie heute auf Ihren größten Verlust zurückschauen, dann fragen Sie sich, ob Sie die Geschehnisse akzeptiert haben. Wenn ja, wie ist es Ihnen gelungen, sie zu akzeptieren? Wenn nein, welche Maßnahme könnten Sie heute ergreifen, um auf Ihrer Reise einen Schritt nach vorn zu tun?

Leugnen Sie niemals nur um des lieben Friedens willen Ihre eigenen Erfahrungen und Überzeugungen.

Dag Hammarskjöld

Kennen Sie jemand, der gern große oder kleine Zusagen macht, sie dann nicht einhält und erklärt, es einfach vergessen zu haben? Oder haben gar Sie selbst diese Angewohnheit? Wenn Sie sich das nächste Mal sagen hören: «Hab ich vergessen», sollten die Alarmglocken losgehen. Wir sind alle vergesslich, aber wenn Sie ein Versprechen vergessen, ist das ein Signal für etwas Größeres als bloße Vergesslichkeit. Bewusst zu sein heißt sich zu erinnern. Das Erinnerungsvermögen ist eine komplexe Angelegenheit und Sie müssen sich vielleicht einiger Gedächtnisstützen bedienen, um die Zusagen einzuhalten, die Sie gegeben haben. Der Schlüssel liegt jedoch in der Hingabe, in der Motivation. Wenn Sie sich wirklich eine bewusste Beziehung wünschen, müssen Sie sich dafür einsetzen, dass Sie sich an all Ihre Zusagen erinnern und diese auch einhalten. Wenn Sie erklären: «Hab ich vergessen», dann meinen Sie damit in Wirklichkeit: «Es war mir nicht wichtig genug, um mich daran zu erinnern.» Aber Achtung: Das hört niemand gern.

Helfen Sie Ihrer Erinnerung mit den folgenden Methoden auf die Sprünge: Visualisieren Sie Ihr Versprechen; sehen Sie es als Bild, als Teil Ihres Partners. Wiederholen Sie die Zusage laut. Verknüpfen Sie die Zusage mit anderen Vorsätzen, die Sie bereits verfolgen. Bitten Sie Ihren Partner, Sie hin und wieder daran zu erinnern, ohne dabei jedoch die Verantwortung für die Einhaltung Ihrer Zusage Ihrem Partner aufzubürden.

Entweder ich schaffe meine eigene Ordnung oder ich werde der Sklave der Ordnung eines anderen. William Blake

Lesen Sie noch einmal die letzten Zeilen der vorigen Übung: *Bitten Sie Ihren Partner, Sie hin und wieder daran zu erinnern, ohne dabei jedoch die Verantwortung für die Einhaltung Ihrer Zusage Ihrem Partner aufzubürden.* Es kann vorkommen, dass Ihr Partner seine Zusagen nicht einhält und Sie dann anherrscht: «Du hast mich ja nicht daran erinnert!» Vielleicht haben Sie das selbst schon einmal gesagt. Wenn ja, dann sollten Sie prüfen, ob Sie und Ihr Partner sich wirklich 100-prozentig dafür verantwortlich fühlen, die Zusagen in Ihrer Beziehung einzuhalten. Es schadet nicht, den Partner hin und wieder um eine sanfte Erinnerung zu bitten, doch letztendlich tragen Sie allein die Verantwortung für das, was Sie tun – und für das, was Sie nicht tun. Ich finde es immer wieder erstaunlich, dass Menschen, die höchst verantwortliche Berufe ausüben – beispielsweise Anwälte oder Ärzte –, behaupten, sie seien nicht in der Lage, sich an den Geburtstag ihrer Partner zu erinnern. Ein Erwachsener, jemand, der die 100-prozentige Verantwortung für sein Verhalten in der Beziehung übernimmt, weiß, dass das Einhalten von Zusagen eine freie Entscheidung ist.

Anstatt die Einhaltung von Zusagen dem Zufall zu überlassen, tauchen Sie ganz in Ihre Zusagen ein. Wenn Sie Ihrem Partner etwas versprechen, dann sagen Sie es laut. Doch Sie können mit Ihrem Engagement für die Einhaltung Ihrer Zusagen hier nicht aufhören: Sie müssen auch tun, was Sie sagen.

Es gibt keinen Heiligen ohne Vergangenheit, keinen Sünder ohne Zukunft. Altpersischer Spruch

Sie sind der ordentlichste Mensch auf Erden – selbst Ihre Socken werden nach Farbe sortiert –, und Ihr Partner hat schon einen guten Tag, wenn er sich daran erinnert, Socken anzuziehen? Oder umgekehrt? Wann ist unser Verhalten kein persönlicher Stil mehr, sondern grenzt an Unverantwortlichkeit? Rufen Sie sich bitte in Erinnerung, dass Sie sich Ihren Partner ausgesucht haben, mit Socken und allem. Wenn Sie im Nachhinein von ihm verlangen, sich zu ändern, erhebt sich die Frage, wie realistisch Sie überhaupt sind. Es wäre schön, wenn man von Anfang an alle Erkenntnisse hätte, um schon zu Beginn einer Beziehung die langfristigen Wirkungen der jeweiligen Verhaltensweisen abzuschätzen, aber Alter, Erfahrung und Lebensveränderungen gestalten das schwierig. Wir wollen uns heute darauf konzentrieren, unseren Partner ganz zu akzeptieren, schließlich ist er auch nur ein Mensch, wenn auch zweifelsohne weniger vollkommen als wir selbst …

Denken Sie über Ihren Partner nach. Überlegen Sie, wodurch Sie sich von ihm angezogen fühlten. Machen Sie die drei Dinge ausfindig, die Sie zu Anfang an Ihrem Partner am meisten schätzten, und dann drei Dinge, die Ihnen heute an Ihrem Partner am meisten auf die Nerven gehen. Gibt es eine Verbindung? Schauen Sie genau hin: Häufig verursacht gerade das, was Sie anfangs an Ihrem Partner am meisten bewunderten, im Laufe der Jahre den größten Ärger. Tun Sie heute nichts dagegen, machen Sie es sich einfach klar.

Absolute Originalität steht natürlich völlig außer Frage.
Ezra Pound

Gestern haben Sie sich darauf konzentriert, Ihren Partner zu akzeptieren, ungeachtet der Unterschiede zwischen Ihnen. Heute wollen wir uns Ihre heimliche oder nicht ganz so heimliche Überzeugung vornehmen, dass *Ihr* Weg der *richtige* sei. Sind Sie jemals zu einem Weihnachtsessen eingeladen worden? Was war das für eine seltsame Weihnachtsgans? Und waren das etwa Austern in der Füllung? Es ist beunruhigend, wenn andere Menschen Dinge anders tun als wir. Wir wurden in einem bestimmten Rahmen erzogen, in dem alles auf bestimmte Weise erledigt wurde. Sich anzupassen und Kompromisse mit dem Stil des anderen zu schließen kann der heikelste Teil einer langfristigen Beziehung sein. Darin liegt aber auch der Schlüssel, die Beziehung auf lange Sicht funktionieren zu lassen. Welche Gefahr lauert darin, unsere Überlegenheit aufzugeben? Was könnte geschehen, wenn wir zugeben, dass wir Recht und Moral nicht gepachtet haben, außer für uns selbst?

Rufen Sie sich ins Gedächtnis, wie Sie sich mit Ihrem Partner einmal darüber gestritten haben, wie etwas gemacht werden sollte. Vielleicht ein Streit darüber, was «sauber» bedeutet, wie man Feiertage begehen sollte oder eine Frage der Kindererziehung. Wenn Sie über den Streit nachdenken, versuchen Sie, drei Möglichkeiten zu finden, wie Sie den Stil Ihres Partners akzeptieren und respektieren können, ohne Ihren eigenen aufzugeben.

Aus großer Komplexität taucht große Einfachheit auf.
Winston Churchill

Laura schreibt über einen Besuch in einem Supermarkt: Als ich den Wagenschlag öffnete, stieß ich damit versehentlich das nebenstehende Auto an. Ich prüfte den Schaden und stellte erleichtert fest, dass es nicht einmal einen Kratzer abbekommen hatte. Als ich in den Laden trat, brüllte mich eine Frau an, ich hätte ihr Auto beschädigt und das sei mir offensichtlich egal, solange mich niemand dabei sieht. Ich war perplex und bat die Frau, mir den Schaden zu zeigen. Sie hatte sich die ganze Zeit im Laden befunden und noch keinen Blick auf ihr Auto geworfen, also konnte sie mir auch nichts zeigen, als wir zusammen hinausgingen. «Ihr Typen in den teuren Autos denkt, euch gehört die Welt!», brummte sie und fuhr davon. «Ihr Typen» musste aus einer riesigen Liste an Vorfällen bestehen, die sich im Laufe der Zeit aufgestaut hatten. Aus irgendeinem Grund war ich für diese Frau die Verkörperung ihrer Feindseligkeit. Ich versuchte, mich in sie zu versetzen und die Welt aus ihrer Sicht zu sehen. So konnte ich meine Wut loslassen und Mitgefühl und Verständnis in mir finden.

Wenn Sie das nächste Mal das Ziel einer feindseligen Attacke sind, distanzieren Sie sich für einen Augenblick von Ihrer Erfahrung. Versetzen Sie sich in den anderen und stellen Sie sich die folgenden Fragen: Welche Gefühle hat der andere im Moment? Welche Erfahrungen mögen zur Feindseligkeit dieses Menschen beigetragen haben? Wie würde ich mich fühlen/verhalten, wenn ich dasselbe erlebt hätte wie er?

Wo Rosen sind, da sind auch Dornen. Sprichwort

Auf unserer Reise des bewussten Lebens stellen wir oft in der Mitte des Lebens fest, dass wir jene Identitäten, die uns so erfolgreich machten, loslassen müssen, damit unser tieferes Selbst auftauchen kann. Ich promovierte 1974, und nachdem ich die erforderlichen 1000 Stunden Assistenzzeit absolviert hatte, erhielt ich meine Lizenz als klinischer Psychologe. Aufgrund dessen war ich qualifiziert die Identität des «Psychologen» anzunehmen. Obwohl ich stolz auf diese Identität war und durch sie vielen Menschen helfen konnte, stellte ich schließlich fest, dass es auch einen Haken gab. Ich war jetzt ein Doktor und eine Autoritätsfigur und daher war es schwieriger für mich, anderen einfach als Mensch zu begegnen. Aufgrund meiner Identität musste ich dagegen ankämpfen, die Menschen nur als Summe ihrer Probleme wahrzunehmen. Um die Art von Therapeut zu werden, der ich sein wollte, musste ich über meine Identität hinaussehen, damit ich mich mit anderen Menschen allein auf der universellen menschlichen Ebene verbinden konnte. Dieser Prozess – das Loslassen meiner beruflichen Identität, damit ich der Profi sein konnte, der ich sein wollte – geht jeden Tag weiter.

Fragen Sie sich selbst: Welche meiner Identitäten schätze ich besonders? Worin liegt ihr Wert? Welchen Preis zahle ich für sie? Wie kann ich meine Identitäten so gestalten, dass ich so authentisch wie möglich lebe?

Die Tragik des Lebens liegt nicht darin, dass Menschen leiden, sondern in dem, was sie verpassen.

Thomas Carlyle

Vielleicht sind Sie alt genug, um sich an das Phänomen der Stimmungsringe zu erinnern. Sie kamen in den Siebzigern auf den Markt. Man trug sie wie einen Ring und ihre Farbe änderte sich je nach Körpertemperatur. Die Farbe des Steines zeigte die Stimmung an. Wenn der Stein grün wurde, war man glücklich, wenn er rot wurde, war man wütend. Ich war mir nie sicher, wie dieses Ding funktionierte, aber immerhin war es ein guter Aufhänger für ein Gespräch. Was wäre, wenn Sie etwas tragen könnten, das diesen Prozess umkehrt? Wenn Sie einen grünen Ring überstreifen könnten (der für Glück steht) und schon würden Sie sich glücklich fühlen? Das geht. Erinnern Sie sich an meine Aufforderung, Ihren Schrank auszumisten und nur die Stücke aufzuheben, in denen Sie sich großartig fühlen? Es ist an der Zeit, das auf einer größeren Skala durchzuführen: Vereinfachen Sie Ihr Leben und Ihre Beziehungen. Sie können mit den Kleidern anfangen, in denen Sie sich nicht leicht und frei fühlen; als Nächstes kommen die Verhaltensweisen, die für Sie nicht länger funktionieren, und zuletzt beenden Sie alle Beziehungen, die sich auf Sie schädlich oder gar zerstörerisch auswirken.

Denken Sie über eine Veränderung in Ihrem Besitzstand und Ihrem Verhalten nach, die Sie seit Beginn Ihrer Reise gemacht haben. Dann denken Sie an eine Beziehungsänderung, die noch vor Ihnen liegt. 1. Besitz: ________. 2. Verhalten: ________. 3. Beziehung: ________.

Verlieren heißt lernen. Anonymus

Eines der wunderbaren Dinge im komplexen menschlichen Denken ist die Fähigkeit, unsere Wahrnehmung schnell zu verlagern. Ich will das verdeutlichen. Denken Sie an ein Glas Wasser, das bis zur Hälfte gefüllt ist. Sie können es sich halb voll oder halb leer vorstellen und doch ist es Ihnen möglich, im Bruchteil einer Sekunde auch das genaue Gegenteil wahrzunehmen. Denken Sie an eine weitere Wahrnehmungsverlagerung. Wenn Sie das Glas durch «die Augen des Verstandes» sehen, benützen Sie die Kraft Ihres Verstandes, um zu beurteilen, ob das Glas halb voll oder halb leer ist. Wenn Sie durch «die Augen des Herzens» sehen, fühlen Sie sich möglicherweise einfach dankbar, dass es überhaupt Wasser gibt und ein Glas, aus dem Sie trinken können. Sie würden sich nicht darum kümmern, ob das Glas voll oder leer ist… Sie würden es so zu schätzen wissen, wie es ist, würden das Geschenk seiner Existenz ehren.

Experimentieren Sie heute mit dem Blick aus den Augen Ihres Herzens. Wann immer Sie feststellen, dass Sie etwas beurteilen, einschätzen oder mit etwas anderem vergleichen – also durch die Augen des Verstandes sehen –, verändern Sie Ihre Wahrnehmung und schätzen Sie es so, wie es ist.

Wenn Sie stark genug sind, dann gibt es keine Präzedenzfälle. F. Scott Fitzgerald

Jeder trägt einen Künstler im Herzen. Vielleicht drückt sich dessen Kunst visuell aus – im Malen, Schreiben, Fotografieren – oder in anderer Form, beispielsweise im Kochen oder in der Kindererziehung. Was tun Sie, um Ihrem kreativen Selbst eine Stimme zu verleihen? Mit zunehmendem Alter vernachlässigen viele von uns diesen inneren Künstler. Für gewöhnlich steht er dann einsam neben dem einst so verspielten, leichtherzigen Kind, das Sie waren. Wenn Sie zur Arbeit oder zum Einkaufen hasten, so meinen Sie, sei keine Zeit für diese Art von Unsinn, schließlich trage Ihr künstlerisches Ich kaum dazu bei, die Miete zu zahlen. Doch wenn der innere Künstler hungert, hungert auch die Seele. Man kann keinen Teil seiner selbst abtrennen – und jeder trägt einen Künstler im Herzen –, ohne nicht auch dem Rest der Persönlichkeit zu schaden. Erinnern Sie sich heute daran, wie kreativ Sie früher waren, und nehmen Sie sich vor, in Ihrem geschäftigen Erwachsenenleben Platz zu schaffen, um auch weiterhin schöpferisch zu sein.

Begrüßen Sie die innere Künstlerin wieder in Ihrem Leben. Versprechen Sie, ihr in den nächsten 24 Stunden ihre «15 Minuten des Ruhms» zu schenken. Notieren Sie das in Ihrem Tagesplan und halten Sie diese Zusage. Zeichnen, schreiben, tanzen, musizieren, backen, jonglieren Sie oder schließen Sie die Augen und schwelgen Sie in einer Fantasievorstellung. Erlauben Sie Ihrem kreativen Selbst, wieder zu erwachen.

Sanft war sein Leben, dass die Natur aufstehen durfte und der Welt verkünden: Dies war ein Mann!

William Shakespeare

Eine der tiefschürfendsten Erkenntnisse der Paarpsychologie, die aus Hunderten von Studien, Umfragen und Interviews hervorgehen, lautet: Menschen in florierenden Beziehungen sind netter zueinander. Das Konzept der Nettigkeit bedeutet in Aktionen umgesetzt, dass man einander kleine Gesten der Freundlichkeit zukommen lässt. In erfolgreichen Beziehungen tun die Menschen nette Dinge füreinander, und das regelmäßig. Ich befand mich einst auf einer Tagung in einer Gruppe von etwa einem halben Dutzend Menschen. Rechts von mir stand ein Pärchen in den Sechzigern. Ich sah, wie der Mann sich zu seiner Frau hinüberlehnte und sie fragte: «Kann ich dir eine Tasse Tee holen?» Sie lächelte und nickte. Ich beobachtete, wie er zum Getränkestand ging und ihr Tee machte. Die Sorgfalt, die er hineinlegte, war einer japanischen Tee-Zeremonie würdig. Er brachte ihr die Tasse und reichte sie ihr vorsichtig. Sie nahm die Gabe mit einem schnellen Kuss auf seine Wange an.

Halten Sie im Laufe des Tages Ausschau nach Gelegenheiten, um anderen kleine Gesten der Freundlichkeit zu erweisen, sei es Fremden gegenüber oder Menschen, die Sie kennen. Seien Sie wachsam für Dinge, die Sie tun können, damit das Zusammensein mit Ihnen angenehmer ist.

Die Arbeit des Individuums ist immer noch der Funke, der die Menschheit voranbringt. Igor Sikorsky

Wenn Sie den Film *Titanic* gesehen haben, erinnern Sie sich sicher an die Szene, als die männliche Hauptfigur, ein materiell schlecht gestellter junger Mann, am Bug des Schiffes steht, die Arme weit ausgebreitet, während der majestätische Dampfer durch den Ozean pflügt. «Ich bin der König der Welt!», ruft der junge Mann fröhlich. Es mag nur wenige Gelegenheiten geben, in denen Sie das Gefühl haben, die Welt zu besitzen. Sie erleben Enttäuschungen, Ereignisse laufen Ihnen aus dem Ruder und die Welt behandelt Sie nicht mit dem erhofften Respekt. Es liegt an Ihnen, wie Sie mit der Wirklichkeit umgehen, im Großen wie im Kleinen. Werden Sie von der Realität in die Knie gezwungen oder nützen Sie sie als Sprungbrett, um Ihre Stärke und Ausdauer angesichts von Katastrophen zu beweisen? Sie sind die Königin der Welt: *Ihrer* Welt. Sie sind die Hauptfigur in dem Stück, das Ihr Leben ist. Was ist das für ein Stück? Eine Tragödie? Eine Komödie der Irrungen? Eine bittersüße Liebesgeschichte? Oder ein klein wenig von allem, ein Stück, in dem Sie Teilnehmerin sind, nicht nur Zuschauerin, eine Darstellerin, die zufrieden abtritt, wenn der Vorhang fällt?

Stellen Sie sich Ihr Leben als Film vor. Wäre es eine Komödie, eine Tragödie oder etwas ganz anderes? Denken Sie jetzt darüber nach, wie Sie Ihr Leben gern hätten. Wenn jemand eine Kritik darüber schreiben sollte, was würden Sie dann gern lesen?

Die Kraft eines Volkes ist die Unbescholtenheit des Heimes.
Konfuzius

Häufig lieben wir das, was uns vertraut ist, und klammern uns daran. Immer wieder kehren beispielsweise missbrauchte Kinder zu ihren Eltern zurück, selbst wenn sie ein viel liebevolleres Zuhause gefunden haben. Wenn wir uns an etwas Negatives und Schädliches klammern, dann hat das mit dem Trost des Vertrauten zu tun. Ungeachtet wie zerstörerisch dieses Vertraute sein mag, wir klammern uns daran wie an ein Rettungsboot. Wir sind oft Dingen verhaftet, die uns schon lange keine Hilfe mehr sind: Besitztümer, Arbeitsstellen, Menschen – selbst wenn wir misshandelt werden, körperlich oder emotional, halten wir daran fest. Auf der bewussten Reise verliert das Vertraute, das nicht funktioniert, seinen Reiz, und wenn dies geschieht, erhalten Sie die Chance, sich seiner zu entledigen. Wie entscheiden Sie sich? Für das Vertraute oder das Neue? Für die Hoffnung oder die Verzweiflung? Im bewussten Leben müssen wir manchmal tief Luft holen und ins Unbekannte vorstoßen. Wagen Sie es!

Denken Sie an etwas, das Sie loslassen müssen. Rufen Sie sich die Veränderungen in Besitz, Verhalten und Beziehungen ins Gedächtnis, die Sie schon vollzogen haben. Atmen Sie tief durch, zentrieren Sie sich mit geschlossenen Augen und feiern Sie Ihren Mut, etwas loszulassen, das Ihnen einst so wichtig schien.

Das Sterben eines Menschen geht mehr die Überlebenden an als ihn selbst. Thomas Mann

Laura schreibt: Am Tag der Trauerfeier für meinen Großvater stand ich vor der Kirche. Ich sprach mit einem alten Freund der Familie, als wir von Geräuschen aus der Limousine abgelenkt wurden, in der meine Mutter, ihre drei Schwestern und ihr Bruder saßen. Wir hörten aus dem Wageninnern, trotz verschlossener Fenster und Türen, ein Geräusch wie Wehklagen. «Die Ärmsten», meinte der Freund. «Sie sind völlig am Boden zerstört.» Ich nickte ernst, aber etwas schien mir merkwürdig. Ich hatte diese Geräusche schon früher in meiner ausgelassenen Familie gehört und das war kein Wehklagen. Als ich später meine Mutter beiseite nahm, erzählte sie: «Wir haben uns lustige Geschichten über unseren Dad erzählt und gelacht. Ja, du hast uns klagen gehört, aber es war Wehklagen vermischt mit Lachen. Glaubst du nicht, dass Opa, wäre er noch am Leben, kräftig mitgelacht hätte?» Und sie hatte Recht.

Auf den Knien meiner Mutter habe ich sowohl von der Liebe als auch vom Verlust erfahren, aber die wohl wichtigste Lektion lautete: Lachen tröstet, Lachen heilt. Es gibt in allem einen Ort, der nur darauf wartet, mit Lachen erfüllt zu werden.

Es gibt zwei Möglichkeiten, eine rote Nase zu erklären: als Folge von Tränen oder als Clownsnase, die von Albernheit, Humor und Verrücktheit kündet. Denken Sie an eine Zeit der Trauer, als Sie an Ihrer Trauer etwas Humorvolles entdeckten. Haben Sie sich dafür getadelt oder zugelassen, dass der Humor Sie heilt?

Für den Ungelehrten ist das hohe Alter Winter, für den Gelehrten ist es die Zeit der Ernte.

Chassidisches Sprichwort

Laura schreibt: Vor kurzem las ich das Buch *Ich werde die Frau, die ich sein will*, in dem das Alter mit Ausgelassenheit, Spontaneität und Individualität gefeiert wird. Müssen Sie wirklich warten, bis die Kinder groß sind, Sie das Rentenalter erreicht haben und die Knochen in Ihrem Körper protestieren, bevor Sie sich die Freiheit nehmen, in Kontakt mit dem zu treten, was an Ihnen einzigartig ist? Warum so viele Jahre mit einer gesetzten, vorhersehbaren Einstellung verbringen? Es stimmt, dass Ihre Kinder peinlich berührt den Kopf senken werden, wenn Sie spontan im Park tanzen, aber ich kann Ihnen versichern, solange Ihre Kinder über zehn und unter dreißig sind, werden sie immer peinlich berührt sein, egal was Sie tun. Meine Theorie steht in keinem Fachbuch über Verhaltenspsychologie, denn sie lautet: Na und? *Na und?* Also fing ich an, Hüte zu tragen. Nicht gerade ein radikaler Schritt und doch scheute ich ihn früher, weil ich fürchtete, die Leute könnten mich schief ansehen. Und mit fünfzig schrieb ich ein Drehbuch, obwohl einige meinten, ich solle bei dem bleiben, was ich am besten könne, um einem möglichen Scheitern aus dem Weg zu gehen. Was vermeiden Sie aus Angst?

Suchen Sie sich eine Sache heraus, die Sie liebend gern tun würden – einen Hut tragen, ein Gedicht schreiben, bei einer Karaoke-Nacht mitsingen –, und tun Sie es!

Bei genauem Hinsehen zeigt sich, dass die Arbeit weniger langweilig ist als das Vergnügen. Charles Baudelaire

Heute möchte ich Sie bitten, sich auf das Fernsehen und seinen Platz in Ihrem Leben zu konzentrieren. Manche Menschen besitzen bewusst keinen Fernsehapparat, aber die meisten, selbst die ärmsten, besitzen nicht nur einen Fernseher, sondern haben diesen Geräten im ganzen Haus Ehrenplätze zugewiesen. Mehr als Drogen oder Alkohol ist das Fernsehen zu dem beliebtesten Betäubungsmittel in unserer Gesellschaft geworden. Das soll nicht heißen, dass es kein bemerkenswertes Medium ist, das uns wichtige Informationen bringen und uns mit Menschen und Orten verbinden kann, die einst außerhalb unserer Reichweite lagen. Das Fernsehen ist beides und mehr. Und doch ist es das Mittel, mit dem Menschen der Wirklichkeit und ihren Beziehungen am häufigsten entfliehen. Wenn Sie jedes Mal, bevor Sie sich vor den Fernseher setzen, fragen würden, was Sie sonst noch tun oder mit wem Sie sonst interagieren könnten, wie würde Ihre Antwort ausfallen?

In den nächsten 24 Stunden bleibt Ihr Fernseher aus. Nehmen Sie sich alles andere vor, nur nicht fernsehen. Vielleicht überkommt Sie ein Gefühl der Verzweiflung – das geschieht häufig, wenn wir unsere Krücken von uns werfen, und ist völlig in Ordnung. Verurteilen Sie sich nicht, aber «behandeln» Sie sich auch nicht mit Fernsehen. Lesen oder plaudern Sie, gehen Sie spazieren oder sitzen Sie einfach mit offenen Augen da und tun Sie absolut nichts. Leben Sie einfach.

Der Zweifel ist kein schöner Zustand, Sicherheit dagegen schon.
Voltaire

Welches Menschen sind Sie sich in Ihrem Leben absolut sicher? Was ist Vertrauen – und können Sie dem Vertrauen trauen? Heute besteht Ihre Aufgabe darin, Ihre Beziehungen im Licht der Wahrheit sanft – aber gewissenhaft – unter die Lupe zu nehmen. Wer steht in Ihrem Leben im Mittelpunkt und für wen sind Sie der Mittelpunkt des Lebens? Sind das dieselben Menschen? Was zeichnet diese wichtigsten Beziehungen Ihres Lebens vor allem anderen aus? Wenn Vertrauen, Wahrheit und Akzeptanz nicht die bestimmenden Merkmale dieser Beziehungen sind, ist es an der Zeit, sie zu überdenken und neu zu gestalten. Sie haben die Fähigkeit – und auf jeden Fall das Recht –, das zu tun.

Denken Sie an die zwei oder drei bedeutendsten Beziehungen Ihres Lebens und an den vorherrschenden emotionalen Ton in jeder dieser Beziehungen: Freude, Angst, Liebe, Verzweiflung. Sehen Sie sich die Beziehungen daraufhin noch näher an: Was fehlt ihnen? Manchmal fehlt das Lachen, dann wieder die Verlässlichkeit. Nur Sie können herausfinden, was fehlt, und solange Sie das nicht tun, wird dieses fehlende Element Sie immer verfolgen.

Wo wir lieben, ist unser Zuhause – ein Zuhause, das unsere Füße verlassen mögen, nicht aber unser Herz.

Oliver Wendell Holmes

Laura schreibt: Keiner meiner drei Söhne hatte je eine Schmusedecke. Viele Kinder tragen eine alte, zerrissene Decke oder ein Stofftier mit sich herum; der Gegenstand ist vertraut, heiß geliebt und nötig für das Kind, um sich sicher zu fühlen. Ich machte mir sofort Sorgen, ob der Mangel an Schmusedecken etwas über die Fähigkeit meiner Söhne, enge Bindungen zu schließen, aussagte. Doch sie hängen sehr an mir, ihrem Vater, aneinander und sie haben auch ausgeprägte Vorlieben in Sachen Essen, Kleider, Spiele. Mir wurde klar, dass meine Kinder ihr Gefühl für Sicherheit in sich tragen. Ich wünsche Ihnen, das Sie Ihre Sicherheit und Ihr Gefühl für Geborgenheit ebenfalls verinnerlichen können. Wenn Sie dann auf Ihrer Reise auf etwas Unvertrautes stoßen, wird Sie der Reiseführer in Ihnen unfehlbar in die Richtung geleiten, in die Sie gehen müssen – nicht immer der *leichte* Weg, aber der *richtige* Weg für Sie.

Denken Sie an einen Gegenstand, der Ihnen Sicherheit vermittelt. Vielleicht ein Schmuckstück oder etwas viel Größeres, Ihr Haus beispielsweise. Überlegen Sie, was dieser Gegenstand für Sie bedeutet: Sicherheit, Beständigkeit und so weiter. Wie können Sie diese Gefühle auf Ihren Wesenskern übertragen, auf Ihr Innenleben? Sie müssen diesen Gegenstand nicht aus Ihrem Leben verbannen, aber verpflanzen Sie die damit verbundenen Gefühle in Ihr Herz, damit Sie sie überall mitnehmen können.

Alles, was in der Welt getan wird, wird durch die Hoffnung getan.
Martin Luther

Sie kennen vielleicht den katholischen Brauch der Beichte, bei der man einem Priester alle seine Sünden erzählt, um Vergebung bittet und dann für diese Sünden eine Buße leistet. Dieser Brauch spiegelt sich in Ihrem Alltag, wenn Sie eine bewusste Beziehung führen. Sie öffnen sich dem Bewusstsein für Ihre Fehler und verpflichten sich, Ihrem Partner gegenüber diese Fehler ehrlich zuzugeben und alles wieder in Ordnung zu bringen. Einen Fehler, sei er groß oder klein, zuzugeben, ist für viele Menschen beängstigend. Sie fürchten, dass die eigenen Unvollkommenheiten einem großem Kreis bekannt werden könnten. Was ja auch geschieht, und das ist gut so. Indem Sie Ihre Menschlichkeit zugeben – und die Unvollkommenheiten in Ihnen –, werden Sie menschlicher, enger verbunden mit jenen, die wissen, dass auch sie unvollkommen sind.

Stellen Sie sich selbst als Priester und als Beichtende vor. Was könnten Sie über sich selbst beichten? Was haben Sie in letzter Zeit getan, das nicht in Einklang mit Ihrer Integrität steht? Konzentrieren Sie sich auf eine Unvollkommenheit und lieben Sie sich dann sowohl für diese Unvollkommenheit als auch für Ihre Ehrlichkeit in dieser Sache. Bügeln Sie anschließend alles wieder aus: Suchen Sie eine Möglichkeit, Ihr Verhalten wieder gutzumachen. Die Wiedergutmachung stellt sich fast immer ein, wenn Sie Ihre Unvollkommenheiten ans Tageslicht bringen.

Wir können nicht alles ändern, dem wir uns stellen. Aber wenn wir uns nicht stellen, können wir nichts ändern.

James Baldwin

Wenn die Toilette nicht in Gebrauch ist, gehört der Deckel dann nach oben oder nach unten geklappt? Ich hatte einmal eine Klientin, die der festen Überzeugung war, wenn Gott offene Toiletten gewollt hätte, hätte er sie nicht mit Deckeln geschaffen. Natürlich geht es hier in Wirklichkeit darum, dass wir alle zu wissen glauben, wie die Wirklichkeit auszusehen hat. Drücken oder rollen Sie Ihre Zahnpastatube? Halten Sie an und fragen nach dem Weg oder fahren Sie einfach weiter und entdecken unterwegs vielleicht herrliche Landschaften? Gehört der Toilettendeckel nach oben oder nach unten? Die Liste der Fragen ist endlos, aber die Fragen selbst sind klein und unbedeutend, außer man sieht sie im Kontext der Kompromisse: Wie viele Kompromisse muss ich eingehen, damit meine Beziehung erfolgreich wird?

Denken Sie an einen kleinen (vielleicht sogar kleinlichen) Konflikt zwischen Ihnen und Ihrem Partner. Überlegen Sie, in welchem Maß Sie sich an Ihre Position klammern. Je mehr Sie klammern, desto weniger hat diese Position wahrscheinlich mit dem eigentlichen Problem zu tun. Stattdessen geht es um Ihr Bedürfnis nach Kontrolle, um Ihr Bedürfnis, im Recht zu sein. Holen Sie mehrmals tief Luft und wiederholen Sie die folgende Affirmation: «Ich muss nicht Recht haben.» Suchen Sie anschließend nach einem Kompromiss.

September

Eine Prise gute Empörung bringt all unsere Kräfte zutage.
Ralph Waldo Emerson

Laura schreibt: Zur Collegezeit lebte ich zu Hause und geriet eines Tages zufällig in einen Streit zwischen meiner Mutter und meinem Stiefvater. Sofort bekam ich Angst. Ich hatte den einzigen Streit zwischen meiner Mutter und meinem Vater am Abend, bevor sie mir ihre Scheidung mitteilten, miterlebt, und obwohl ich intellektuell wusste, dass Wut und Verlust nicht unbedingt identisch sind, waren sie für mich aufs Engste verbunden. Und nun tobten mein Stiefvater und meine Mutter zornentbrannt. Mein Stiefvater verließ das Haus. Meine Angst schoss förmlich durchs Dach, als er zurückkam. «Liebling?», sagte er mit reuiger Stimme. «Ja?», antwortete meine Mutter zuckersüß. Plötzlich zeigte er ihr den Stinkefinger. Ich schloss die Augen; zweifellos würde sie ihm jetzt für immer die Tür weisen. Doch was ich hörte, änderte mein Leben. *Lachen.* Beide brachen in Gelächter aus. Sie wussten, dass sie unfair und dickköpfig gewesen waren. Ihre Freundschaft war innig, und beide hatten ein großes Herz und ein kleines Ego, darum fanden sie einen Weg, sich das zu sagen und von dort aus weiterzumachen.

Manchmal wird man wieder wie ein kleines Kind, wenn man sich ärgert. Man beschimpft einander oder klammert sich an seine Position wie an ein kostbares Spielzeug. Wenn Sie das nächste Mal wütend werden, dann öffnen Sie Ihre Augen für Ihr kindisches Verhalten. Ermutigen Sie sich, offen und liebevoll genug zu sein, um dieses Kind zu lieben.

All die Wunder, die ihr sucht, sind in euch.

Sir Thomas Brown

Psychologie und Medizin nehmen allmählich ernst, was uns der gesunde Menschenverstand schon seit Tausenden von Jahren zuflüstert: Körper, Geist und Seele sind als Ganzes miteinander verbunden und bilden unsere Persönlichkeit. Aufgrund meiner umfangreichen Erfahrung – mit meinen eigenen Krankheiten und denen meiner Klienten – bin ich zu der Überzeugung gelangt, dass die Mehrheit unserer körperlichen Leiden ihren Ursprung in emotionalen und spirituellen Problemen hat, mit denen wir nicht erfolgreich umgehen. Wenn Ihr Verstand verwirrt, Ihr Herz schwer und Ihre Seele zerrissen ist, dann hat die Krankheit ein leichtes Spiel mit Ihnen. Wenn Sie sich das nächste Mal krank fühlen, dann schenken Sie allen Aspekten Ihrer Persönlichkeit Ihre Aufmerksamkeit. Natürlich sollen Sie Ihre Medizin einnehmen und dem ärztlichen Rat folgen, aber hören Sie auch auf die Botschaften aus Herz und Seele. Als ich das letzte Mal heiser war, heilte mich eine Freundin am Telefon mit einer einzigen Frage: Wovor hast du so viel Angst, dass du es nicht aussprechen kannst? Als ich meinen Stimmbändern erlaubte, es auszusprechen, verschwand der Schmerz.

Nehmen Sie sich einen Augenblick Zeit, um sich eine Affirmation durch den Kopf gehen zu lassen: «Ich achte auf meinen Körper, meinen Geist und meine Seele und ich lausche sorgfältig den Botschaften aus allen Bereichen meines Innern.»

Sex ist Emotion in Bewegung. Mae West

Es ist keineswegs ungewöhnlich, eine Phase der sexuellen Erforschung zu durchleben, bei der man verschiedene Sexualpartner hat und unterschiedlichste Varianten ausprobiert. Bei vielen Menschen erfolgt das, wenn sie das erste Mal frei sind – auf der Uni, in ihrer ersten eigenen Wohnung –, bei manchen geschieht es nach der Scheidung. Es ist kein Geheimnis, dass der häufige Wechsel des sexuellen Partners heutzutage potentiell tödlich sein kann. Aber was ist mit der Wirkung auf Ihr Herz? Nehmen Sie zwei Stück Krepppapier und kleben Sie sie zusammen. Beim ersten Mal hält es vorzüglich. Reißt man sie auseinander und klebt sie erneut zusammen, hält es schon weniger gut. Je öfter man sie auseinander reißt, desto mehr verlieren sie ihre Haftbarkeit. Wahlloser Sex mit einer Vielzahl von Partnern ist nicht nur ein Gesundheitsrisiko, es schädigt auch Ihre Fähigkeit, sich mit einem anderen Menschen zu vereinen. Ich spreche von *wahllosem* Sex, nicht von sexueller Intimität im Zusammenhang mit liebevollen und respektvollen Beziehungen. In den nächsten Tagen möchte ich Ihnen zeigen, wie Sie Ihre Werte ehren und gleichzeitig mit Ihrer Sexualität respektvoll, vergnügt und leidenschaftlich umgehen können.

Rufen Sie sich die Botschaften ins Gedächtnis, die Sie als Kind über die Sexualität erhielten. Hat Ihre Familie das Thema offen oder verschämt angesprochen? Haben Sie je gesehen, dass sich Ihre Eltern sexuell berührten? Denken Sie über diese Fragen nach und darüber, inwiefern Ihre Sexualerziehung Sie auch heute noch beeinflusst.

Herr, mach mich keusch – aber nicht sofort. Augustinus

Wissen Sie, wer Sie sexuell sind? Sind Sie sich der Dinge bewusst, die Ihnen Vergnügen bereiten, und derjenigen, die Ihnen unangenehm sind – und warum? Können Sie mit Hilfe Ihrer Sexualität Ihre Kreativität stärken und umsetzen? Ich glaube, bewusste Sexualität hat mit Leidenschaft und mit Sinn zu tun. Bei einem bewussten Sexualleben gibt man seiner sexuellen Natur eine Stimme, man ehrt die emotionale und körperliche Integrität, indem man seine Sexualität mit offener, ehrlicher Freude und einem maßvollen Sinn für Verantwortung behandelt. Die erotischsten Menschen, die ich kenne, sind wahrhaft lebendig und wahrhaft in Kontakt mit ihrer Umwelt. Sie strahlen Erregung aus, denn sie leben kreativ und sinnvoll. Ihr Engagement für ihre Umwelt zeigt sich in ihren strahlenden Augen, ihrer stolzen Haltung, ihrem anmutigen Gang. Ich glaube, wer das Leben liebt, ist besonders offen für die tiefe Liebe zu einem anderen Menschen.

Rufen Sie sich eine Situation ins Gedächtnis, die normalerweise nicht als erotisch gilt, in der Sie sich jedoch besonders sinnlich gefühlt haben. Vielleicht beim Sport, als Sie allein tanzten, als Sie sich künstlerisch betätigten oder als Sie jemand unterrichteten und sahen, wie die Erkenntnis in den Augen Ihres Schülers aufleuchtete. Wie fühlen Sie sich jetzt, wenn Sie daran denken?

Am sinnlichsten war ich, als ich ______. Ich fühlte emotional ______. Ich fühlte körperlich ______. Ich könnte dieses Gefühl erneut schaffen, wenn ich ______.

Was ist das Leben, was die Freude, ohne die goldene Aphrodite? Mimnermus

Im Laufe Ihres Lebens können sich der Wert, den Sie der Sexualität beimessen, und die Werte, die Sie in Ihrer Sexualität zum Ausdruck bringen, verändern. Ein junger Mensch konzentriert sich mehr darauf, «jemand zu kriegen», während ein älterer Mensch eher an körperlicher und emotionaler Intimität mit seinem Partner interessiert ist, mehr am Mittel als am Zweck. Für eine bewusste Sexualität müssen Sie sich selbst kennen und diesem Wissen über sich und was Sie in sexueller Hinsicht und auch sonst schätzen, treu bleiben. Häufig tritt man mit den Werten seiner Eltern ins Erwachsenenleben ein; diese Werte mögen zwar gut für Sie sein, aber ich glaube, man sollte sich erst dann auf seine Werte festlegen, wenn man genau überlegt hat, was *man selbst* im Leben anstrebt. Das ist das bewusste Leben: Sorgfältig auf die eigene Stimme hören und dann mit dieser Stimme singen.

Eine Wertvorstellung ist eine Überzeugung, nach der man lebt, etwas, das man tut, nicht nur predigt. Wie sehen Ihre Werte in Bezug auf Sexualität und sexuelle Praktiken aus? Denken Sie mit Hilfe der folgenden Aussagen über Ihre Werte und Ihre Sexualität nach: Wenn es um Sex geht, glaube ich, dass ________. Ich würde mich nicht wohl fühlen mit ________. Eine gute sexuelle Beziehung erfordert ________.

Woher wissen die Wassertropfen, dass sie ein Fluss sind? Und doch strömt der Fluss. Antoine de Saint-Exupéry

Die erste Lektion des bewussten Lebens lädt Sie dazu ein, mit dem Leben mitzuschwingen und Ihren Weg durch den großen Raum Ihrer Ganzheit hindurchzufühlen. Stellen Sie sich selbst einen Augenblick lang als Akustikgitarre vor. Das Leben spielt immer auf Ihren Saiten und manchmal nicht allzu sanft. Wenn Sie versuchen, es so einzurichten, dass das Leben Sie nicht erwischt – dass Ihre Saiten nie gezupft werden –, bleibt Ihnen die Musik stets vorenthalten. Wenn Sie Ihre Saiten durch fehlerhaften Gebrauch oder Mangel an Sorgfalt reißen lassen, werden Sie nie wissen, wie Sie eigentlich klingen könnten. Wenn Sie sich als Instrument jedoch gut gestimmt halten, können Sie alle Obertöne und *Schwingungen* von sich selbst und von benachbarten Saiten hören. Wenn Sie einfühlsam werden, können Sie den stummen Klangkörper im Herzen und in der Seele Ihres Instruments hören, eben jene Quelle, aus der alle Klänge stammen.

Legen Sie ein Instrumentalstück auf, das Sie besonders mögen. Schließen Sie die Augen und lauschen Sie den Instrumenten. Suchen Sie nach dem einen Instrument, das Sie am stärksten ruft. Visualisieren Sie sich als dieses Instrument und stellen Sie sich die Sorgfalt vor, die nötig ist, um die Noten so stark und klar und schön zu spielen. Hetzen Sie nicht durch diese Übung; nehmen Sie sich Zeit und lassen Sie sich von der Musik mit dem Klang Ihres innersten Wesens anfüllen.

Mein großer Fehler, den ich mir nie vergeben kann, ist dieser eine Tag, an dem ich aufhörte, dickköpfig meine eigene Individualität zu verfolgen. Oscar Wilde

Es liegt viel Kraft darin, wenn man sich Zugang zu dem Raum reinen Bewusstseins in sich verschafft. Sobald Sie ihn spüren, haben Sie nie mehr Zweifel über die göttliche Natur des Universums und Ihre Verbindung dazu. Der Raum, den Sie in Ihrem Körper und Ihrem Geist wahrnehmen, fühlt sich nahtlos verbunden mit dem großen Raum im Kosmos an. Er fühlt sich so organisch göttlich an, wie sich das Trinken von Wasser organisch durstlöschend anfühlt im Vergleich zu der Formel für Wasser an einer Tafel. Der Zen-Autor D. T. Suzuki nannte es die «Blitz-und-Donner-Entdeckung, dass das Universum und wir selbst *nicht* entfernt und getrennt sind, sondern ein intimes, pochendes Ganzes bilden». Der indianische Visionär Black Elk formulierte seine Sicht dieses Prinzips wie folgt: «Der erste Frieden, welcher der wichtigste ist, stammt aus den Seelen der Menschen, wenn sie ihre Beziehung, ihr Einssein mit dem Universum und all seinen Mächten erkennen und wenn ihnen klar wird, dass die Mitte des Universums im Großen Geist wohnt und dass diese Mitte in Wirklichkeit überall ist. Sie ist in jedem von uns.»

Überlegen Sie heute, was der Große Geist für Sie bedeutet. Ist es eine Kraft außerhalb Ihrer selbst? Ein tiefer Friede in Ihnen? Wie können Sie die äußere Erfahrung des Geistes mit dem inneren Erleben von Frieden und Ganzheit verschmelzen?

Kein Mensch kann sich ohne seine eigene Zustimmung wohl fühlen.
Mark Twain

Wenn wir die Verantwortung für unsere Gefühle übernehmen, machen wir einen großen Sprung nach vorn in Sachen Wohlbefinden und Produktivität. Viele Experten auf den Gebieten der Psychiatrie und Psychologie halten es für den entscheidenden Schritt, der zu Erfolg und Glück führt. Solange wir nicht die volle Verantwortung für unsere Gefühle übernehmen, neigen wir zu der Ansicht, unsere Gefühle würden von anderen Menschen verursacht, eine Auffassung, die uns in die Position des Opfers katapultiert. Logisch gesehen ist es unbestreitbar, dass wir die Quelle unserer Gefühle sind. Wenn Sie sich zusammen mit Mike Tyson und dem Dalai Lama in einem Supermarkt aufhalten würden, während ein Überfall stattfindet, dann würde der Dalai Lama Mitgefühl empfinden, Tyson würde die Kinnlade des Räubers zertrümmern und Sie hätten Angst. Jeder von Ihnen würde auf ein und dasselbe Ereignis emotional völlig unterschiedlich reagieren.

Sprechen Sie jeden der folgenden Sätze innerlich nach und betonen Sie besonders das erste Wort. Legen Sie nach jedem Satz fünf bis zehn Sekunden Pause ein, um auf die Reaktion zu achten, die dieser Satz in Ihnen hervorruft:

Ich rufe meine Wut hervor.
Ich rufe mein Gefühl des Verletztseins hervor.
Ich rufe meine Ängste hervor.
Ich rufe meine Erregung hervor.
Ich rufe mein Glück hervor.

Wo täuschst du Unkenntnis vor?
Graffito in der Eingangshalle der Harvard Business School

Es erfordert Energie – richtige körperliche Energie – die Kenntnis von Dingen zu vermeiden, die man lernen muss. Das lässt sich auch anders formulieren: Wir organisieren unsere Lernerfahrungen für uns selbst und weigern uns dann, die Lektionen zu begreifen, bis sie uns mit einem Vorschlaghammer eingetrichtert werden. Und dann sagen wir noch: «Warum gerade ich?» Das ist die Vogel-Strauß-Methode: bei Überstimulierung den Kopf in den Sand stecken. Das Problem liegt darin, dass dieses Manöver verletzliche Teile von uns den Naturgewalten aussetzt. Es gibt nur einen Ausweg aus dieser Zwickmühle und der besteht darin, uns mit offenem Herzen und offenem Geist fest vorzunehmen, das zu lernen, was wir am dringlichsten lernen müssen. Wenn wir uns zutiefst verpflichten, aus jeder Interaktion etwas zu lernen, glättet sich unser Leben auf wundersame Weise.

Sprechen Sie den folgenden Satz einige Male innerlich für sich, aber auch laut aus, bis Sie ihn in Ihrem Körper spüren können: «Ich nehme mir fest vor aus jeder Begegnung heute etwas zu lernen und an ihr zu wachsen.»

Die Zahl derer, die mit ihrem eigenen Verstand denken und mit ihrem eigenen Herzen fühlen, ist klein.

Albert Einstein

Zu Beginn der sechziger Jahre hörte ich im konservativen Süden auf einer amerikaweiten Versammlung von Kirchenvertretern eine erstaunliche Predigt. Die Botschaft des Geistlichen war radikal und elektrisierend: Er forderte uns auf, für uns selbst zu denken, das zu fühlen, was in unserem Herzen wahr ist. Er warnte uns, vor jenen auf der Hut zu sein, die uns eine bequeme Gefängniszelle namens Sicherheit andrehen wollten. Er drängte uns, nicht in die Trance des Konsumrausches zu verfallen und mit einem Haus voller Gerätschaften und einem Herzen leer an Werten zu enden. Ich war nicht nur vom Inhalt seiner Worte zutiefst bewegt, sondern auch von seinem Mut, diese Rede im Klima jener Zeit zu halten. Die Reise des bewussten Lebens ist ein Weg ständigen Erforschens, was wahr und was real ist. Es ist kein Weg der unablässigen Achtsamkeit auf das, was beliebt und «in» ist. Letztendlich führt uns dieser Weg sogar weit über das hinaus, was möglich zu sein scheint.

Achten Sie heute auf Ihre Gedanken und Gefühle. Fragen Sie sich: «Woher stammen sie? Sind das meine authentischen Gedanken und Gefühle oder hat mich jemand anders dazu programmiert?» Praktisch ausgedrückt, ist diese Praline, nach der es Sie gelüstet, ein echtes Bedürfnis Ihres Körpers oder die Folge eines Werbespots aus dem Fernsehen?

Glaubt einem, der es versucht hat. Vergil

Epiktet war ein berühmter Lehrer des bewussten Lebens, der während unruhiger Zeiten in Rom lehrte. Er wurde in die Sklaverei geboren und stieg nur durch die durchdringende Kraft seiner Lehren auf. Als eine Welle des Fundamentalismus über die Stadt schwappte, angeführt von dem Eifer früher Christen, wurden Lehrer wie Epiktet aus Rom verbannt und mussten an fernen Orten Zuflucht suchen. Doch die Menschen pilgerten weiter zu Epiktet, und glücklicherweise schrieb einer seiner Schüler die wichtigsten Punkte seiner Lehre auf. Wenn Sie irgendwo auf der Welt zu einem Zwölf-Schritte-Programm gehen, dann lernen Sie Epiktet auf ganz praktische Weise kennen: Das Gelassenheits-Gebet, das Millionen aufrichtiger Menschen jeden Tag beten, basiert auf seiner 2000 Jahre alten Lehre.

Fragen Sie sich heute zu Ehren von Epiktet: Welche Erkenntnisse von mir könnten Menschen auch noch in 2000 Jahren helfen ihr Leben zu verändern? Welche Überzeugungen von mir wären es wert, mich aus der Stadt zu jagen? Welche Wissensschätze von mir könnten Menschen veranlassen von weit her zu reisen, um von mir zu lernen, selbst wenn man mich vertrieben hätte?

Ich glaube immer erst das Beste in jedem Menschen – das erspart mir viel Ärger. Rudyard Kipling

Selbst eine geringe Menge an Wertschätzung kann, wenn sie ernst gemeint ist, zu einer Welle positiver Energie für den ganzen Tag führen. Einer meiner Freunde hat eine Technik entwickelt, die er «Wertschätzungsvorschuss» nennt und durch deren Kraft er die Interaktionen mit anderen Menschen verbessert: Noch bevor er aufsteht, ehrt er die Menschen, denen er an diesem Tag wahrscheinlich begegnen wird. Er konzentriert sich vor allem auf Menschen, zu denen er eine schwierige Beziehung hat. Sein Ziel ist es, eine Welle positiver Energie durch die potentiellen Knackpunkte der Beziehung zu schicken. Er lobt die Vorteile dieser Vorschussmethode in höchsten Tönen und meine Erfahrungen mit dieser Technik untermauern seine Begeisterung. Versuchen Sie es und schauen Sie, ob es nicht auch für Sie funktioniert.

Halten Sie einen Augenblick inne und denken Sie an die Interaktionen, die Sie heute haben werden. Stellen Sie sich einige der Menschen vor, denen Sie begegnen werden, und vergessen Sie nicht auch an die zu denken, mit denen Sie eine schwierige Beziehung verbindet. Stellen Sie sich vor, wie Sie einen Strahl der Wertschätzung auf sie richten. Spüren Sie einen Moment lang für jeden Einzelnen von ihnen aufrichtige Wertschätzung.

Wir wenden unseren Freunden so oft den Rücken zu, dass wir schon fast ihre Vettern sein könnten.

Henry David Thoreau

Vergebung ist eine subtile Kunst mit gewaltigen Vorteilen. Sie wird unter anderem deshalb nicht häufiger praktiziert, weil wir unsere Vergebung nicht mit Akzeptanz einleiten. Viele Menschen, die es gut meinen, versuchen, über ihre negativen Gefühle hinwegzusehen, um vergeben zu können. Vielleicht können einige Menschen ihre negativen Gefühle mit einem Wandel zur Vergebung tatsächlich versiegeln, aber die meisten von uns müssen feststellen, dass die negativen Gefühle immer wieder zurückkommen, solange wir keine organische Vergebung erzielt haben. Die Kunst der organischen Vergebung beruht darauf, die negativen Gefühle für den Menschen, dem man vergeben will, anzuerkennen. Wenn wir unsere Wut oder unsere Trauer über diesen Menschen anerkennen, spüren wir oft das Erblühen einer dauerhafteren Form der Vergebung. Die negativen Gefühle, die wir für den anderen empfinden, lösen sich normalerweise erst auf, wenn sie umfassend anerkannt werden.

Führen Sie heute ein Experiment der organischen Vergebung durch. Denken Sie an jemand, mit dem Sie eine schwierige Beziehung verbindet. Anstatt sich zu künstlichen Gefühlen der Vergebung zu zwingen, erkennen Sie Ihre Wut oder Trauer, Ihr Gefühl des Betrogenseins oder jede andere Emotion bezüglich dieses Menschen umfassend an. Holen Sie ein paar Mal tief Luft mit diesen Gefühlen und öffnen Sie sich dann der Vergebung.

I got the sun in the mornin' and the moon at night.

Irving Berlin

Die meisten von uns sind mit folgender Definition der Wertschätzung vertraut: Man spricht positiv von jemand oder etwas. Es gibt jedoch noch eine weitere Definition, die ebenfalls wichtig ist: sich einer Sache oder eines Menschen «einfühlsam bewusst sein», wie ein Filmkritiker die Schnitttechnik eines Filmes schätzt, während andere dem Schnitt überhaupt keine Bedeutung beimessen. Sich der gewöhnlichen und oft übersehenen Teile des Lebens einfühlsam bewusst zu sein kann ungeheure Vorteile bringen. Eine Bekannte von mir verbrachte ein Wochenende auf einem Sensorik-Bewusstseins-Workshop, auf dem sie die Aufgabe erhielt, eine Stunde lang eine einzige frische Kirsche zu essen. Die Übung hatte eine solche Wirkung auf sie, dass sie in den folgenden Monaten durch achtsames Essen fast dreißig Pfund verlor. Indem sie sich neu auf die Bedürfnisse ihres Körpers konzentrierte und diese Bedürfnisse erfüllte, definierte sie ihre Beziehung zu Nahrungsmitteln völlig neu.

Führen Sie jetzt sofort ein Dreißig-Sekunden-Experiment der Wertschätzung durch. Sehen Sie sich in Ihrer Umgebung um, bis Ihr Auge auf etwas Gewöhnliches fällt – etwas, das Sie vielleicht schon tausend Mal zuvor gesehen haben. Gehen Sie hin und studieren Sie es sorgfältig dreißig Sekunden lang. Enren Sie es, seien Sie sich dieses Gegenstands einfühlsam bewusst. Wenn Sie wollen, können Sie dieses Experiment heute im Laufe des Tages mehrmals durchführen.

Ich suche nicht, ich finde. Pablo Picasso

Auf dem Weg des bewussten Lebens besteht eine unserer obersten Prioritäten darin, Frieden für Körper und Geist zu schaffen. Unsere Stimmungen üben eine starke Wirkung auf unser ganzes Leben aus. Das lässt sich leicht beweisen. Achten Sie darauf, wie Sie die Welt in einem rosigen Licht sehen und andere besser behandeln, wenn Sie sich in einem Stimmungshoch befinden. Sobald Ihre Laune fällt, tauchen negative Gedanken auf und man sieht auch seine Mitmenschen düsterer. Einer meiner Freunde besitzt einen Oldtimer, den er unablässig hätschelt und pflegt. Wenn er guter Laune ist, stellt sein Auto für ihn einen herrlichen Schatz dar, den er voller Stolz besitzt. Wenn er schlechter Laune ist, hält er dasselbe Auto für einen Alptraum, der Geld schluckt und ihm ständig Ärger mit seiner Frau beschert. Das Auto ändert sich nicht, aber seine Sicht der Dinge ändert sich mit seiner Stimmung. Das gilt für jeden von uns. Wenn wir guter Laune sind, ist die Welt voller Möglichkeiten. Sind wir schlechter Laune, wirkt sie unsicher und beschränkt. Sie müssen viel über Ihre Stimmungen lernen, damit Sie sie beherrschen können und nicht umgekehrt.

Machen Sie den heutigen Tag zu einem Stimmungs-Bewusstseins-Tag. Studieren Sie einfach die Schwankungen Ihrer Launen – achten Sie darauf, wann Sie guter und wann Sie schlechter Laune sind. Machen Sie sich klar, dass die Qualität Ihrer Gedanken und Gefühle Ihnen ein exaktes Barometer für Ihre Stimmungen liefert.

Alles, was wir sind, sind wir durch unsere Gedanken.
Buddha

Kultivieren Sie eine neue Beziehung zu Ihren Gedanken. Verurteilen und kritisieren Sie sie nicht, achten Sie einfach auf sie. Das ist aus mehreren Gründen eine machtvolle Übung. Zum einen werden Sie feststellen, dass Ihre Gedanken ein Spiegel Ihrer Stimmungen sind. Wenn Sie Ihre Gedanken beobachten, werden Sie auch erkennen, dass Sie viel mehr sind als nur Ihre Gedanken. Ihre Fähigkeit, Ihre Gedanken zu beobachten – sie vorüberziehen zu sehen wie Wolken am Himmel –, schenkt Ihnen eine bemerkenswerte Klarheit über sich selbst. Sie werden begreifen, dass Ihre Gedanken einfach nur Gedanken sind, nicht notwendigerweise etwas, das man ernst nehmen muss. Ihre Sichtweise ist einfach nur Ihre Sichtweise, weder richtig noch falsch, einfach die Art und Weise, wie Sie die Dinge sehen. Wenn Sie das erkennen, verstehen Sie auch, dass Sie Ihre Ansichten nicht verteidigen müssen. Sobald Sie das Bedürfnis loslassen, Ihren Standpunkt zu verteidigen, werden Sie mehr Sicherheit und größeren Seelenfrieden verspüren.

Legen Sie im Laufe des Tages gelegentlich eine Pause ein und verändern Sie Ihre Einstellung in Bezug auf Ihre Gedanken. Beurteilen Sie Ihre Gedanken nicht, lassen Sie sie einfach strömen – das werden sie ohnehin. Nehmen Sie den Fuß von der Bremse und genießen Sie den Strom Ihrer Gedanken, ohne zu kritisieren oder zu urteilen. Machen Sie Urlaub von der ständigen Bewertung Ihrer Gedanken.

Das Wissen um das Mögliche ist der Anfang des Glücks.
George de Santayana

Ein Schüler des bewussten Lebens ist immer auch ein eifriger Schüler der Stimmungen. Sie müssen das große Geheimnis kennen, wie man guter Laune bleibt. Sie müssen erkennen können, was einen Stimmungsumschwung einleitet, damit Sie wissen, was Sie gegebenenfalls dagegen tun können. Versuchen Sie nicht, ständig dieselbe Stimmung zu haben – Stimmungen sollen hin und wieder schwanken. Ihre Aufgabe besteht darin, rechtzeitig festzustellen, wann Ihre Laune umkippt, und Maßnahmen zur Wiederherstellung des Gleichgewichts zu ergreifen, bevor die Qualität Ihres Tages beeinträchtigt wird. Die Werbung will uns glauben machen, dass wir Zufriedenheit erlangen, wenn wir beispielsweise die richtige Zigarettenmarke rauchen. Das ist nichts als ein Haufen Lügen. Der wichtigste Faktor, der unsere Stimmung umkippen lässt, ist der Augenblick, in dem wir unserer Integrität untreu werden. Wenn wir das tun, stürzt unsere Stimmung ins Bodenlose.

Schärfen Sie heute Ihr Einfühlungsvermögen für Ihre Launen. Achten Sie auf die Wirkung der Nahrungsmittel und Getränke, die Sie zu sich nehmen, und darauf, was passiert, wenn Sie wichtige Gefühle wie Angst, Trauer und Wut ignorieren. Beobachten Sie, was mit Ihnen geschieht, wenn Sie anderen die Wahrheit vorenthalten. Wenn Sie lernen, alles zu erkennen, was zu einem Stimmungswechsel führt, können Sie rechtzeitig Vorsichtsmaßnahmen ergreifen, um klar und bei guter Laune zu bleiben.

Was dir auch widerfährt, es war dir von Ewigkeit her vorbestimmt.
Marc Aurel

Integrität stammt von einem Wort, das «Ganzheit» bedeutet. Wenn wir also unsere Integrität verlieren, verlieren wir in Wirklichkeit unsere Ganzheit. Unsere Stimmung ist ein unglaublich einfühlsames Barometer für den Zustand unserer Integrität: Wann immer wir das Gefühl verlieren, mit uns selbst, mit anderen Menschen oder mit dem Universum in Verbindung zu stehen, wird unsere Stimmung umkippen. Wenn wir beispielsweise ein Gefühl ignorieren, wird das umgehend eine Verschlechterung unserer Laune zur Folge haben. Wenn wir ein Gefühl nicht anerkennen, wenn wir uns über dieses Gefühl hinwegsetzen oder es verdrängen, kippt unsere Laune. Bitte verstehen Sie mich richtig: Meistens ist es nicht notwendig, dass wir unsere Gefühle ausleben; sie werden vorüberziehen wie ein Windhauch oder eine Sommerbrise. Wir müssen die Gefühle jedoch begrüßen und sie fühlen, denn ignorieren wir sie, verschlechtert sich unsere Laune.

Halten Sie jetzt sofort inne und stimmen Sie sich auf Ihre Gefühle ein. Werden Sie sich Ihrer Empfindungen und Gefühle vorurteilsfrei bewusst. Legen Sie auch im Laufe des Tages gelegentlich eine Pause ein, um diese Art von «Gefühlsschnappschuss» zu tätigen. Wenn Sie das Gefühl haben, dass sich Ihre Stimmung verschlechtert, dann nehmen Sie sich die Zeit und stimmen Sie sich auf Ihre Gefühle ein.

Ich zeige dir die Angst in einer Hand voll Staub.
T. S. Eliot

Regelmäßig strömen einige wichtige und mehrere weniger wichtige Gefühle durch Ihren Körper. Das häufigste Gefühl ist die Angst. Angst wird vor allem an der Vorderseite des Körpers verspürt, im Magen und im Brustkasten. Die meisten Menschen nehmen sie als Kribbeln und als Übelkeit wahr, aber wir alle besitzen unsere ganz persönliche Variante der Angst. Das zweithäufigste Gefühl ist das Verletztsein oder die Trauer, das dritthäufigste die Wut. An vierter Stelle stehen sexuelle Empfindungen. Wenn Sie Ihre Gefühle sorgfältig unter die Lupe nehmen, können Sie feststellen, dass viele Ihrer sonstigen Gefühle in Wirklichkeit Variationen dieser Hauptgefühle sind. Verärgerung und Verstimmung sind beispielsweise Varianten der Wut, während die Sorge eine mildere Version der Angst ist. Um im Gleichgewicht zu bleiben, müssen Sie ein Experte im Erkennen Ihrer Gefühle werden. Stellen Sie sich diese Fertigkeit als etwas vor, das ebenso wichtig ist wie das Erlernen des Alphabets in der Grundschule.

Machen Sie es sich im Laufe des Tages zur Gewohnheit, die «Hauptgefühlszonen» Ihres Körpers abzutasten. Überprüfen Sie die Vorderseite Ihres Körpers – Brust und Bauch – auf Trauer und Angst und Ihre Schultern, den Hals und den Rücken auf Anzeichen der Wut. Denken Sie daran: Sie müssen Ihre Gefühle nicht immer ausleben. Doch auf sie zu achten – sie einfach zu fühlen – ist der Schlüssel für ein Leben im inneren Gleichgewicht.

Es ist eine gute Übung, vollkommen offen mit sich zu sein.
Sigmund Freud

Eine wichtige Wahrheit kann groß oder klein sein. Natürlich wollen wir nicht den ganzen Tag jede Kleinigkeit ausposaunen, die in uns vorgeht, aber wichtige Wahrheiten müssen wir unbedingt aussprechen. Ich war einmal wütend auf einen engen Freund wegen etwas, das ich als Kränkung empfand. Er hatte mich an meinem Geburtstag nicht wie üblich angerufen. Anstatt ihm zu sagen, wie gekränkt ich war, hielt ich den Mund. Bald schon hegte ich negative Gedanken über ihn. Glücklicherweise erkannte ich, was ich tat, als meine Stimmung immer düsterer wurde. Ich überlegte mir, woran das liegen konnte, und fand den Augenblick, als ich ein Gefühl zurückgehalten hatte. Ich holte tief Luft, nahm den Hörer zur Hand und sagte ihm, was ich fühlte. Zu meiner Überraschung brach er in Tränen aus. Er durchlebte eine Krise in seiner Ehe – seine Frau hatte ihm mitgeteilt, sie liebe einen anderen Mann. Er hatte mich anrufen wollen, sich aber geschämt, mir all das zu erzählen. Wir klärten eine potentiell lebenslange Tragödie in zehn Minuten am Telefon. Und das Band unserer Freundschaft wurde dadurch noch stärker.

Denken Sie an jede Beziehung, die in den letzten Jahren abgekühlt oder bitter geworden ist. Fragen Sie sich selbst, ob es daran liegt, dass Sie mit Ihren Gefühlen hinter den Berg gehalten haben. Wenn dem so ist, überlegen Sie, ob Sie der betreffenden Person alles beichten sollten.

Was von Herzen kommt, geht zu Herzen.

Samuel Taylor Coleridge

Die Wahrheit zu sagen ist umstritten, aber es gibt eine Möglichkeit, die Sache zu vereinfachen. In manchen Büchern heißt es, man solle immer und unter allen Umständen die Wahrheit sagen. In anderen steht zu lesen, dass man die Wahrheit nur dann sagen solle, wenn Sie niemanden verletzt. Ein häufig zitiertes Beispiel ist die außereheliche Affäre. Lassen Sie uns annehmen, ein Mann hatte eine Affäre, die er jedoch schon beendet hat. Muss er seiner Ehefrau davon erzählen? Mit welcher der folgenden beiden Möglichkeiten fühlen Sie sich am wohlsten? Ja, er sollte es seiner Frau sagen, denn wenn er sein Geheimnis bewahrt, verliert er seine Integrität und zerstört die mögliche Transparenz, die eine enge Beziehung erst erfolgreich macht. Oder nein, er sollte es ihr nicht sagen, weil das seine Frau unnötig verletzen würde.

Erstellen Sie heute entsprechend der Antwort, die Sie auf das oben genannte Dilemma gewählt haben, eine Kosten-Nutzen-Analyse, wie diese Einstellung Ihr Leben beeinflusst. Mit anderen Worten, wenn Sie sich für «Ja, er sollte es ihr sagen» entschieden haben, dann denken Sie über den Preis nach, den Sie dafür zahlen mussten, und welche Vorteile Ihnen diese Einstellung bislang eingebracht hat. Tun Sie dasselbe, wenn Sie sich für «Nein, er sollte es ihr nicht sagen» entschieden haben.

Das Zeitalter der Wunder währt immerdar.

Thomas Carlyle

Eine wissenschaftliche Studie, die vor einigen Jahren angefertigt wurde, gewährt tiefe Einblicke in die Problematik der Selbstwertgefühle. Die Wissenschaftler legten Vorschulkindern kleine, stimmaktivierte Aufnahmegeräte an und analysierten am Ende der Woche die Bänder. Etwa 85 Prozent der Kommunikation waren negative Botschaften an die Adresse der Kinder: «Tu das nicht, hör damit auf, sei still – du wirst dir noch wehtun, wenn du nicht sofort ________.» Beim bewussten Leben geht es darum, einfühlsam für die Botschaften zu werden, die wir jeden Tag empfangen, aber auch für die Botschaften, die wir in die Welt entsenden. Auch Sie sind wahrscheinlich weitaus einfühlsamer, als Ihnen das klar ist. Chirurgen lernen beispielsweise, sorgfältig auf das zu achten, was sie während einer Operation sagen, damit die narkotisierten Patienten keine negativen Botschaften aufnehmen.

Achten Sie im Laufe des heutigen Tages auf den Ton und den Inhalt der Botschaften, die andere sich (und Ihnen) übermitteln. Schenken Sie Ihre Aufmerksamkeit besonders jenen Worten, die Sie laut aussprechen. Finden Sie das Verhältnis zwischen positiven und negativen Botschaften heraus.

Und überhaupt, wer bin ich eigentlich?

Graffito an einer Mauer in New York

Wenn man sich Kindheitsfotos ansieht, erblickt man für gewöhnlich viel mehr Freude und Staunen auf den Gesichtern als auf denselben Gesichtern zur High-School-Zeit. Das liegt vor allem daran, dass man die Wahrnehmung anderer über sich selbst aufnimmt, wenn man aufwächst. Stellen Sie sich vor, wie Sie empfangen wurden: Sie waren eine winzige chemische Explosion an Möglichkeiten. Doch kurz nach dieser Explosion tauchten Sie in die Gedanken und Gefühle anderer Menschen über Sie ein. Wollten sie Sie? Liebten sie Sie? Ob sie das taten oder nicht, es war nur deren Wahrnehmung von Ihnen. Diese Wahrnehmung basierte auf ihrer Finanzlage, diversen Problemen, mit denen sie zu kämpfen hatten, dem Timing und vielen anderen Faktoren. Höchstwahrscheinlich hatte es mit Ihnen persönlich gar nichts zu tun; für jeden anderen hätten sie dasselbe empfunden. Ein Teil der Reise des bewussten Lebens besteht darin, den Menschen, der Sie wirklich sind, von dem Menschen zu trennen, für den andere Sie halten. Dieser Unterschied spielt in jedem Augenblick Ihres Lebens eine Rolle.

Denken Sie einen Augenblick über die folgende Frage nach: Wer bin ich, unabhängig von der Wahrnehmung, die andere von meiner Person haben? Wenden Sie diese Frage im Laufe des heutigen Tages auf die wichtigsten Menschen an, mit denen Sie in Kontakt treten: Wer bin ich, unabhängig von dem, was dieser Mensch von mir hält?

Ich benenne das Prinzip, durch welches jedwede geringfügige Variation, so sie denn nützlich ist, bewahrt wird, mit dem Begriff der natürlichen Zuchtauswahl. Charles Darwin

In dem Augenblick, in dem Sie empfangen wurden, und ganz sicher in dem Augenblick, in dem Sie auf die Welt kamen, wurden Sie Teil einer Familie und einer Geschichte, die schon in vollem Gange war, als Sie die Bühne betraten. Das Stück mitsamt allen Personen lief schon, bevor Sie eintrafen. Höchstwahrscheinlich wurden Sie eine Figur in diesem Drama. Ihre eigenen Reaktionen wurden zum Teil des Stücks in Ihrer aller Leben – sei es eine Komödie oder eine Tragödie. Ungeachtet der Tatsache, wer Sie waren und was Sie darstellen, Sie mussten sich in dieses Stück einfügen, um zu überleben. Selbst wenn Sie dagegen rebellierten, reagierten Sie damit dennoch auf dieses Stück. Mit anderen Worten, solange Sie nicht das Familiendrehbuch durchschauen, wiederholen Sie eifrig das Drehbuch oder lehnen sich stets dagegen auf.

Fragen Sie sich, wie Ihr Familiendrehbuch aussieht. Wenn Ihre Familiengeschichte ein Fernsehstück wäre, welchen Titel würde es tragen? Wäre es die Geschichte eines Überlebenskampfes? Oder ein Drama gegensätzlicher Kräfte? Fragen Sie sich, welche Rolle Sie in diesem Stück spielen. Sind Sie der verlorene Sohn? Die liebreizende Tochter? Das Kind, für das alles andere geopfert wurde? Überlegen Sie heute, wie diese Rolle Ihr Leben geformt hat.

Wir berühren uns immer nur an Punkten.

Ralph Waldo Emerson

Die meisten Menschen denken beim Thema «Beziehungen» an Bindung und Nähe. Obwohl das wichtige Bestandteile einer Beziehung sind, ist die Nähe nur Teil des Ganzen. Intimität hängt auch davon ab, dass man lernt, autonom zu sein. Mit anderen Worten, eingebettet in die Intimität liegen zwei dringliche Bedürfnisse: das Verschmelzen und die Individuation. Die meisten von uns sind sich der Zugkraft, die von diesen beiden natürlichen Beziehungspolen ausgeübt wird, nicht bewusst. In der Tat haben viele Menschen gelernt, an ihren Beziehungen zu zweifeln, wenn der Partner mehr Zeit für sich, seine Interessen oder Freunde fordert. Auf dem Weg des bewussten Lebens ist es wichtig, unseren einzigartigen «Beziehungstanz» zu entdecken und die Beziehung stark genug zu machen, um die unterschiedlichen Bedürfnisse nach Nähe und Freiraum zu erfüllen, die im Laufe der Zeit zwischen den Partnern auftreten.

Denken Sie einen Augenblick über die Art und Weise nach, wie Sie Ihr Beziehungsleben gestalten. Haben Sie Ihre Aufmerksamkeit bislang mehr dem Verschmelzen oder der Individuation geschenkt? Wie hoch wäre auf einer Skala von eins bis zehn Ihr Wunsch nach Nähe und wie hoch Ihr Wunsch nach Freiraum? Was können Sie für Ihre momentanen Beziehungen daraus lernen?

Das Geheimnis des Erfolgs ist die unablässige Zielstrebigkeit.
Benjamin Disraeli

Je erfolgreicher Sie werden, desto mehr könnten Sie befürchten, andere im Stich zu lassen, wenn Sie Ihr ganzes Potential entwickeln. Eine erfolgreiche Unterhaltungskünstlerin aus meinem Bekanntenkreis hat sich aus diesem Grund jahrelang zurückgehalten. Unbewusst hatte sie das Gefühl, wenn sie selbst unglücklich und erfolglos wäre, würde sie ihre Freunde aus schlechteren Zeiten nicht im Stich lassen. Sie durchlief eine Phase, in der sie sich selbst schwer strafte, weil sie langsam einen Erfolg nach dem anderen verbuchte. Selbst nachdem sie ein berühmter Star wurde, fühlte sie sich schrecklich. Ihr Verstand hatte die folgende verdrehte Gleichung aufgestellt: «Obwohl ich jetzt reich und berühmt bin, muss ich mich nur schlecht fühlen, dann lasse ich meine Freunde nicht im Stich. Wenn ich meinen Erfolg nicht genieße, werden sie mir vergeben, dass ich reich und berühmt bin.» Mit Hilfe ihrer Freunde war sie in der Lage, diese Denkweise loszulassen. Sie führte einige bewusste Gespräche mit ihnen, teilte ihnen ihre Ängste mit und konnte feststellen, dass ihre Freunde sie ungeachtet ihres Erfolgs immer noch um ihrer selbst willen liebten.

Sehen Sie sich die verschiedenen Indikatoren für Ihren Erfolg (oder Mangel an Erfolg) an. Fragen Sie sich, ob Sie sich eventuell aus Furcht zurückhalten, andere im Stich zu lassen. Wenn ja, fragen Sie sich, ob Sie mit der Furcht auch auf andere Weise umgehen könnten, ohne sich selbst als Geisel zu nehmen.

Die Liebe besteht darin, dass zwei Einsamkeiten einander schützen, grenzen und grüßen. Rainer Maria Rilke

Nur die bedingungslose Liebe ist stark genug, um mit all der Negativität umzugehen, der Sie in Ihrem Leben begegnen. Die Liebe ist deshalb eine so mächtige Heilerin, weil sie groß genug ist, um auch ihr Gegenteil in sich aufzunehmen – Sie können sich dafür lieben, dass Sie sich nicht lieben können! Einige von Ihnen hatten möglicherweise das Glück, als Kinder bedingungslos geliebt zu werden. Doch ich habe mit Menschen gearbeitet, die in Situationen hineingeboren worden waren, wo es wenig oder gar keine Liebe gab. Eine meiner ersten Klientinnen war eine Frau, die durch eine Vergewaltigung empfangen und in einem Konzentrationslager auf die Welt gekommen war. Obwohl sie als Kleinkind zur Waise wurde und rundum von unaussprechlichem Schrecken umgeben war, fühlte sie letztendlich so viel bedingungslose Liebe für sich selbst und andere, dass sie zu einer unvergleichlichen Inspiration wurde.

Nehmen Sie sich jetzt die Zeit, um Liebe für sich selbst zu spüren. Gleichgültig, was Sie früher gedacht oder getan haben, gleichgültig, wie Sie sich gerade fühlen, lieben Sie sich selbst. Wenn Sie das nicht können, dann lieben Sie sich dafür, dass Sie sich nicht lieben können. Eine gute Möglichkeit, den Strom der Liebe in Gang zu setzen, besteht darin, an jemand zu denken, den Sie wirklich lieben … und sich dann auf dieselbe Weise zu lieben.

Auseinandersetzungen würden nie lange dauern, wenn der Fehler nur auf einer Seite läge. La Rochefoucauld

Wenn Sie einen Streit vom Zaun brechen wollen, dann tragen Sie strittige Ansichten vor. Obwohl an einem Streit an sich nichts falsch ist, empfehle ich Ihnen, sich Auseinandersetzungen für die Zeiten aufzuheben, wo Sie sie bewusst durchführen können. In engen Beziehungen sollten Sie zu Ihren Partnern nur Dinge sagen, über die sich nicht streiten lässt. Die unstrittigsten Themen, die ich entdeckt habe, sind: Körperempfindungen wie Anspannung; Kerngefühle wie Wut und Trauer; Fakten wie nicht eingehaltene Absprachen; Interpretationen und Fantasien wie beispielsweise der Gedanke an eine frühere Flamme während des Liebesspiels und zu guter Letzt vertraute Muster wie eine Interaktion, die Sie an Familienzusammenkünfte erinnert. Kreativität und erneuerte Intimität erblühen in Beziehungen, in der beide Partner unbestreitbare Wahrheiten aussprechen.

Führen Sie ein Experiment durch und sprechen Sie heute nur unbestreitbare Wahrheiten aus. Fangen Sie mit etwas Einfachem an: Sagen Sie nicht «Es ist ein herrlicher Tag» (was immer Ansichtssache ist), sondern etwas Unbestreitbares wie «Ich genieße den Sonnenschein». Machen Sie kein Kompliment wie «Sie haben heute eine tolle Frisur», sondern ersetzen Sie es durch eine unbestreitbare Wahrheit wie «Mir gefällt die Art, wie Sie Ihre Haare tragen». Sie übermitteln damit dieselbe Information, aber auf eine Art und Weise, die jedem Streit vorbeugt.

Integrität ist die Bereitschaft, die eigene Identität nicht zu verletzen. Erich Fromm

Die meisten Menschen sind der Ansicht, Verantwortung in engen Beziehungen bedeutet, die Bürde auf die eigene Schulter zu nehmen. Von meinen Schülern und Klienten habe ich gelernt, dass Machtkämpfe in dem Moment anfangen, in dem einer der Partner die 100-prozentige Verantwortung aufgibt. Die häufigsten Klagen, die ich höre, lauten: «Ich bin es leid, mehr als meinen Anteil zu übernehmen» oder «Ich bringe meinen Partner einfach nicht dazu, mehr Verantwortung zu übernehmen (oder mehr Interesse aufzubringen)». Diese Klagen enden erst, wenn die Betroffenen die volle gesunde Verantwortung dafür übernehmen, diesen Konflikt geschaffen zu haben. Das Herz der Verantwortung ist das ehrliche Erstaunen und das ist eine Ganzkörpererfahrung, keine kognitive Aufgabe. Wer die 100-prozentige Verantwortung übernimmt, könnte sagen: «Ich wundere mich, wie und warum ich in unserer Beziehung um Macht kämpfe.» Wenn man anfängt zu staunen, hat die organische Körperweisheit die Chance, die Probleme in kreative Lösungen zu verwandeln.

Führen Sie ein 30-Sekunden-Experiment des Körperbewusstseins durch: Spüren Sie alle Stellen, wo Sie in Ihrem Körper eine Last tragen, und alle Stellen, wo Sie Schuldzuweisungen tragen. Sobald Sie diese Stellen fühlen, ersetzen Sie Bürde und Schuld durch das Gefühl des Staunens … und laden Sie Ihren Körper im Laufe des Tages immer neu mit Staunen auf.

Für mich sind die einzig richtigen Menschen die Verrückten, diejenigen, die verrückt genug sind, um zu leben – diejenigen, die niemals gähnen oder einen Gemeinplatz von sich geben, sondern brennen, brennen, brennen.

Jack Kerouac

Unser eigenes Wesen hat einen persönlichen Geschmack, der ihn von jedem anderen Wesen unterscheidet. Gleichzeitig können wir ein Wesen spüren, das über uns hinausgeht, das Gefühl der Verbindung mit allen Dingen. Um dieses universelle Wesen zu fühlen, müssen wir uns darauf konzentrieren, dass wir alle im Grunde dasselbe sind. Letztendlich wurzelt unser Selbstwert in dem Gefühl unseres eigenen Wesens und des alle einschließenden Wesens. Wenn unsere Bewusstheit wächst, erkennen wir, dass die Person, die wir in Wirklichkeit sind, unberührt ist von den Botschaften, die wir erhalten, oder den Lebenserfahrungen, die wir gemacht haben. Es gibt einen Teil in uns, der immer genau gleich geblieben ist, vollständig frei und unberührt von den Ereignissen des Lebens.

Spüren Sie heute Ihr persönliches Wesen. Spüren Sie in Ihrem Körper und Ihrem Geist, wie Sie immer derselbe Mensch geblieben sind, spüren Sie das Gefühl im Innern, das schon immer gleich gewesen ist – Ihren Wesenskern. Das Leben kann rau oder glatt verlaufen, er bleibt unverändert. Stellen Sie sich den heutigen Tag als Kinofilm vor. Manchmal zeigen die Bilder auf der Leinwand eine Tragödie, manchmal eine Komödie, aber Ihr eigentliches Wesen ist wie das Licht aus dem Projektor – es bleibt immer gleich, selbst ohne die flackernden Bilder.

Oktober

Natürlich gibt es keine Formel für den Erfolg, außer vielleicht die bedingungslose Akzeptanz des Lebens und was es einem bringt.
Arthur Rubinstein

Mittlerweile sind Sie sicher vertraut mit dem Konzept der «Erfolgsangst», der Neigung von uns Menschen, uns wieder «auf den Boden der Tatsachen» zu holen, nachdem wir einen Durchbruch oder einen großen Gewinn getätigt haben. Ein Beispiel: Die Mutter der Familie erhält die lang ersehnte Beförderung. Kurz danach entwickelt eines der Kinder eine schwere Allergie gegen örtliche Frühlingspollen, ein anderes bekommt Probleme in der Schule und der Vater schließt seine Schlüssel im Wagen ein und ruft seine Frau während einer wichtigen Sitzung an. Bei der Durcharbeitung dieses Themas erkennen sie, dass jeder von ihnen (einschließlich der Mutter) bestimmte Ängste angesichts dieser Beförderung hat. Wird sie erfolgreicher werden als der Vater? Wird sie weniger Zeit mit den Kindern verbringen? Ihre unterschiedlichen Symptome – kämpfen, niesen, Schlüssel verlieren – verkörperten die Ängste der Familienmitglieder. Sobald sie ihre Ängste anerkennen, verschwinden auch die Symptome.

Listen Sie Ihre Symptome tabellarisch auf: körperliche Erkrankungen, Gewohnheiten, Beziehungsprobleme. Nehmen Sie sich ein oder zwei vor und erinnern Sie sich, wann Sie sie das letzte Mal erlebt haben. Sind Sie gleich nach einer Phase des Vergnügens oder des Wohlbehagens aufgetreten? Wenn ja, dann könnte es sich um Erfolgsangst handeln: Sie bestrafen sich dafür, dass Sie sich gut fühlen.

Das ist es! Kenny Loggins

Stellen Sie sich vor:

Ein Basketballspieler hastet auf den Korb zu, bleibt abrupt stehen, wirft und sichert Sekundenbruchteile vor Spielende noch den Sieg.

Eine Geschäftsfrau holt tief Luft und stellt einen Spendenscheck für eine große Vision aus.

Zwei Liebende lassen die Vergangenheit los und engagieren sich für die Gegenwart.

Eine Pattsituation in einem Sitzungssaal mündet plötzlich in den Durchbruch zur Lösung.

Alles Wichtige im Leben lässt sich auf zehn Sekunden lange Augenblicke der Gelegenheit reduzieren, in denen man sich entweder bewegt oder regungslos verharrt. Wenn Sie sich bewegen, könnten Sie verlieren. Wenn Sie sich nicht bewegen, werden Sie nie erfahren, was Ihnen entgangen ist oder was Sie hätten erreichen können.

Halten Sie heute bei all Ihren Aktivitäten Ausschau nach jenen winzigen Momenten der Gelegenheit, die den Verlauf des Tages und Ihres Lebens in eine positive Richtung wenden könnten.

Wachstum ist der einzige Beweis des Lebens.

Kardinal Newman

Ein Lern-Paradigma bietet gewisse Vorteile gegenüber einem therapeutischen oder heilenden Paradigma. Bei letzteren müssen wir etwas als falsch erkennen, bevor es uns besser gehen kann. Diese Sichtweise kann zwar ganz nützlich sein, wenn man krank ist, aber für Gesunde ist sie weniger hilfreich. Ein Lern-Paradigma geht nicht davon aus, dass etwas mit uns nicht stimmt – es sagt nur, dass unser Leben leichter und produktiver wird, wenn wir bestimmte Dinge lernen. Das Therapie-Paradigma konzentriert sich häufig auf Ereignisse von früher, um auf diese Weise eine positivere Gegenwart zu erzielen. Dieser Fall mag zwar eintreten, aber häufig bleiben die Betroffenen nur in der Vergangenheit gefangen und nehmen sich als Opfer wahr. Das Lern-Paradigma lädt uns ein, die gesamte Verantwortung für unser Leben zu übernehmen, uns für die Gegenwart zu engagieren und Ziele für die Zukunft zu bestimmen. Wenn wir das tun, können Ereignisse aus der Vergangenheit an die Oberfläche kommen, aber sie tauchen im Zusammenhang einer nach vorn gerichteten Reise auf, nicht als Kniefall vor der Vergangenheit.

Halten Sie kurz inne und fragen Sie sich: «Was muss ich heute am dringlichsten lernen?» Seien Sie offen für jeden Gedanken, der Ihnen durch den Kopf schießt. Legen Sie im Laufe Ihrer heutigen Aktivitäten öfter mal eine Pause ein und fragen Sie sich: «Was muss ich in dieser Situation lernen?»

Gott weiß, ich bin nicht der, der ich sein sollte, nicht einmal der, der ich sein könnte. Robert Burns

Eine der wichtigsten Regeln, an die wir uns auf unserer Reise des bewussten Lebens erinnern sollten, lautet: *regelmäßiges Training*. Erinnern Sie sich an den Tennisspieler Boris Becker? Er hat im bemerkenswerten Alter von 17 Jahren das Turnier in Wimbledon gewonnen. Im nächsten Jahr schaffte er jedoch kaum die Qualifikation. Der außergewöhnlich talentierte junge Mann feuerte den Trainer, der ihm geholfen hatte, diesen Erfolg zu erzielen. Es scheint unglaublich, aber genau das hat er getan. Vielleicht dachte er, nachdem er jünger als sonst jemand das größte Turnier im Tennissport gewonnen hatte, brauche er kein Training mehr. Das Leben katapultierte ihn danach vom Tenniscourt. Das Leben spricht oft sanft zu uns, wenn wir im Training bleiben, jedoch mit brutaler Härte, wenn wir uns dem Training verweigern.

Legen Sie jetzt eine Pause ein und fragen Sie sich: «Gibt es Wege, wie ich heute offener für mein Training sein könnte?» Denken Sie an die Menschen in Ihrem Leben. Gibt es Möglichkeiten, wie Sie sich für die Weisheit, die sie Ihnen zu bieten haben, zugänglicher machen können?

Das Letzte, was man weiß, ist, was man an die erste Stelle setzen soll. Blaise Pascal

Kathlyn, seit zwei Jahrzehnten meine Frau, schaffte einen kreativen Durchbruch, den sie der Revitalisierung ihres Lebens zuschreibt: «Eines Tages wurde mir klar, dass ich mich anderen gegenüber besonders kritisch verhielt, wenn ich nicht die kreative Arbeit tat, die ich liebte – Gedichte schreiben, Bewegungsimprovisationen machen, Tagebuch führen. Mit anderen Worten, wenn ich mir keinen Zugang zu meiner Kreativität verschaffte, hatte ich es nicht nur selbst schwerer, ich machte es auch anderen schwer. Ich beschloss, meine kreative Arbeit jeden Tag an die erste Stelle zu setzen. Anstatt zuerst zu spülen und später kreativ zu werden, wenn ich schon müde war, organisierte ich meine Prioritäten neu. Die kreative Arbeit stand jetzt ganz oben und meine Haushaltspflichten kamen danach. Es geschah etwas höchst Erstaunliches. Natürlich konnte ich daraufhin mehr kreative Arbeit leisten, aber ich hatte auch mehr Energie für meine sonstigen Pflichten. Allen Familienmitgliedern gefiel dieses neue Arrangement. Sie erhielten eine neue und bessere Kathlyn, eine, die sich für ihre Kreativität engagierte.»

Verändern Sie versuchsweise für einige Tage Ihre Prioritätenliste. Setzen Sie die kreative Arbeit an die erste Stelle. Wenn Sie malen oder musizieren wollen, dann tun Sie das als Erstes am Morgen. Notieren Sie nach ein paar Tagen alle Veränderungen in Ihrer Stimmung und auf Ihrer Energieebene.

Von Natur aus verlangt es jeden Menschen nach Wissen.
Aristoteles

Wir werden nur erfahren, was wir lernen müssen, wenn wir uns dem Lernen öffnen. Anders ausgedrückt, in dem Augenblick, in dem wir uns dem Lernen öffnen, finden wir heraus, was wir zu lernen haben. Wenn wir wüssten, was wir lernen müssen, dann hätten wir es ja schon gelernt. Die meisten von uns sind nicht bösartig – wir verteidigen uns nur. Das Leben versucht, uns etwas beizubringen, und wir sagen: «Schön und gut, aber das will ich jetzt nicht lernen» oder «Schön und gut, aber ich möchte, dass man mir meine Lektionen rücksichtsvoller verabreicht». Wir glauben anscheinend, dass es zwei Zapfhähne gibt – einen mit der Aufschrift «Vergnügen» und einen mit der Aufschrift «Schmerz». Man denkt, man könne den Hahn des Vergnügens ständig offen halten und den anderen rigoros zudrehen. Doch es gibt nur einen Zapfhahn und der heißt Bewusstsein. Man dreht ihn auf und erfährt sein Leben intensiver, dazu gehört bisweilen auch der Schmerz. Dreht man den Hahn jedoch nie auf, erfährt man überhaupt nichts außer Eintönigkeit, Langeweile und dem langsamen Versickern der Lebensenergie.

Geben Sie eine Erklärung ab – sich selbst, dem Universum und sogar anderen gegenüber, wenn Sie das möchten: «Heute will ich mich völlig öffnen, um das zu lernen, was ich lernen muss. Ich lasse ganz offiziell meine Verteidigungshaltung los und ersetze sie durch mein Engagement, in jedem Augenblick etwas zu lernen.»

Ein intensives Gefühl trägt sein eigenes Universum in sich, je nachdem herrlich oder erbärmlich. Albert Camus

Wie sieht Ihre Leidenschaft aus? Ich nahm vor einiger Zeit zum ersten Mal an einem indianischen Potlach-Fest teil. Bei diesem besonderen Potlach wurde den Teilnehmern der Runde jedes Jahr dieselbe traditionelle Frage gestellt: «Was ist deine Leidenschaft?» Es war absolut faszinierend zuzuhören, wie ein Teilnehmer nach dem anderen auf diese Frage antwortete. Für die eine war es die Erziehung der Kinder, für die andere die Leitung eines Großkonzerns.

Was ist Ihre Leidenschaft? Hinweise, die Ihnen bei der Antwort helfen können:

- *Die Zeit verstreicht schnell, wenn Sie diese Aktivität betreiben.*
- *Die Welt – und Ihre Sorgen – verschwinden dabei.*
- *Danach fühlen Sie sich belebt und erfrischt, voll emotionaler Energie, selbst wenn die Aktivität Sie körperlich erschöpft hat.*
- *Sie können sich nicht vorstellen, diese Aktivität jemals aufzugeben.*
- *Einige Ihrer schönsten Erinnerungen drehen sich um diese Aktivität.*
- *Ein schlechter Tag mit dieser Aktivität ist besser als ein guter Tag mit anderen Beschäftigungen.*

Ich glaube, ich will noch eine Minute länger wütend sein oder vielleicht noch eine Woche. Timothy Joyce, vier Jahre

Laura schreibt: Er sitzt mit ernstem Blick auf meinem Bett und starrt geradeaus. Ich frage, was er macht, und er sagt: «Ich bin nur wütend.» Ich bitte ihn sich vorzustellen, seine Wut sitze in seinem Atem und wenn er den Mund aufmacht und ausatmet, könne er die Wut loswerden. Ich mache es vor und lächle, um ihm zu zeigen, wie glücklich ich bin, jetzt, wo der Ärger weg ist. Er macht mich nach und hört plötzlich auf. «Nein», sagt er und verschränkt die Arme, «ich glaube, ich will noch eine Minute länger wütend sein oder vielleicht auch eine Woche.» Selbst wenn wir die Gelegenheit und die Mittel zur Vergebung erhalten, um die innerlich aufgestaute Wut loszulassen, sind wir manchmal nicht bereit, uns von der Wut zu befreien. Dann ist es besser, sich darauf zu konzentrieren, warum wir uns an diese Wut so eisern und eifersüchtig klammern; richten Sie Ihre Aufmerksamkeit auf die Vorteile, die Sie aus Ihrer Wut ziehen.

Denken Sie an etwas, was Sie vor kurzem in Rage versetzte – etwas, das Sie noch nicht ganz losgelassen haben. Lassen Sie sich Ihre Wut durch den Kopf gehen: Ihre Entschuldigung (nicht die Bezeichnung, die Sie dem Konflikt geben), ihre Wurzeln und warum Sie die Wut nicht loslassen wollen.

Nach außen sage ich, dass es bei meiner Wut um ______ geht.

In Wirklichkeit geht es bei meiner Wut um ______.

Der Vorteil meiner Wut ist, dass ich durch sie ______.

Sage mir, wen du liebst, und ich sage dir, wer du bist.
Kreolisches Sprichwort

Laura schreibt: Mein 7-jähriger Sohn ist förmlich besessen von der Vorstellung von Seelenpartnern. Beim Abendessen, im Auto, in den stillen Augenblicken vor dem Einschlafen fragt er mich nach diesem Konzept: Ob er seinen Seelenpartner schon getroffen habe und ob er ihn erkennt, wenn es soweit ist. Und dann kommt die Frage: *Mami? Wer ist dein Seelenpartner?* Ich habe immer versucht, ehrlich zu meinen Söhnen zu sein, und ich glaube zu wissen, welche Antwort er hören möchte. «Wer ist es denn deiner Meinung nach?», frage ich, um Zeit zu gewinnen. «Ich glaube, du hast keinen. Aber du solltest einen haben», erwidert er. Ich sollte und ich *werde* einen haben, denke ich bei mir – je bewusster ich geworden bin, desto sicherer bin ich, dass mein Seelenpartner noch auf mich wartet. «Ich bin umgeben von Liebe, Christopher, mehr verlange ich im Moment nicht.» Das scheint ihm zu genügen und er bohrt nicht weiter. Und wieder bin ich erstaunt, wie groß das Verständnis ist, das zwischen uns herrscht. Aber ich bin auch traurig, weil ich ihm nicht geben kann, was er sich wünscht, was aber nicht existiert. Einen Seelenpartner in jedem Heim, Segen in jedem Herzen. Eines Tages, verspreche ich ihm – und mir.

Denken Sie an etwas, das Sie vor kurzem traurig gemacht hat – etwas, das Sie noch nicht ganz losgelassen haben. Lassen Sie sich Ihre Trauer durch den Kopf gehen, die Wurzeln Ihrer Trauer und warum Sie sie bislang noch nicht loslassen wollten.

Wenn drei Leute dich einen Esel schimpfen, leg dir ein Zaumzeug um. Spanisches Sprichwort

George Bach, ein Psychologe, der sich auf das Studium der Konfliktbewältigung spezialisiert hat, konnte 17 Rollen identifizieren, die wir Menschen bei Auseinandersetzungen einnehmen, alle passiv-aggressiv. Das soll nicht heißen, dass niemand Konflikte auf direkte, selbstsichere und positive Weise angehen würde; es ist nur ein Hinweis darauf, wie viel Mühe wir uns manchmal geben, eine offene Auseinandersetzung zu vermeiden. Eine Reihe dieser Rollen sind darauf zurückzuführen, dass wir die Verantwortung für unsere Feindseligkeit nicht übernehmen und unsere Wut nicht anerkennen wollen. Sind Sie jemand, der sich entzieht, der das Thema wechselt, der Witze darüber reißt? Oder sind Sie jemand, der seine Feindseligkeit in kleinen Dingen ausdrückt – im Bett die Zehennägel schneidet, auf einer Party laut rülpst –, die Ihren Partner in Rage versetzen, ohne dass Sie dabei Ihre Wut direkt ausdrücken müssten? Vielleicht gehören Sie aber auch zu denen, die nachzugeben scheinen, in Wirklichkeit jedoch eine riesige Sammlung an Kränkungen und Groll horten? Denken Sie heute über Ihren Konfliktstil nach und ob Sie bereit für einen neuen, wachstumsorientierten Stil sind.

Prüfen Sie die Rolle(n), die Sie in einem Konflikt meistens einnehmen, und spüren Sie die Angst und das Unbehagen, die Ihnen der Konflikt verursacht. Lieben Sie Ihre Angst; offen und direkt zu sein ist nicht leicht, aber es ist viel schwieriger, sich hinter dem Schleier der Täuschung zu verbergen.

Wenn wir uns fürchten, raschelt es hinter jedem Busch.
Sophokles

Eines meiner Lieblingszitate lautet «Angst ist Erregung ohne den Atem» und wird dem Gestalt-Therapeuten Fritz Perls zugeschrieben. Er will damit sagen, dass dieselben Körpermechanismen, die uns erregt machen, uns auch Angst bescheren, wenn wir vergessen, offen und lebendig und voller Atem zu bleiben. Wenn wir also unser Engagement für die volle Teilnahme am Leben verlieren, werden wir es wahrscheinlich mit der Angst zu tun bekommen. Dann werden wir nach Dingen suchen, an denen wir unsere Angst festmachen können. Und natürlich findet man immer etwas. Wenn wir uns fürchten, suchen wir sogar nach Kleinigkeiten, die es rechtfertigen, aufzugeben und uns zurückzuziehen. Angst wird immer dann geweckt, wenn man sich vom Bekannten und Vertrauten entfernt. Wenn wir uns unseren intuitiven und kreativen Kräften öffnen – wenn wir erkennen, dass wir unser Leben selbst gestalten müssen –, werden wir ganz selbstverständlich hin und wieder Angst verspüren. Davor muss man sich nicht fürchten.

Achten Sie im Laufe des heutigen Tages auf Ihre Angst und wodurch sie ausgelöst wird. Werden Sie durch physische Vorfälle (eine Fehlzündung bei einem Auto) mehr oder weniger verängstigt als durch gesellschaftliche Ereignisse (sich mit jemand unterhalten, den man nicht mag)? Es gibt hier keine richtigen oder falschen Antworten – achten Sie einfach darauf, wie Ihre Angst kommt und geht.

Ich danke Gott für meine Behinderungen, denn durch sie habe ich mich selbst, meine Arbeit und meinen Gott gefunden.
Helen Keller

Vor einigen Jahren fiel mir im Restaurant ein Mann auf, der allein am Nebentisch speiste. Er wirkte ungeheuer glücklich, was an sich schon ungewöhnlich genug wäre, aber mir fiel auch auf, dass er blind war. Ich konnte den Blindenhund sehen, der zu seinen Füßen schlief. Aus einer Laune des Augenblicks heraus fragte ich den Mann, ob ich mich zu ihm setzen dürfe. Bald schon unterhielten wir uns angeregt. Er erzählte mir, dass seine Blindheit das größte Geschenk sei, das er im Leben je bekommen habe. Nach einem Autounfall mit sofortiger Erblindung wurde er über Nacht von einem selbstsüchtigen Alkoholiker zu einem Wahrheitssucher. Er meinte, die Blindheit habe Mitgefühl und Bewusstheit in ihm geweckt, zwei Dinge, die er zuvor nie gekannt hatte. Er sagte, er sei sich nicht ganz sicher, was die Liebe ist, weil er sie als Kind nie bekommen und sich als Erwachsener nie verliebt habe. Aber das Gefühl für seinen Hund sei die reinste Liebe, die er sich vorstellen könne. Sie seien in einem unaufhörlichen Kreislauf aus Dienst und Dankbarkeit miteinander verbunden.

Rufen Sie sich die schmerzlichsten Momente Ihres Lebens ins Gedächtnis – Ihre Version von Autounfall und Erblindung – und denken Sie über das Geschenk nach, das Ihnen diese Erfahrungen machten. Was konnten Sie dadurch spüren, was ansonsten nie in Ihr Bewusstsein gedrungen wäre?

Wir tragen in uns all die Wunder, die wir suchen.
Sir Thomas Browne

Vor kurzem hatte ich die Gelegenheit, mit einer berühmten Headhunterin zu reden, einer Frau, die ihr Vermögen machte, indem sie Firmen auf inspirierte Weise half, Top-Manager einzustellen. Ich fragte sie, worin ihr Geheimnis liege. Wenn Sie die Wahl zwischen zwei oder drei hochqualifizierten Leuten habe, was oft der Fall war, wie gelangte sie dann zu ihrer Empfehlung?

Sie beugte sich zu mir und flüsterte: «Neugier. Ich wähle die Person aus, die am neugierigsten ist.»

«Neugier?», sinnierte ich. «Erzählen Sie mehr.»

Sie lachte. «Schauen Sie, Sie sind schon am Haken. Die Leute, die ich vermittle, sind stets mehr daran interessiert, etwas zu lernen als zu beweisen, wie viel sie schon wissen.»

Heute will ich neugierig sein.

Zeigen Sie heute in den unterschiedlichsten Situationen Ihre Neugier. Vermeiden Sie die Behauptung, schon alles zu kennen. Strengen Sie sich an, heute nicht Ihr Wissen zur Schau zu stellen und stattdessen jeden Augenblick mit Neugier zu betrachten.

Jeder Mensch muss in sich selbst den Sinn des Lebens suchen. Man entdeckt ihn nicht, er wird geformt.

Antoine de Saint-Exupéry

Wie gehen Sie mit Chaos um? Alle Dinge neigen unvermeidlich dazu, auseinander zu fallen, gleichgültig wie sehr wir uns bemühen, das bewusste Leben diszipliniert aufrechtzuerhalten. Wir meditieren, führen Tagebuch und pflegen unseren Körper und dann entwickeln die Dinge ein Eigenleben und brechen auseinander. Die alte hinduistische Tradition kennt drei große universelle Kräfte: Erschaffen, erhalten, zerstören. Mit anderen Worten, alles wird geboren, bleibt eine Weile gleich und fällt dann ins Chaos. Das ist gar keine schlechte Einstellung, denn es nimmt uns den Druck, ständig zu erschaffen und zu bewahren. Wenn Sie sich die Erlaubnis geben, hin und wieder ins Chaos zu stürzen, machen Sie es sich selbst leichter und es gibt mehr Raum in Ihnen, die unvermeidliche Veränderung der Umstände zu akzeptieren.

Fragen Sie sich, ob Sie sich gegen das Chaos wehren, anstatt es als eigenständigen Teil des Lebens zu akzeptieren. Klammern Sie sich an bestimmte Dinge anstatt sie auseinander fallen zu lassen? Wenn ja, dann sollten Sie sich eine Weile für Chaos und Verwirrung öffnen und zulassen, dass die Dinge sich verändern und verschwinden. Die positive Seite ist, dass für alles, was wegfällt, etwas Neues geboren wird. Aus jedem Chaos erwächst eine höhere Ebene an Schöpfung und Organisation.

Meine Aufgabe ist es, schöpferisch zu sein.

William Blake

Wie viel Zeit haben Sie gestern damit zugebracht, die Dinge zu tun, in denen Sie ein Genie sind? Wie viel Zeit wollen Sie heute damit verbringen? Wenn man uns diese Frage stellt, müssen die meisten von uns zögernd einräumen, dass sie nicht viel Zeit für ihre Genialität aufgewendet haben. In der Tat besitzen die meisten von uns nicht einmal eine klare Vorstellung davon, in welchen Dingen sie wirklich erstklassig sind. In meinen Seminaren verbringe ich viel Zeit damit, den Menschen zu helfen, ihre genialen Kompetenzen zu entdecken. Die erste Hürde, auf die ich dabei stoße, ist das Zögern, die eigene Genialität zuzugeben. Vielleicht glauben Sie, Genies seien merkwürdig oder Genialität liege weit außerhalb Ihrer Reichweite und sei sogar gefährlich. Wir wollen uns zum Einstieg eine freundlichere Definition der Genialität ausdenken. Eine wohlwollende Definition lautet zum Beispiel, Genie sei das, was man tut, ohne dass es sich wie Arbeit anfühlt. Wenn wir unsere Genialität ausleben – sei es in der Ölmalerei oder beim Suppekochen –, haben wir nie das Gefühl, es sei anstrengende Arbeit.

Begrüßen Sie Ihre Genialität, indem Sie sich fragen, worin Sie ein Genie sind. Stellen Sie sich zwei Fragen: Was liebe ich so sehr, dass ich in einen zeitlosen Zustand eintrete, wenn ich es tue? Worin bin ich besser als fast alle, die ich kenne?

Seien Sie ehrlich und aufrichtig zu sich – Sie können später immer noch bescheiden sein.

Das Wichtigste ist, niemals aufzuhören, Fragen zu stellen.
Albert Einstein

Eine der besten Möglichkeiten, auf dem Weg des bewussten Lebens schnell voranzukommen, besteht darin, einem Menschen, den Sie bewundern, nachzueifern. Wenn Sie sich in Ihrem gegenwärtigen Leben umsehen, werden Sie sicher bewundernswerte Personen entdecken, zu denen Sie sofort Zugang haben. Ich habe festgestellt, dass Menschen weitaus großzügiger mit ihrer Zeit und ihrem Rat sind, als man gemeinhin glauben möchte, man muss sich ihnen nur ernsthaft und aufrichtig nähern. Zu Beginn meiner Laufbahn profitierte ich enorm von Trainern und Mentoren. Im Jahr 1968, lange bevor ich etwas publizierte, lernte ich einen bekannten Lyriker und Romanautor kennen. Obwohl wir in unserem jeweiligen Entwicklungsstand meilenweit auseinander lagen, überwand ich meine Angst und fragte ihn, ob er mich als Mentor betreuen wollte, damit ich es zu einer Veröffentlichung schaffte. Er ließ mir seine Zeit und seinen Rat unglaublich großzügig zukommen und gab mir mehrere einfache Ratschläge, die meiner Karriere tatsächlich auf die Sprünge geholfen haben.

Sehen Sie sich heute nach potentiellen Mentoren und Vorbildern um. Fragen Sie sich: «Wer führt die Art von Leben, macht die Art von Arbeit, die ich bewundere?» Wenn Sie einen dieser Menschen entdecken, bringen Sie den Mut auf, ihn als Mentor für sich zu gewinnen.

Es gibt nur zwei Arten, zu leben. Bei der einen ist nichts ein Wunder, bei der anderen ist alles ein Wunder.

Albert Einstein

Ich hatte das Privileg, mit mehreren Dutzend Menschen zu arbeiten, die bereits einen großen Weckruf erhalten hatten, beispielsweise durch Nahtod-Erlebnisse oder lebensbedrohliche Krankheiten, von denen sie sich erholten. Eine Sache stach mir besonders ins Auge: Große, schockierende Ereignisse wie diese üben eine enorme Wirkung auf die Wahrnehmung der kleinen Augenblicke des Lebens aus. Ein Weckruf scheint uns häufig für das Wunder des Gewöhnlichen zu öffnen. Die Menschen werden sensibel für Anblicke, Geräusche und Gerüche, die sie zuvor als selbstverständlich hinnahmen. Die Frage lautet: Können Sie die kleinen Augenblicke des Lebens als Wunder begrüßen, auch ohne dass Sie auf unangenehme Weise daran erinnert werden? Können Sie – ohne dass nachgeholfen wird – lernen, sich für das Wunder der Luft, die Sie atmen, zu öffnen? Für die Berührung der Haut? Für den Klang des Windes? Menschen, die beinahe ihr Leben verloren hätten, nehmen solche Dinge immer wahr.

Halten Sie jetzt eine Minute inne, um sich umzuschauen. Wie viele Wunder können Sie entdecken, ohne sich vom Fleck zu rühren? Beherzigen Sie im Laufe des Tages den Rat von Einstein und betrachten Sie alles, was Ihren Weg kreuzt, als Wunder.

Wenn man Glück hat und hart arbeitet, erlebt man eines Tages vielleicht die Freiheit vom Wissen.

Jiddu Krishnamurti

Eines der größten Probleme, die ich in unserem informationsübersättigten Zeitalter beobachten konnte, ist der Umstand, dass Informationen selbst eine potentielle Suchtquelle werden können. Bei mehreren Retreats in die Stille fiel mir auf, dass ich eine Phase des Entzugs von Nachrichten, Börsenberichten und Sporttabellen durchmachte. Nach ungefähr drei Tagen lässt der Drang, alles zu erfahren, langsam nach, aber diese ersten Tage können ganz schön unangenehm sein. In Workshops des bewussten Lebens bringe ich meine Schüler oft dazu, den Satz «Ich weiß es nicht» Dutzende Male zu sagen, bis sich ein Wohlgefühl einstellt. Jedes Mal, wenn sie ihn sagen, fordere ich sie auf, sich wohl zu fühlen mit dem Nichtwissen. Wenn Menschen sich in das bewusste «Nichtwissen» entspannen, führt das häufig zu Erleuchtung. In einer Welt, in der Recht zu haben oft ein wichtiger Wert ist, kann es eine echte Erleichterung sein, nicht alles zu wissen und sich damit gut zu fühlen.

Sagen Sie zehn- oder fünfzehnmal «Ich weiß es nicht». Betonen Sie jedes Mal ein anderes Wort. Halten Sie dann ein paar Sekunden inne, um zu spüren, wie sich das «Nichtwissen» in Ihrem Körper anfühlt. Seien Sie im Laufe des heutigen Tages sensibel für die Augenblicke, in denen Sie aufrichtig «Ich weiß es nicht» sagen könnten. Verwenden Sie diesen Satz so oft wie möglich und achten Sie auf die Folgen.

Wenn uns Äußerlichkeiten beunruhigen, liegt der Schmerz nicht in der Sache selbst, sondern in unserem Urteil, welches sich rasch ändern lässt. Marc Aurel

Marc Aurel zeichnete diese Worte in seinen «Selbstbetrachtungen» auf. Er schrieb sie des Nachts in seinem Feldherrenzelt, nachdem er den ganzen Tag gegen die Germanen gekämpft hatte. Die Äußerlichkeiten, die ihm Sorgen bereiteten, waren um einiges schlimmer als viele der Dinge, die uns Probleme bereiten. Mein Seelenfrieden wurde beispielsweise eines Tages durch einen defekten Durchlauferhitzer gestört, weswegen ich keine heiße Dusche nehmen konnte. Das ist weitaus weniger verstörend als eine Barbareninvasion, und doch spielt einem der Verstand beide Male denselben Streich. Es gibt die Sache selbst – die Invasion der Germanen und den kaputten Durchlauferhitzer – und unsere Interpretation davon. Wir begehen einen Denkfehler, wenn wir die unbestreitbare Realität des Ereignisses mit den Gefühlen darüber verwechseln.

Unterscheiden Sie zwischen der Realität einer bestimmten Angelegenheit – Zahnschmerzen, Ampelschaltung oder Ärger bei der Arbeit – und Ihrer Interpretation des Vorfalls. Machen Sie sich klar, dass die Interpretation – gleichgültig wie zutreffend – nur eine Interpretation ist.

Wir sehen die Dinge nicht so, wie sie sind. Wir sehen sie so, wie wir sind.
Talmud

Einer der größten Durchbrüche, die man auf dem Weg des bewussten Lebens erzielen kann, ist die Einsicht in das Prinzip der Projektion. Denken Sie an einen Filmprojektor, der Licht durch ein Filmnegativ führt und ein Bild auf die Kinoleinwand in fünfzehn Meter Entfernung wirft. Stellen Sie sich vor, was passiert, wenn eine Fliege über die Lichtquelle des Projektors krabbelt. Das Publikum lacht, denn es sieht auf der Leinwand die gigantische Version einer Fliege. Dasselbe Phänomen wirkt sich in unserem Alltagsleben verheerend aus. Einige kleinere Veränderungen in der Stimmung, aus welchem Grund auch immer, und diese winzige Fliege in Ihrem Bewusstsein bringt Sie dazu, die Ereignisse des Lebens in einem anderen Licht zu sehen. Sie genießen beispielsweise ein wunderbares Essen in einem Vier-Sterne-Restaurant, als plötzlich eine Person am Nebentisch Ihnen etwas zuruft, das Ihnen missfällt. Das Essen schmeckt danach nicht anders, denn geändert hat sich nur Ihr eigener innerer Zustand. Es kommt einem Akt von Heldenmut nahe zu sagen: «Das Essen schmeckt gleich, ich kann es gerade nur nicht mehr so gut schmecken.»

Legen Sie heute stündlich ein paar Sekunden Pause ein und fragen Sie sich: «Wie beeinflusst meine Stimmung die Art und Weise, wie ich im Augenblick die Welt wahrnehme?» Entwickeln Sie Wachsamkeit dafür, wie Ihr Bewusstseinszustand den Film beeinflusst, der sich auf der Leinwand Ihres Lebens abspielt.

Unser Scheitern ist ein Erfolg, wenn wir daraus lernen.
Malcolm Forbes

Das bewusste Leben hängt von der Fähigkeit ab, stets mit einer einzigen Frage zu leben: Was kann ich daraus lernen? Diese Frage ist besonders wichtig, wenn wir uns Barrieren gegenübersehen. Wenn Sie sich jedem Hindernis mit den falschen Fragen nähern – «Was stimmt mit mir nicht?» oder: «Was stimmt mit denen nicht?» –, dann müssen Sie Schritt für Schritt ergründen, was falsch gelaufen ist. Das verlangsamt die Reise zu einem bloßen Kriechen, denn dann müssen Sie auch jedem Erfolg mit einer Reihe nutzloser Fragen gegenübertreten – «Was mache ich richtig?» und: «Was machen die anderen richtig?» Unsere Reise wird reibungslos und schnell, wenn wir jedes Hindernis (und jeden Erfolg) mit einer Verbeugung begrüßen und der Frage, was wir daraus lernen können.

Schreiben Sie die Frage «Was kann ich daraus lernen?» auf mehrere Blatt Papier oder Klebezettel. Hängen Sie diese Zettel an Orte, wo Sie sie im Laufe des Tages sehen können. Wann immer Ihr Blick darauf fällt, machen Sie einen Moment Pause und stellen Sie sich diese Frage in Bezug auf das, was Sie kurz zuvor erlebt haben, sei es positiv oder negativ.

Der Mensch ist nicht frei, der nicht Meister seiner selbst ist.

Epiktet

Im September habe ich Ihnen die Geschichte von Epiktet erzählt, dem einstigen Sklaven, der von Nero in die Freiheit entlassen wurde und in Rom Philosophie lehrte, bis er von dort verbannt wurde. Im Mittelpunkt seiner Lehren stand stets die Forderung nach Genügsamkeit und Unabhängigkeit des Geistes. Und so sticht neben vielen großartigen Dingen, die wir von Epiktet lernen können, eine Lektion besonders hervor: Wenn Sie sich auf den Weg des bewussten Lebens machen, tun Sie alles, was für Ihre Reise erforderlich ist. Epiktet selbst begann seine Reise als Eigentum eines anderen Menschen und beendete sie mit der vertrauensvollen Aufgabe, die Kinder der Reichen und Mächtigen zu unterrichten, obwohl ihn der um sich greifende politische Konservatismus aufs Land vertrieben hatte. Und während alldem scheint sein Engagement nie ins Wanken geraten zu sein, auch nicht die Unbeirrbarkeit seiner Botschaft.

Beschränken Sie sich auf das Wesentliche. Wenn Sie die drei wesentlichen Bestandteile einer bewussten Beziehung nennen müssten – jene Bestandteile, ohne die Sie nicht leben können –, wie würden diese aussehen? Sobald Sie sie herausgefunden haben, denken Sie darüber nach, wie weit Sie gehen würden, um diese Bestandteile sicherzustellen.

Mach dich nicht so groß. So klein bist du gar nicht.
Jüdisches Sprichwort

Wenn man alle Zustimmungssüchtigen von dieser Welt entfernen würde, reduzierte sich die Bevölkerung um mindestens ein Viertel. Viele von uns besitzen wetterwendische Persönlichkeiten und sind immer auf der Suche nach etwas, was sie anderen zu Gefallen tun könnten. Das Problem ist, nachdem man im Laufe des Tages ein gutes Dutzend chamäleonartiger Veränderungen an seiner Person durchgeführt hat, könnte es durchaus sein, dass niemand zu Hause ist, wenn man nach seinem wahren Selbst sucht. Doch es gibt auch die hohe Kunst, anderen zu gefallen, ohne allzu große Zugeständnisse bei den eigenen Wertvorstellungen zu machen. Es ist nicht falsch, sich so zu verhalten, dass es anderen Vergnügen bereitet, solange man selbst von ganzem Herzen Lust daran hat, Vergnügen zu spenden. In dem Moment, in dem Sie auf Kosten Ihrer selbst Bestätigung suchen, haben Sie jedoch den ersten Schritt getan, um langsam, aber sicher Ihr eigenes Selbstwertgefühl zu untergraben.

Wenn Sie heute mit anderen Menschen zusammenkommen, achten Sie darauf, ob Sie Ihre Wertvorstellungen in dem Versuch kompromittieren, diesen Personen zu Gefallen zu sein. Achten Sie auch darauf, ob andere ihre Werte kompromittieren, um Ihnen zu gefallen.

Das Leben ist kurz. Eile zur Liebe! Henri Amiel

Wenn wir die Hoffnung aufgeben, wird unser Leben unendlich viel reicher. Das hat seinen Grund: Mit einem Leben der Hoffnung gehen wir für gewöhnlich nur der Realität aus dem Weg. Wenn wir also hoffen, dass unser Partner dem Alkohol entsagt, haben wir dann nicht eigentlich Angst davor, dass er das nicht tun wird? Fürchten wir uns nicht in Wirklichkeit davor, Maßnahmen zu ergreifen, um diese Situation zu ändern? Wenn wir fortwährend hoffen, dass der Alkoholkonsum endet, vermeiden wir die wirklich harte Arbeit, mit der Situation wirksam umzugehen. Die Hoffnung wird zu einer Droge oder einem Schlafmittel, das uns etwas länger über den Schmerz hinweghilft. Wie bei allen Drogen gibt es auch hier Nebenwirkungen. Besonders gravierend ist der Umstand, dass wir taub werden, etwas weniger lebendig. Die Hoffnung, dass sich eine Situation ändert, hält uns von unseren wahren Gefühlen ab – Trauer, Wut, Angst. Jedes dieser Gefühle nimmt man am besten von nahem wahr. Spüren Sie es, und es wird aufhören, Sie zu quälen. Wenn Sie jedoch hoffen, dass es von allein verschwindet, wird es Sie den ganzen Tag heimsuchen.

Nehmen Sie sich jetzt zehn Sekunden Zeit, um sich klarzumachen, wie sich die Hoffnung für Sie anfühlt. Schmecken Sie die Qualität der Hoffnung. Achten Sie darauf, wie Sie durch Ihre Hoffnung Gefühle vermeiden, denen Sie sich besser nähern sollten. Prüfen Sie insbesondere, ob Sie durch Ihre Hoffnung Trauer, Angst oder Wut ausblenden.

Gott respektiert mich, wenn ich arbeite, aber er liebt mich, wenn ich singe. Rabindranath Tagore

Viele Menschen halten sich unablässig geschäftig, um nicht die Schlüsselfragen in ihrem Leben angehen zu müssen. Das gilt oft auch für den Kampf. Viele von uns liefern sich in ihrem Leben unnötige Schlachten und versuchen, sich selbst und anderen zu beweisen, wie sehr wir es versuchen, obwohl wir in Wirklichkeit doch nur überschüssige Energie verbrennen, um uns nicht der Wirklichkeit stellen zu müssen. Ein Mensch auf dem Weg des bewussten Lebens behandelt Geschäftigkeit und Kampf wie eine Sucht. Wenn man sich seiner Sucht entzieht, kann man endlich das Thema angehen, das einen überhaupt erst zur Sucht brachte. Wenn man den Kampf und die ständige Geschäftigkeit aufgibt, stellt man fest, das man seine überschüssige Energie nur deshalb verbrannte, um die Aufmerksamkeit von den wirklich wichtigen Themen abzulenken. Große Themen wie Kreativität und der Umgang mit schmerzlichen Beziehungskonflikten bieten häufig den Treibstoff für viele unnötige Kämpfe und Geschäftigkeit.

Legen Sie eine kurze Pause ein, um sich auf Ihren Körper und auf Ihren Geist einzustimmen. Achten Sie auf jedes Gefühl eines Kampfes in sich, auf die Energie der Geschäftigkeit. Lassen Sie einen Augenblick lang bewusst los und stellen Sie sich eine weit reichende Frage: Sind Kampf und Geschäftigkeit für mich nur ein Mittel, um den Umgang mit Aspekten meines Lebens zu vermeiden, bei denen ich innehalten und auf die ich einen Blick werfen sollte?

Auch die Vernunft ist eine Wahl. John Milton

Babe Ruth sagte: «Lass dich durch die Angst vor einem Schlagfehler nicht zurückhalten.» Er sollte es wissen – bei all den Homeruns, die er erzielte, hatte er mehr Schlagfehler als jeder andere Baseballspieler. Was ist Ihr Äquivalent für einen Homerun? Ist es ein Gedicht oder eine selbst kreierte Suppe oder ein Uni-Abschluss? Und was ist Ihr Äquivalent für einen Schlagfehler? Ein Gedicht zu schreiben, das keinem gefällt? Eine Suppe zu kochen, die nicht einmal Ihnen selbst schmeckt? Durch eine Prüfung zu rasseln? Ist Ihnen bewusst, dass es keinen Schlagfehler gibt, ohne dass man sich an einem Schlag versucht? Nur selten quält uns später im Leben der Gedanke an die Dinge, die wir versucht, aber nicht geschafft haben – uns quälen vielmehr die Dinge, die wir überhaupt nie versucht haben.

Erstellen Sie eine Liste mit Ihren fünf wichtigsten «Homeruns». Was könnten Sie alles erreichen, wenn Ihnen ein toller Schlag gelingt?

Da sah ich dich in mir selbst und erkannte, wir sind eins.

Fakhr ad-Din

In der Paartherapie sind mir schon häufig Paare begegnet, die tief im Sumpf eines Konflikts festsaßen und erst nach einer therapeutischen Beratung entdeckten, dass sie in Wirklichkeit dieselben Ängste teilten. So sorgt sich beispielsweise der eine um Geld und der andere um Sex. Doch schaut man hinter die Oberfläche dieses Kampfes, stellt man fest, dass sich beide vor einer dritten Sache fürchten, der sie sich gar nicht bewusst sind. Möglicherweise fürchten sie sich vor einem Leben, über das sie keine Kontrolle haben, oder sie haben Angst zu sterben, ohne ihre Träume verwirklicht zu haben. Weil sie nicht wussten, wie sie sich dieser tiefen Angst stellen sollten, konzentrierten sie sich auf vertrautes Terrain – Sex beziehungsweise Geld. Sobald wir in einer Beziehung unter die Oberfläche schauen, stellen wir fest, dass wir dem anderen viel mehr ähneln, als wir glauben.

Denken Sie an jemand, mit dem Sie im Clinch liegen. Fragen Sie sich: Wenn ich mich nicht so sehr auf unsere Unterschiede konzentrieren würde, könnte ich dann feststellen, dass ich in starkem Maße genauso wie der andere bin? Beunruhigt uns eventuell dieselbe Sache und drücken wir das nur unterschiedlich aus?

Die Umwelt ist alles, was ich nicht bin. Albert Einstein

Eine wahre Fabel: Es war einmal ein deprimierter Mensch, der rief seinen Freund, einen Therapeuten, an. Er sprach über seine Trauer, seine Wut und seine niedrige Stellung im Leben. Der Therapeut hörte zu. Der Mensch jammerte, dass niemand ihn mochte, dass er zu wenig verdiente und seine Wohnung ein lausiges Loch war. Der Therapeut hörte immer noch zu. Schließlich bat der Mensch den Therapeuten um seinen Rat. Der Therapeut fragte ihn, ob ihm etwas in der Nachbarschaft aufgefallen wäre, das repariert werden müsste. Nach langer Pause sagte der Mensch, ihm sei aufgefallen, dass der Bereich vor der Wohnungstür eines älteren Nachbarn gekehrt werden müsse. Der Therapeut schlug vor, er solle hinuntergehen und sorgfältig fegen. Er bot an, so lange am Telefon zu warten, bis die Aufgabe bewältigt sei. Nach ungefähr zehn Minuten kam der Mensch zurück und meldete, die Aufgabe vollendet zu haben. In seiner Stimme lag neue Energie und neuer Schwung. Seine Depression hatte sich durch den simplen Akt einer Dienstleistung verflüchtigt.

Suchen Sie heute nach Möglichkeiten, wie Sie einem anderen Menschen helfen können. Vielleicht ist es nur eine Kleinigkeit, ein Bleistift, der zu Boden fällt und den Sie aufheben. Oder auch etwas Größeres, zum Beispiel ein Mensch in Not. Achten Sie darauf, wie Sie sich hinterher fühlen.

Wenn Sie unglücklich sind, leben Sie zu sehr in Ihrem Kopf.
Carl G. Jung

Wir können Jungs Zitat verstehen, wenn wir uns klarmachen, dass ein «Leben im Kopf» von Natur aus kühl und trocken, nicht heiß und saftig ist. Das ist eine Stärke, aber auch eine Schwäche. Man kann dadurch eine Mahlzeit schnell planen, weil die Vorstellungskraft mit Lichtgeschwindigkeit arbeitet, aber wenn man während des Essens im Kopf lebt, wird man es nicht genießen und handelt sich eine Verstopfung ein. Unsere Fähigkeit, die Erfahrungen des Lebens zu genießen – sei es Nahrung, Liebe oder Musik –, erwächst in dem Moment, in dem wir aus der Höhe unseres Verstandes auf den Boden unseres Körpers hinabsteigen. Darin liegt natürlich auch der Schmerz. Wenn wir den Abstieg aus der kühlen zerebralen Welt in die Hitze von Emotionalität und Sinnlichkeit wagen, durchlaufen wir dieselben Gefühle, die uns überhaupt erst im Kopf Zuflucht nehmen ließen. Sobald wir lernen, wie wir mit unserem Schmerz atmen können, können wir das vibrierende Feld des Glücks genießen.

In Ihrem Körper können Sie das Glück spüren. In Ihrem Kopf können Sie Gedanken über das Glück hegen. Wenn Sie sich für eine Seite entscheiden müssten, welche wäre es? Glücklicherweise haben Sie die Kraft, beides zu wählen. Achten Sie heute im Laufe des Tages darauf, dass Sie sich bewusst dafür entscheiden können, das Glück durch Ihren Körper wahrzunehmen. Vielleicht erkennen Sie, dass diese Empfindungen immer schon da waren – es erfordert nur Übung, sie ständig wahrzunehmen.

Alles Denken ist ein Fest der Assoziationen: Etwas, das vor uns liegt, bringt etwas anderes in uns hoch, von dem wir gar nicht wussten, dass wir es wussten. Robert Frost

Wenn Sie je Fahrstunden genommen haben, erinnern Sie sich sicher an die Lektion über den toten Winkel, den Ort seitlich hinten, den man im Rückspiegel nicht sieht. Sie müssen schon in den Seitenspiegel schauen und über Ihre Schulter nach hinten blicken, wenn Sie einen Panoramablick der Situation erhalten wollen. Das gilt auch für das Leben. Jeder von uns hat einen oder zwei tote Winkel. Unser toter Winkel ist der Ort, an dem wir das Offensichtliche nicht erkennen können. Einige der talentiertesten Menschen, mit denen ich je gearbeitet habe, besaßen auch einige der größten toten Winkel. Wenn man darüber nachdenkt, ist das auch verständlich: Je heller das Licht, desto größer der Schatten. Keiner von uns muss sich wegen seiner toten Winkel schämen. Wenn wir anfangen sie zu verteidigen, bleiben sie länger an Ort und Stelle. Wir können unsere toten Winkel jedoch loswerden und einen 360-Grad-Blick erhalten, indem wir uns dem Lernen öffnen. Das Einzige, was von uns gefragt wird, ist die Bereitschaft, alles zu lernen, was wir lernen müssen.

Legen Sie jetzt eine Pause von zehn Sekunden ein und fassen Sie einen Vorsatz: «Ich nehme mir fest vor, heute von allem und jedem etwas zu lernen.» Wiederholen Sie diesen Vorsatz im Laufe des Tages mehrmals.

Ach, entwickle dich doch weiter.

Aufkleber auf einem alten VW Käfer

Laura schreibt: Auf der Fahrt ins Einkaufszentrum unterhalte ich mich mit einer Freundin über das Ausmisten von Schränken, darüber, sich von all dem zu trennen, was man nicht wirklich liebt. Ich habe mir versprochen, nie mehr Schuhe zu tragen, die zu eng sind. Als Frau habe ich viel Zeit damit verbracht, mich so anzuziehen, dass es anderen gefällt, und infolgedessen Qualen gelitten. Nie wieder. Meine Freundin bewundert meinen Vorsatz. Sie reibt sich während unserer Unterhaltung geistesabwesend die Füße und meint, dass sie wegen ihrer Schuhe ständig schmerzende Füße habe. Ich schlage vor, sie solle es mir gleichtun, aber sie schüttelt den Kopf. «Ich wüsste gar nicht, wo ich anfangen sollte, um mich wohl zu fühlen», seufzt sie. Ich hätte ein Dutzend Vorschläge, aber ich höre den Widerstand in ihrer Stimme und erspare mir einen Kommentar. Ihre Worte machen mich traurig und stärken gleichzeitig meine eigene Entschlossenheit.

Konzentrieren Sie sich heute auf eine Sache, die Ihnen körperliches Unbehagen bereitet: Das kann ein Kleidungsstück sein (Schuhe) oder etwas, was Sie tun (schlechte Haltung, flacher Atem). Nehmen Sie sich fest vor, sich in den nächsten 24 Stunden weiterzuentwickeln, dieses Teil nicht länger zu tragen oder jene Verhaltensweise aufzugeben. Räumen Sie dem oberste Priorität ein. Lassen Sie das Unbehagen bewusst los und spüren Sie das Wohlbefinden in Ihrem Körper.

November

Nie habe ich ein größeres Ungeheuer oder Wunder auf dieser Welt gesehen als mich selbst. Montaigne

Viele von Ihnen haben die Märchenhochzeit von Prinz Charles und der verstorbenen Prinzessin Diana im Fernsehen verfolgt. Laura, die damals ebenso alt war wie Diana, schreibt: Mit Gänsehaut habe ich zugesehen, denn es schien wie die Märchen, die ich mein ganzes Leben lang gehört hatte – vielleicht wurden Märchen doch wahr! Mädchen trifft Prinzen, Mädchen heiratet Prinzen, dann fahren Mädchen (wundersamerweise in eine Prinzessin verwandelt) und Prinz in einer Kutsche aus Glas einem Leben voller Pracht entgegen. Aber wer hätte nicht von dem Verfall dieses Märchens gehört: Weinkrämpfe in noblen Ski-Orten, Selbstmordversuche, Bulimie, kühle Distanz, Untreue? Vielleicht gibt es so etwas wie ein märchenhaftes Ende doch nicht, haben viele von uns gedacht. Meine Hoffnung für Ihre bewusste Reise ist die der Versöhnung: Ich wünsche Ihnen eine gesunde Dosis Kampf, der einer langfristigen Liebe Tiefe gibt, umrahmt von Lachen und Intimität, die eine Partnerschaft reich machen.

Wie lautet Ihr Märchen? Wie haben Sie sich einst Ihre Ehe oder Ihre Beziehung gewünscht? Und wie hat sich diese rosige Vision aufgrund der Realität verändert? Denken Sie über Fantasie und Wirklichkeit nach und beantworten Sie dann die folgenden Fragen: Was habe ich nicht, was icn mir immer gewünscht habe? Was habe ich, was ich nie erwartet habe? Wie weit liegen Fantasie und Realität in meinem Leben auseinander?

Jedes Kind ist ein Künstler. Die Schwierigkeit besteht darin, ein Künstler zu bleiben, wenn man erwachsen wird.

Pablo Picasso

Vor kurzem kam ich an einem Mann vorbei, der in einem Geschäftsviertel die Gehwege fegte. Er trug die Uniform einer Reinigungscrew, aber auf seinem T-Shirt stand vorn: «Sei kreativ» und hinten: «Egal, was du tust.» Das gab mir Stoff zum Nachdenken. Was wäre, wenn wir alles, was wir tun, liebevoll und kreativ tun würden? Was wäre, wenn Gehwege kehren, geplatzte Wasserrohre reparieren, kochen, ein Memo im Büro schreiben und sogar schlafen bewusste Taten wären, voller Kreativität? Ich versuche, so zu leben, und das hat mir ein bemerkenswertes Maß an Wohlgefühl und Magie eingebracht. Ich ermutige Sie, dasselbe zu tun. Fassen Sie heute den Entschluss, dass es nicht ausreicht, einfach zu leben – leben Sie überschäumend, und investieren Sie selbst in die kleinsten Dinge den Reichtum Ihrer Kreativität. Wie Sie anfangen sollen? Ziehen Sie sich kreativ und bequem an; achten Sie heute darauf, tief zu atmen; fragen Sie sich vor Beginn jeder Aktivität, wie Sie Ihren eigenen Stil einbringen können.

Suchen Sie sich eine langweilige Aktivität in Ihrem Leben, die sich ständig wiederholt, beispielsweise das tägliche Kochen oder Sitzungen bei der Arbeit. Öffnen Sie Ihr kreatives Selbst: Welche einfache Veränderung können Sie durchführen, um in diese Routinehandlungen Kreativität einfließen zu lassen? Achten Sie darauf, welche Veränderung Sie wahrnehmen, sobald Sie diese Aktivität kreativ angehen.

In jedem Winter des Herzens harrt ein zitternder Frühling und hinter jedem Schleier der Nacht eine lächelnde Dämmerung.
Kahlil Gibran

Einer unserer Nachbarn baute an der Rückseite seines Hauses ein Stockwerk an. Eines Tages diskutierte er mit uns, ob er eine Außentreppe an dieses Stockwerk anlegen sollte. Er machte sich Sorgen, dass sein Haus dadurch für Diebe leichter zugänglich würde. Wir gelangten zu der Ansicht, dass er in Wirklichkeit von einer viel tieferen Furcht um seine Sicherheit sprach. Er lebte allein und wechselte von einer kurzlebigen, intensiven Beziehung zur nächsten. Er versuchte ständig Wege zu finden, wie er sich selbst vor dem möglichen Eindringen eines anderen in sein Herz schützen konnte. Wir kannten den Mann nicht sehr gut, gingen aber das Risiko ein und teilten ihm unsere Beobachtung mit. Sofort schossen Tränen in seine Augen. «Sie haben mich zum Weinen gebracht.» Er klang erstaunt. «Ich habe nicht mehr geweint, seit ich ein Kind war.» Wir jubelten. «Großartig! Sie haben jemand hereingelassen!» Er schüttelte den Kopf und ging. Wenn ich jetzt aus dem Fenster meines Schreibzimmers blicke, sehe ich das fast fertige Stockwerk mit einer herrlich sonnenüberfluteten Außentreppe.

Denken Sie heute darüber nach, was Sie tun, um andere auf Distanz zu halten. Konzentrieren Sie sich auf eine symptomatische Verhaltensweise und lassen Sie sie los. Bitten Sie um Hilfe und teilen Sie mit, wie Sie sich fühlen. Weinen Sie, lösen Sie sich von Ihrer Persona und seien Sie einfach Sie selbst.

Liebe zu schenken ist selbst schon Erziehung.

Eleanor Roosevelt

Wir haben zwei große Aufgaben im Leben zu erfüllen: in Frieden mit uns selbst und in Harmonie mit unseren Mitmenschen zu leben. Wenn Sie mit sich keinen Frieden finden, wird Sie kein Erfolg befriedigen. Sie können sich mit den edelsten materiellen Besitztümern umgeben, perfekte Kinder und einen heiß begehrten Partner haben – und es wird Ihnen gleichgültig sein. Wenn Sie mit anderen keine Verbindung schaffen und in Harmonie leben, verpassen Sie die Essenz des Lebens: Bindung, Verbundenheit, das Geben und Nehmen der Liebe. Sobald wir innerlich und äußerlich in Harmonie leben, können wir eine ökologische Sicht entwickeln – ein Gleichgewicht mit der Welt, das aus der Mitte der Ganzheit entspringt. Erst dann werden wir die Harmonie der Erde wiederherstellen. Was in uns existiert, ist wie bei einem tiefen Wurzelsystem untrennbar mit dem Wohlbefinden des Planeten verwoben. Wir können die Integrität des Planeten nicht retten, wenn wir nicht einmal uns selbst retten können.

Verbringen Sie heute 15 oder 20 Minuten im Freien. Sehen Sie sich um und nehmen Sie die unglaubliche Harmonie der Erde in sich auf. Spüren Sie, wie klein Sie im Vergleich zum großen System des Lebens sind. Es macht demütig, wenn Sie sich als kleinen Teil eines solch unglaublich großen Systems wahrnehmen. Spüren Sie Ihre Verbundenheit mit der Welt. Machen Sie sich klar, dass jede Ihrer Taten eine dauerhafte Wirkung auf diese Welt hat. Gehen Sie sanft vor.

Um den Himmel angemessen zu schätzen, müssen wir nur 15 Minuten Hölle erlebt haben. Will Carlton

Ich kehrte nach Mitternacht von einer Vortragsverpflichtung zurück. Nach einem vierstündigen Flug sehnte ich mich nur nach einer heißen Dusche und meinem Bett. Meine Frau war verreist, also schloss ich die Tür auf, ließ mein Gepäck fallen und schleppte mich ins Badezimmer. Dort begrüßte mich eiskaltes Wasser: In meiner Abwesenheit hatte es einen Defekt am Durchlauferhitzer gegeben. Am nächsten Tag rief ich meine Nichte Laura an und beklagte mich. Sie schlug ironisch vor, ich solle die kalte Dusche liebevoll begrüßen, sie könne mir eine Quelle der spirituellen Lehre sein. «Komm mir nicht von wegen Bewusstsein», erklärte ich. «Das hier ist ernst. Es geht um meinen Durchlauferhitzer!» Manchmal sind Durchlauferhitzer defekt, der Wagen bleibt auf dem Weg zum Bewerbungsgespräch stehen oder andere Fahrer hupen, weil wir uns gewissenhaft an die Geschwindigkeitsbegrenzung halten. So ist das Leben, was können wir schon tun? Nun, uns gute Freunde zulegen. Menschen, die wir anrufen können, die uns liebevoll daran erinnern, dass die Menschen Tausende von Jahren ohne heiße Dusche auskamen und dass wir dankbar sein sollten, wenn der Klempner kommt (bei mir sogar an einem Samstag) und die Ordnung in unserem Universum wiederherstellt.

Achten Sie heute auf die Dinge, die schief laufen. Schreiben Sie sie auf. Sehen Sie sich die Liste an und suchen Sie nach neuen Sichtweisen für schwierige Situationen. Seien Sie Ihre eigene beste Freundin.

Ich bestehe aus demselben Stoff wie alles andere auf dieser Welt. Alles ist eins und ich bin ein Teil davon.

Auf meiner Reise habe ich eine gewaltige Überraschung erlebt: Wirklich jeder Aspekt der Realität ist heilig. Wenn wir tief in die Realität vorstoßen, finden wir all die Transzendenz, nach der sich unsere Seele sehnt. Dinge, die traditionell als heilig gelten – Engel, Geister, himmlische Visionen –, sind für diejenigen herrlich, die sie wahrnehmen, und doch sind sie zweifelhaft, so zweifelhaft, dass ihretwegen Kriege geführt wurden. Wenn wir jedoch die Kathedrale der Realität betreten und uns auf die Wirklichkeit konzentrieren anstatt auf die Fantasie, werden wir spüren, wie sich die Spiritualität selbst in unserem Körper bewegt, nicht nur der Gedanke daran.

Atmen Sie. Tun Sie nichts weiter als zu atmen. Spüren Sie, wie Ihr Atem den Körper betritt und wieder verlässt, Ihre Lungen mit sauberem, lebensbejahendem Sauerstoff füllt. Bauen Sie langsam Ihre schützenden Mauern ab, diejenigen, die Sie im Reich der Fantasie statt der Realität halten. Sie werden heute nicht den Jackpot im Lotto knacken, Ihr Traumprinz wird heute nicht an die Tür klopfen und Ihr Chef ruft Sie nicht in sein Büro, um Ihnen zur Beförderung zu gratulieren. Sie werden – zumindest nicht heute – weder König noch Königin der Welt sein. Atmen Sie einfach. Was an dieser Realität, an diesem Augenblick, ist völlig ausreichend? Was ist an diesem Augenblick nicht *genug? Sie sind doch am Leben, oder nicht?*

Ich habe mich auf eine Meinungs-Diät gesetzt. Dabei darf ich weder neue Meinungen formen noch die alten verteidigen.

Als menschliches Wesen leide ich an einer großen Täuschung: Ich glaube, dass ich Sicherheit erlange, wenn ich mich auf meine Ansichten versteife. Das Problem bei einem solchen Leben ist, dass wir uns dann mit anderen Menschen zusammentun, die unsere Ansicht teilen, und die Sicherheit der Herde suchen. Wir glauben Glück und Harmonie gefunden zu haben, weil alle die Welt auf dieselbe Weise sehen, aber in Wirklichkeit tritt der gegenteilige Effekt ein. Bald schon ziehen wir in die Schlacht gegen eine Gruppe, die andere Meinungen vertritt. Selbst wenn es keine andere Gruppe gibt, bricht innerhalb unserer Gruppe ein Kampf aus: Fraktionen und Cliquen bilden sich. Schließlich muss man sich die Zeit zwischen den Kriegen irgendwie vertreiben. Wenn wir unseren Kopf im Sand der Realität vergraben (der in Wirklichkeit nur *unsere* unvollkommene Interpretation der Realität ist), befinden wir uns in der idealen Position, damit das Universum, wenn es vorbeikommt, was es unweigerlich tut, uns in den Allerwertesten treten kann. Die meisten Schwierigkeiten in unserem Leben wollen uns nur ein Prinzip lehren: *Nimm das Leben, wie es kommt. Spüre es. Dann lass es los.*

Rufen Sie sich einen Tritt ins Gedächtnis, den Sie vor kurzem vom Universum erhalten haben. Was wollte das Universum Ihnen damit sagen? Öffnen Sie sich und erkennen Sie, auf welche Weise Sie die Wirklichkeit interpretieren.

Der Mensch ist manchmal seines Schicksals Meister: Nicht durch die Schuld der Sterne, durch eigne Schuld nur sind wir Schwächlinge.
William Shakespeare

Hüten Sie sich, Überzeugungen anzunehmen, die Ihr Einssein mit dem Universum gefährden. In dem Augenblick, in dem Sie glauben, ein gefallener Engel oder ein wieder geborener Lama zu sein, schwingen Sie nicht länger mit der Ganzheit. Wer eins ist mit dem Universum, der sieht, dass wir alle miteinander verbunden sind. Die Jeans, die wir tragen, wurden von einer jungen Frau in Guatemala genäht, der Computer, auf dem wir tippen, wurde von vielen Köpfen und Händen geschaffen – jede Aktion verbindet uns mit einer anderen Aktion und vor allem mit einem anderen Menschen. Wir sitzen alle in einem Boot, wie es so schön heißt, und wenn wir diese Verbindung anerkennen, können wir auch unseren Platz im Universum sehen. Mir wird das immer dann klar, wenn ich meiner Verbundenheit mit anderen Ausdruck gebe, aber auch wenn ich Menschen auf der anderen Hälfte des Erdballs, die ich nicht kenne, mit denen ich aber das Universum teile, in meine Gedanken und Gebete einschließe ... Es gibt viele Möglichkeiten, unsere Zugehörigkeit anzuerkennen, zu ehren, dass wir auf ewig miteinander verbunden, voneinander abhängig sind.

Denken Sie heute an jemand, dem Sie normalerweise nicht danken würden, jemand, der Ihr Leben positiv beeinflusst hat. Schreiben Sie dieser Person auf eine Karte, was sie für Sie getan hat ... und schicken Sie die Karte ab.

Die Freude wohnt nicht den Dingen inne, sondern uns.
Richard Wagner

Eine der Schlüssellektionen des bewussten Lebens lautet ungefähr so: Bringen Sie Ihre Prioritäten in Ordnung. Konzentrieren Sie sich zuerst darauf, wer Sie innerlich sind, dann lassen Sie Ihre Handlungen aus dieser Quelle der Selbsterkenntnis sprudeln. Konzentrieren Sie sich nicht auf den äußeren Anschein oder auf Leistungen, während Ihr Innenleben darniederliegt. Mit 25 beschloss ich, mit 28 zu promovieren. Ich arbeitete drei Jahre lang intensiv, vernachlässigte meine Emotionen, meine Träume, meine Beziehungen. Zehn Tage nach meinem 29. Geburtstag erhielt ich meinen Doktortitel, aber am Tag danach kam ich kaum aus dem Bett. Als ich mich fragte, warum ich mich wie taub fühlte, wurde mir klar, dass ich mich durch diese Anstrengung aus dem Gleichgewicht gebracht hatte, und jetzt, da alles vorüber war, war ich mir nicht mehr sicher, wie ich meine Harmonie zurückerlangen konnte. Dank der Widerstandskraft der Menschen ist es nie so schlimm, wie es aussieht, aber eine Weile fragte ich mich, ob ich jemals wieder die Leichtigkeit des Seins spüren würde. In der Rückschau bin ich froh, dass ich mir diese Arbeit gemacht habe, aber vielleicht hätte ich es auch auf eine Weise zustande bringen können, die mehr in Berührung mit meiner Innenwelt gestanden hätte.

Fragen Sie sich im Laufe des heutigen Tages hin und wieder: Könnte ich das auch einfacher gestalten? Könnte ich es so erledigen, dass ich in Berührung mit meinem inneren Selbst bleibe?

Ich habe eine Bitte: Möge ich niemals meine Vernunft gegen die Wahrheit einsetzen. Elie Wiesel

Laura schreibt: Vor kurzem begegnete ich beim Joggen am See einem Exfreund. Die Beziehung hatte merkwürdig geendet: Er war umgezogen, ohne mir seine neue Telefonnummer oder Adresse mitzuteilen. Natürlich hätte ich ihn aufspüren können, aber dieser abrupte Umzug ohne Vorwarnung schien mir eine deutliche Sprache zu sprechen. Ich war mir damals sicher, nicht der Grund für sein Verhalten gewesen zu sein, und ließ die Beziehung los. Zögernd sprach ich ihn an. «Warum hast du das getan?» Er antwortete nicht und wir joggten nebeneinanderher. Schließlich meinte er: «Ich hatte Angst, dich zu verletzen.» Ich musste lachen. «Deine Rücksichtnahme hat mich wirklich berührt.» Jetzt lachte auch er. Er erinnerte sich wohl an meine gelegentlichen sarkastischen Ausbrüche. «Na ja, kluge Frau, dumme Partnerwahl.» Das war ein alter Scherz zwischen uns, als ich damit gekämpft hatte, eine Beziehung zu führen, die «nirgendwohin führte». Wir verabschiedeten uns unbeholfen, und ich machte Tempo. Er war kein so guter Läufer wie ich, fiel mir wieder ein, als ich den See umrundete und über die Schulter zurückblickte. Ich sah ihn in weiter Ferne und erkannte, dass er nie besonders gut darin war, mit mir mitzuhalten.

Die Menschen tun Dinge, die Sie verletzen. Die Frage lautet natürlich, inwiefern Sie dazu beitragen. Denken Sie an einen Vorfall aus der jüngsten Vergangenheit, bei dem Sie gekränkt wurden. Welche Rolle haben Sie dabei gespielt?

Im Allgemeinen nährt die Musik jene Geisteshaltung, welche sie vorfindet. Francis Bacon

Wenn wir uns nicht länger gegen die Realität wehren und eine tiefe Verbundenheit mit jedem Aspekt der Welt verspüren, sind wir besonders offen für die Kraft und das Potential der Liebe. Die Energie, die wir aufwenden, um uns gegen das Universum zu wehren und es neu zu definieren, wird nach innen kanalisiert zu einer umfassenden, ehrlichen Selbsterkenntnis. Der Songwriter und Dichter Joe Cocker singt von der «Mystik», für mich der Zustand der Gnade, der eintritt, wenn die Liebe nicht nur die Verwirklichung von Wahrheit und Bindung zwischen zwei Menschen ist, sondern auch die Verwirklichung von Wahrheit und Bindung von uns allen und dem Universum, in dem wir leben.

Sind Sie jemand, der das Licht ausschaltet, wenn er den Raum verlässt, und den Wasserhahn nur aufdreht, solange er seine Hände darunter hält? Vielleicht sehen Sie das mit dem Energiesparen aber auch nicht so eng? Überlegen Sie sich heute eine Maßnahme, wie Sie den Hahn Ihrer persönlichen Energie in einem Bereich zudrehen können, wo sie nur verschwendet wird. Machen Sie sich klar, dass Ihre Energie eine begrenzte Ressource ist. Suchen Sie sich eine ganz konkrete Möglichkeit, wie Sie Ihre Ressourcen für etwas aufsparen können, das für Sie wichtig ist. Konzentrieren Sie sich bei diesem Experiment auf Ihre Gefühle.

Im Frieden begraben die Söhne ihre Väter; im Krieg begraben die Väter ihre Söhne. Herodot

Ich bin mir bewusst, dass Kinder andere Kinder in der Schule erschießen. In Situationen wie diesen, die derart unerklärlich und so entsetzlich sind, ist es am schwersten, das Leben so zu akzeptieren, wie es ist. Ich möchte Ihnen jedoch versichern, dass das Akzeptieren der Realität nicht bedeutet, einfach mit den Schultern zu zucken und zu erklären, man habe keine Kontrolle über die Ereignisse in der Welt. Im Gegenteil. Wenn Sie die Realität akzeptieren, heißt das nur, dass Sie *mit* den existierenden Kräften arbeiten müssen, nicht gegen sie. Wenn jemand ohne Herz handelt, wenn er einen Akt begeht, der gewalttätig und schädlich ist, dann müssen wir im bewussten Leben den Akt sehen und akzeptieren, dass er geschah und dass er ein Teil von uns allen ist. Hier geht es nicht um Schuld, sondern um Verantwortung. Dieser Unterschied ist größer als das Universum und wenn man ein solches Maß an Verantwortung trägt, kann man das Universum verändern.

Lesen Sie heute die Schlagzeilen in der Zeitung oder hören Sie die Nachrichten im Radio. Suchen Sie sich eine Meldung aus, die Sie emotional berührt, etwas, das Ihnen normalerweise ein Gefühl der Hilflosigkeit vermittelt, und nehmen Sie sich vor, Ihre Verantwortung für dieses Ereignis zu akzeptieren (es geschah in Ihrer und meiner Welt) und dementsprechend zu handeln. Vielleicht können Sie nur einen kleinen Beitrag leisten, vielleicht auch einen großen – wichtig ist, dass Sie aktiv werden.

Weisheit bedeutet, zu wissen, was man als Nächstes tun muss. Tugend bedeutet, es auch zu tun.

David Starr Jordan

Viele Menschen halten Großzügigkeit für etwas, das sie pflegen werden, sobald sie reich sind. In Wirklichkeit funktioniert es gerade andersherum. Wenn Sie großzügig sind, werden Sie mit weitaus größerem finanziellem Wohlstand belohnt. Denken Sie auch bei den grundlegenden Interaktionen des Lebens immer zuerst an die Großzügigkeit. Stellen Sie sich vor, wie es sich anfühlt, wenn uns jemand großzügig zuhört. Während Sie reden, würde ein großzügiger Zuhörer nicht nur aufmerksam Ihren Worten lauschen, sondern auch den Gefühlen hinter den Worten. Sie könnten sprechen, ohne unterbrochen zu werden, weil der großzügige Zuhörer sein Zuhören auch auf die Stille nach Ihren Worten ausdehnt, bevor er Ihnen antwortet. Jetzt drehen Sie den Spieß um. Stellen Sie sich vor, Sie wären ein großzügiger Zuhörer, ein Menschenfreund der liebevollen Aufmerksamkeit. Schenken Sie den funkelnden Raum des offenen Zuhörens an die Menschen, denen Sie begegnen. Großzügiges Zuhören ist ein gewaltiger Schritt auf dem Weg zur Entfaltung eines großzügigen Geistes.

Konzentrieren Sie sich heute nur auf eine einzige Dimension des Zuhörens: das Unterbrechen. Versuchen Sie, den ganzen Tag über niemand zu unterbrechen. Stellen Sie fest, bei welchen Menschen es Ihnen am schwersten fällt zuzuhören ohne sie zu unterbrechen.

Wer seine Güter gibt den Armen her, erhält so viel zurück und zehnmal mehr.
John Bunyan

So gut wie jeder, der sich auf die Reise des bewussten Lebens macht, wird eines Tages zum Menschenfreund. Der eine verschenkt mehrere Millionen, der andere nur ein paar Mark, aber das Prinzip, dem sie folgen, ist dasselbe: Je mehr man gibt, desto mehr bekommt man wieder. Das soll nicht heißen, dass Menschenfreunde nur deshalb etwas spenden, weil sie dafür etwas bekommen werden – es bedeutet nur, dass es ein Grundprinzip des Lebens ist, vom Universum das zurückzuerhalten, was man investiert. Wenn wir unser Herz und unsere Geldbörse im Überfluss öffnen, werden wir dafür mit Fülle belohnt werden. Je reifer wir auf dem Weg des bewussten Lebens werden, desto mehr neigen wir zum einfachen Leben. Je mehr unsere Weisheit wächst, desto größere finanzielle Gewinne erzielen wir. Am Ende hat man oft ein herrliches Problem: Wie kann man immer mehr verschenken? Da wir das zurückbekommen, was wir weitergeben, wird das Problem immer größer und größer. Schon bald kämpft man jeden Augenblick mit dem Problem, wie man die riesige Menge an Liebe und an Geld annehmen und weitergeben soll.

Bestimmen Sie eine Summe, die Sie dieses Jahr weitergeben wollen. Bestimmen Sie diese Summe nicht, indem Sie einen Prozentsatz Ihres Einkommens abzweigen. Mit anderen Worten, gestalten Sie Ihre Großzügigkeit aktiv, nicht in den Fesseln Ihres Einkommens.

Wenn wir die Menschen nur nehmen, wie sie sind, so machen wir sie schlechter. Wenn wir sie behandeln, als wären sie, was sie sein sollen, so bringen wir sie dahin, wohin sie zu bringen sind. Johann Wolfgang von Goethe

Im bewussten Leben können und sollen alte Kränkungen hochgebracht werden, damit wir uns ihnen stellen und sie akzeptieren und unerledigte Angelegenheiten zu einem Ende bringen können. Kränkungen aus der Vergangenheit, die vom Licht der Bewusstheit abgeschirmt werden, führen häufig zu Barrieren für die Liebe und den Erfolg in der Gegenwart. Wenn wir uns die Mandeln herausnehmen lassen, werden wir ein oder zwei Tage später starke und schmerzhafte Schluckbeschwerden bekommen. In diesem Augenblick wird uns ein weiser Arzt oder eine weise Krankenschwester raten, nach einem Kaugummi zu greifen, nicht nach einer Schmerztablette. Der Grund ist der, dass die Muskeln um die Wunde gedehnt und gestreckt werden müssen, damit die Blutzirkulation wieder in Gang kommt. Dasselbe Prinzip lässt sich auch auf alte emotionale Wunden anwenden. Sie müssen sie auslüften, sie bewegen und atmen lassen, damit sie nicht dauerhaft steif und unbeweglich werden.

Denken Sie an Bereiche Ihres Lebens, die nicht so gut funktionieren, wie Sie das gern hätten. Wenn Sie sich auf einen betreffenden Abschnitt konzentrieren, stellen Sie sich zwei Fragen: Gibt es Wunden, von denen ich mich noch nicht erholt habe, die diesen Bereich meines Lebens beeinträchtigen? Wenn ja, wie kann ich diese Wunden heilen?

Wo immer du gehst und isst und reist, sei, wo du bist.
Buddha

Lesen Sie, was einige Lehrer des bewussten Lebens über die Zeit und die Vorwärtsbewegung sowie über die Aufmerksamkeit für den Augenblick zu sagen wussten:

François Rabelais: Ich werde einfach in die Dunkelheit springen.

Miguel de Cervantes: Es gibt eine Zeit für manche Dinge und eine Zeit für alle Dinge, eine Zeit für große Dinge und eine Zeit für kleine Dinge.

Buddha: Das Leben kann nur im gegenwärtigen Augenblick stattfinden. Wenn wir den Augenblick verlieren, verlieren wir das Leben.

Halten Sie zehn Sekunden inne und genießen Sie diesen kostbaren Augenblick: Das ist es! Kosten Sie im Laufe des heutigen Tages häufig die gegenwärtige Realität aus, gleichgültig, wie wichtig oder scheinbar unwichtig sie sein mag.

Gedanken kommen oft ungebeten und welche uns in den Kopf schießen, sind häufig die wertvollsten von allen.

John Locke

Vor über einhundert Jahren sagte der große amerikanische Psychologe William James, die wichtigste Entdeckung seiner Generation sei die, dass «ein Mensch sein Leben ändern kann, in dem er die Qualität seiner Gedanken ändert». Viele tausend Jahre vor unserer Zeit geschrieben, enthalten die Upanischaden schon dieselbe Vorstellung: «Wie du denkst, so wirst du.» Die Qualität unseres Lebens kann sich ändern, wenn wir die Qualität unserer Gedanken verbessern. Das ist eine machtvolle Vorstellung, Sie können Sie mühelos selbst erproben. Genauer gesagt, nur durch den Selbstversuch können Sie beweisen, ob diese zeitlose Vorstellung tatsächlich funktioniert.

Suchen Sie sich einen Bereich Ihres Lebens aus, über den Sie negative Gedanken hegen. Vielleicht eine Beziehung oder Ihr Auto oder Ihre Arbeit. Lassen Sie bewusst einen positiven neuen Gedanken über diesen Bereich in den Strom Ihrer Gedanken tropfen. Nur einen einzigen neuen positiven Gedanken. Beobachten Sie daraufhin in den kommenden Tagen genau, ob sich eine Veränderung in den äußeren Umständen einstellt.

Große Leistungen werden nicht zunichte gemacht durch eine einzige Tat oder einen einzigen Irrtum.

Benjamin Disraeli

Seit Tausenden von Jahren machen uns die Lehrer des bewussten Lebens klar, dass wir an Widrigkeiten wachsen. In einem chinesischen Sprichwort heißt es: «Man kann einen Edelstein nicht ohne Reibung polieren.» Dieser Gedanke findet sich auch in dem geflügelten deutschen Wort: «Wer nie sein Brot mit Tränen aß, der kennt euch nicht, ihr himmlischen Mächte.» Und doch ist es nicht immer leicht, sich in den Augenblicken an diese weisen Worte zu erinnern, in denen man mitten in einer Notsituation steckt. Wenn die Angst von unserem Körper Besitz ergreift, schließt sie dabei vorübergehend das philosophische Zentrum in unserem Gehirn. Es ist schwer, über Nashörner zu philosophieren, wenn man von einem gejagt wird. Unsere erste Aufgabe besteht immer darin, unseren gegenwärtigen «Gefühlszustand» anzuerkennen, sei es Angst, Wut oder Freude. Dann können wir uns vornehmen, durch die Widrigkeit zu lernen. Wir können uns auch mit Freunden umgeben, die wissen, wie man die richtigen Fragen stellt. In Zeiten der Not fragen gute Freunde: «Was kannst du daraus lernen?» Falsche Freunde fragen: «Warum behandelt dich die Welt nur so schlecht?»

Halten Sie kurz inne und fragen Sie sich, wie Ihr gegenwärtiges Leben aussieht. Überlegen Sie, warum Sie momentan Widrigkeiten durchleben. Konzentrieren Sie sich auf einen Bereich und fragen Sie: «Was muss ich hier lernen? Warum habe ich diese Widrigkeit angezogen?»

Reiße einen Zaun immer erst dann ein, wenn du weißt, warum er errichtet wurde. Robert Frost

Einige Lektionen muss man durch die unmittelbare Erfahrung lernen. Man kann nicht lernen, ein großartiger Liebhaber zu werden, indem man sich ein Video anschaut. Andere Lektionen können und sollen durch rein geistiges Erfassen begriffen werden, nicht durch Erfahrung. Wenn wir auf unsere großen Lernerfolge zurückschauen, dann fällt uns möglicherweise auf, dass wir durch Widrigkeiten enorm gewachsen sind. Allerdings hätte uns bisweilen ein klein wenig Weisheit vor unangenehmen Erfahrungen bewahrt. Die Country-Sängerin Loretta Lynn sagte einmal: «Ich habe erst von Geburtenkontrolle gehört, als ich schon mit meinem vierten Kind schwanger war.» Sie können ein Maximum an «Wachstum» für sich öffnen, wenn Sie den Vorsatz fassen, jene Dinge durch Erfahrung zu lernen, die unbedingt auf diese Weise gelernt werden müssen, und jene Dinge durch Weisheit zu lernen, die man durch Weisheit lernen kann. Man kann zum Beispiel nicht durch Weisheit lernen, wie man eine Suppe kocht, aber man muss sie auch nicht immer wieder verschütten, sondern kann durch Weisheit dazu übergehen, die Suppe statt mit einer Gabel mit einem Löffel zu sich zu nehmen.

Sprechen Sie innerlich den folgenden Vorsatz aus: «Ich nehme mir fest vor, wo immer nötig durch Erfahrung zu lernen und wo immer möglich durch Weisheit zu lernen. Ich nehme mir vor, durch Weisheit zu lernen, wenn ich dadurch mir und anderen unnötigen Schmerz ersparen kann.»

... von der Wiege bis zur Bahre, das ist keine lange Zeit.

Aus dem Musical *Cabaret*

Es gibt ein Zeit-Paradoxon, mit dem wir alle leben. Aus der Sicht der Unendlichkeit haben wir alle Zeit der Welt. Obwohl die Dinosaurier über einhundert Millionen Jahre auf der Erde wandelten, scheint es, als ob sie nur einen Wimpernschlag lang hier gewesen wären. Auch aus der Sicht des Augenblicks haben wir alle Zeit der Welt. Solange wir ganz in der Gegenwart aufgehen, scheinen wir in einer zeitlosen Zone zu existieren. Aber aus Sicht eines Versicherungsvertreters stehen jedem von uns nur wenig mehr als 25 000 Tage zur Verfügung. Der Vertreter fährt mit dem Finger über die Tabelle mit der Versicherungsstatistik und erklärt uns mit erstaunlicher Genauigkeit, wie lange es uns hienieden geben wird. Hatten wir gesunde Großeltern? Wenn ja, fügt er 2000 Tage hinzu. Rauchen wir? Wenn ja, werden haufenweise Tage abgezogen. Zum Menschsein gehört, das Paradoxon der Zeit zu akzeptieren – sich auf die unendliche Seite in uns und um uns zu konzentrieren und doch fest auf dem Boden der Realität zu stehen. Im bewussten Leben lernen wir, das Strahlen des Ewigen zu spüren und doch rechtzeitig zu unseren Verabredungen zu kommen. Beides ist gleichermaßen wichtig.

Holen Sie tief Luft und nehmen Sie sich vor, an diesem Tag jeden Augenblick voll zu leben. Denken Sie daran, dass dieser Augenblick der einzige ist, den Sie haben, und dass Sie sich annähernd so oft vornehmen müssen, ganz in der Gegenwart zu leben, wie Sie atmen müssen.

Nur wo es keine Hoffnung gibt, gibt es keine Furcht.
John Milton

Es ist keineswegs ungewöhnlich, dass wir uns fürchten, wenn wir die Verantwortung für unser Leben übernehmen. In der Therapie habe ich unzählige Male beobachtet, wie Menschen von einer Welle der Furcht erfasst werden, sobald sie für etwas die volle Verantwortung akzeptieren. Häufig fürchtet man sich vor einer großen Verpflichtung, beispielsweise der Eheschließung oder dem Antritt einer neuen Arbeitsstelle. Warum ist das so? Das liegt daran, dass wir in dem Moment, in dem wir die Verantwortung für etwas übernehmen, die kreativen Kräfte des Universums anzapfen. Das Universum hat kein Problem damit, eine Eiche, einen Vulkan oder einen Dinosaurier hervorzubringen. Es erschafft alles mühelos, denn es ist die Quelle aller Schöpfung. Wenn Sie sich selbst für ein Opfer halten, verlieren Sie aus den Augen, dass Sie Teil der universellen Schöpfung sind. Auch Sie sind das Universum. Die Menschen fürchten sich oft vor all dieser Macht. Wenn Sie das Gefühl haben, nicht in das Universum zu gehören oder allein gegen das Universum antreten zu müssen, dann ist es an der Zeit, ein paar Mal tief mit Ihrer Angst zu atmen und sich daran zu erinnern, dass es nur einen Stoff im Universum gibt – wie immer Sie ihn nennen wollen – und dass wir alle daraus bestehen.

Atmen Sie ein paar Mal tief in Ihre Angst-Zone; für die meisten von uns ist das der Bauch. Fragen Sie sich anschließend: «Wofür kann ich heute die Verantwortung übernehmen?»

Wer Gutes tun will, muss peinlich genau vorgehen.

Vor einigen Jahren machte ich eine einfache, jedoch lebensverändernde Entdeckung: Ich ging gerade durch mein Wohnzimmer, als mir ein Papierschnitzel auf dem Fußboden auffiel. Ich spürte, wie ein Teil von mir ihn ignorieren wollte, ein anderer Teil wollte stehen bleiben und ihn aufheben. Ich hielt ein paar Sekunden inne und stimmte mich auf diese beiden Gefühle ein. Plötzlich erkannte ich, dass ich einen Großteil meines Lebens mit dem Motto verbracht hatte: «Ich kümmere mich später darum.» Das drängte Dinge aus meinem Bewusstsein, die eigentlich sofort hätten erledigt werden können. Also hob ich den Papierschnitzel auf. Sofort fühlte ich mich leichter und entspannter, als ob ein Teil meines Geistes frei wäre, sich jetzt auf wichtigere Dinge zu konzentrieren. Dieser kleine Vorfall führte zu Dutzenden von Beobachtungen in den darauf folgenden Monaten. Häufig ertappte ich mich dabei, dass mir etwas auffiel und ich gleichzeitig versuchte, so zu tun, als hätte ich nichts bemerkt. Allmählich brachte ich mir bei, die Dinge sofort anzugehen, anstatt mich erst später um sie zu kümmern. Ich spürte viel mehr Energie und die Fähigkeit, mich auf die Gegenwart zu konzentrieren.

Richten Sie Ihre Aufmerksamkeit heute auf Unvollständigkeiten. Achten Sie im Laufe des Tages auf alle Vorfälle, bei denen Sie etwas aufschieben, was Sie sofort erledigen könnten. Experimentieren Sie damit, alles in dem Augenblick anzugehen, in dem es Ihnen auffällt.

Die Pause – diese beeindruckende Stille, diese beredte Stille, diese geometrisch progressive Stille, die oft zur gewünschten Wirkung führt, wie sie keine Folge aus Worten, gleich wie glücklich gewählt, erzielen könnte. Mark Twain

Fast jeder, der sich auf den Weg des bewussten Lebens begibt, entdeckt den Wert der Einsamkeit. Wenn Sie die Freuden der täglichen Ruhezeiten schon gefunden haben, dann gratuliere ich Ihnen. Wenn Sie diesen Schatz erst noch entdecken müssen, setzen Sie die Suche ganz oben auf Ihre Prioritätenliste. Sie können eine formelle Meditationsübung durchführen, bei der Sie eine Stunde am Tag dafür abzweigen, Geist und Körper in den Ruhezustand zu führen. Oder Sie tun etwas Einfaches und Informelles, wie einige Minuten am Morgen frische Luft einzuatmen. Bei zwei Gelegenheiten in der vergangenen Woche habe ich mitten in geschäftigen Botengängen eine kurze Pause am Ozean eingelegt, um den Klang der Wellen und der Meeresbrise zu genießen. Zehn Minuten Einsamkeit am Meer, und die stotternden Batterien waren wieder aufgeladen, der Kontakt zur Natur erneuert.

Legen Sie heute mindestens einmal eine Pause in Ihrer Umtriebigkeit ein, um ruhig zu werden. Parken Sie Ihren Wagen unter einem Baum und sitzen Sie einige Minuten einfach nur da oder stehen Sie ein paar Minuten früher auf, um in morgendlichen Kontakt mit der Natur zu treten. Achten Sie darauf, wie diese Minuten des Alleinseins Ihren Tag beeinflussen.

Ich weine nicht über die Liebe, sondern darüber, in wie vielen Kleinigkeiten sie sich zeigt. Edna St. Vincent Millay

Vor einigen Jahren musste ich geschäftlich nach Manhattan reisen. Als ich in einem Schnellrestaurant meine Rechnung zahlen wollte, meinte die Dame an der Kasse, dass ich von außerhalb sein müsse. Ich gab zu, dass ich nur auf der Durchreise war, und erkundigte mich, woran sie das gemerkt hatte. «Das war leicht», erwiderte sie, «Sie lächeln und haben mir in die Augen geschaut, als Sie Ihre Rechnung zahlten.»

Nehmen Sie sich heute im Verlauf des Tages die Zeit, mit den Menschen, denen Sie begegnen, einen echten Kontakt herzustellen. Sehen Sie den Leuten, die an Ihnen vorübergehen, in die Augen. Lassen Sie ihnen großzügig Ihre Aufmerksamkeit zukommen.

Das Leben besteht aus dem, was der Mensch den ganzen Tag über denkt. Ralph Waldo Emerson

Der Widerstand gegen die Langeweile ist eine mächtige Triebfeder im Leben vieler Menschen. Um der Langeweile aus dem Weg zu gehen, kaufen viele von uns den ganzen Tag lang ein, essen, wenn sie nicht hungrig sind, und reden von Dingen, von denen sie keine Ahnung haben, mit Menschen, die ihnen nicht wichtig sind. Auf einer Reise nach Indien habe ich einmal eine wichtige Lektion über die Langeweile gelernt. Ich wohnte mehrere Tage in einem winzigen Ashram zu Füßen des Himalaya. Es gab dort absolut nichts zu tun. Der Guru glaubte nicht einmal an Yoga oder Meditation, hielt sie für nutzlose Zeitverschwendung. Stattdessen ermutigte er uns, nichts zu tun, uns zu langweilen und vor allem jeden Gedanken an geistige Weiterentwicklung loszulassen. Das war ein brillanter spiritueller Trick. Nach ein paar Tagen, in denen ich den panischen Drang verspürte, etwas – egal was! – zu tun, ließ mein Geist völlig los und erlaubte mir, einen Frieden zu erfahren, der so tief war, wie ich ihn früher nur gelegentlich und nur für Sekunden erahnen konnte.

Setzen Sie sich heute zehn Minuten hin und tun Sie gar nichts. Wenn Sie merken, dass Sie aus einem bestimmten Grund nichts tun, beispielsweise um festzustellen, was Ihr Verstand macht, während Sie nichts tun, dann hören Sie damit sofort auf und tun Sie einfach nichts.

Wer selbst gut genug ist, hält auch schlechte Menschen für gut.

Laotse

Die meisten von uns hören anderen Menschen mit einem «Instandsetzungsfilter» zu. Wenn ein Freund uns von einem Problem erzählt, hören wir mit der Absicht zu, ihm zu einer Lösung zu verhelfen. Wenn unsere Schulter Schmerzsignale aussendet, stimmen wir uns darauf ein, ihr Linderung zu verschaffen. Was würde geschehen, wenn wir unsere «Reparatur»-Mentalität eine Weile losließen? Würden wir in tausend Einzelteile zerfallen? Wahrscheinlich nicht. Höchstwahrscheinlich würde alles plötzlich ein Gesamtbild ergeben. Wenn wir anderen großzügig zuhören, dann nähern wir uns ihren Problemen nicht mit der Einstellung, sie zu reparieren, sondern als Orte kreativer Möglichkeiten. Vielleicht erschaffen wir dann endlich eine Welt, in der viel weniger repariert werden muss.

Tun Sie heute bei Ihren Kontakten mit anderen Menschen Ihr Bestes, um ungefiltert zuzuhören. Hören Sie den Leuten einfach nur zu, als ob Sie nichts anderes wollten, als das zu respektieren, was sie zu sagen haben.

Wenig wissen die Menschen, was Einsamkeit ist und wie weit sie sich erstreckt. Eine Menge ist keine Gesellschaft und Gesichter sind nur eine Galerie von Bildern, wenn es keine Liebe gibt.
Francis Bacon

Wertschätzung ist eines der wichtigsten Hilfsmittel im bewussten Leben. Was auch immer Ihnen begegnet, es begegnet Ihnen aus einem guten Grund. Wertschätzung lohnt sich also. So verlockend es manchmal sein mag, das Gegenteil zu tun und sich mit aller Kraft dagegen zu sträuben, so wenig sinnvoll ist es. Letztendlich werden Sie sich ansehen müssen, warum Sie eine bestimmte Situation in Ihr Leben gebracht haben, und je eher Sie das tun, desto besser. Das gilt auch für die positiven Einflüsse, die Sie dahin gebracht haben, wo Sie heute sind. Wenn Sie auf Ihr Leben zurückschauen, werden Sie erkennen, dass es Menschen gibt, ohne deren Einfluss Sie niemals in Ihrer heutigen Position wären. Ehren Sie sich selbst dafür, dass Sie diese Menschen in Ihr Leben gebracht haben.

Nehmen Sie sich heute die Zeit, die Menschen Ihrer Vergangenheit zu ehren, die Ihnen geholfen haben, dorthin zu gelangen, wo Sie heute sind. Beginnen Sie mit einer stummen Wertschätzung – mit «telepathischen» Telegrammen. Wenn Sie können, bringen Sie Ihren Dank auch noch mündlich oder schriftlich zum Ausdruck. Entwickeln Sie die Angewohnheit, Menschen regelmäßig zu danken, und achten Sie darauf, wie sich das auf Ihr Leben auswirkt.

Es war einmal ein Mann, dessen Axt verschwunden war. Er verdächtigte den Sohn seines Nachbarn. Der Junge ging wie ein Dieb, schaute wie ein Dieb, sprach wie ein Dieb. Doch dann fand der Mann seine Axt beim Graben im Tal, und als er das nächste Mal den Sohn seines Nachbarn sah, ging, schaute und sprach dieser wie jedes andere Kind.

Laotse

Von allen Lektionen des bewussten Lebens kann uns die Aufklärung einer Projektion am schnellsten Erleichterung für unsere innere Unruhe bringen.

Ich saß vor dem Kamin und unterhielt mich mit Kathlyn. Ohne dass wir es merkten, lehnte ich mich zur Seite, wobei sich mein Arm in einem unangenehmen Winkel abknickte. Das Gespräch ging weiter und mein Anteil an der Unterhaltung wurde immer negativer. Bald schon konzentrierte ich mich ausschließlich auf den Schmerz der menschlichen Existenz und auf meine jämmerliche Rolle im Leben. Nach einer Weile machte mich meine Frau sanft auf den Ton meiner Worte aufmerksam und fragte: «Könnte es sein, dass dir nur der Arm Schmerzen verursacht und nicht die Welt?» Ich veränderte meine Haltung, und gleich sah die Welt viel schöner aus.

Wenn Sie merken, dass Sie in eine negative Stimmung abgleiten, verändern Sie Ihre Haltung – entweder die geistige oder die körperliche. Beobachten Sie, ob sich Ihre Stimmung dadurch ändert.

Furcht ist Erregung ohne den Atem. Fritz Perls

Bewusstes Atmen gehört zu den kraftvollsten Techniken des bewussten Lebens und ist obendrein völlig kostenlos. Wenn wir eine Pause einlegen, um während Schlüsselzeiten des Tages ein paar Mal tief durchzuatmen, wird unser ganzes Leben reibungsloser verlaufen. Es erfordert nur einige gesunde Atemzüge, um uns in Schwung zu bringen, wenn wir müde sind, oder um uns zu beruhigen, wenn uns allzu viele Gedanken im Kopf herumspuken. Der Atem steht mit dem zentralen und mit dem vegetativen Nervensystem in Verbindung: Man kann absichtlich und bewusst tief atmen oder das Atmen beispielsweise die ganze Nacht über im Schlaf vergessen. Aus diesem Grund ist der Atem perfekt dazu geeignet, während unseres Jahres des bewussten Lebens im Mittelpunkt unserer Aufmerksamkeit zu stehen.

Schaffen Sie heute mit Hilfe Ihres Atems Raum in Situationen, wo Sie sich oder andere sonst hetzen würden. Wenn beispielsweise Ihr Gegenüber etwas gesagt hat, holen Sie erst einmal tief Luft, bevor Sie antworten. Wenn Sie eine Emotion verspüren, holen Sie ein paar Mal tief Luft mit der Absicht, Ihre Gefühle umfassend wahrzunehmen. Geben Sie sich und anderen Raum zum Atmen.

Jeder reale Gedanke zu jedem realen Thema nimmt irgendjemand den Wind aus den Segeln. Holy Real

Ich neige dazu, sehr vorsichtig zu fahren. Einmal fuhr ich auf einer herrlich kurvenreichen Landstraße, auf der die Geschwindigkeit auf 50 Kilometer pro Stunde in den Kurven und auf 70 Kilometer auf den geraden Strecken beschränkt war. Eine doppelte gelbe Linie zeigte an, dass Überholen nicht sicher war. Ich genoss die Landschaft, als sich hinter mir rasch ein Auto näherte und erst eineinhalb Meter hinter meiner Stoßstange das Tempo drosselte. Im Rückspiegel konnte ich sehen, wie wütend der Fahrer war. Er machte einige «Los, schneller!»-Gesten in meine Richtung. Schließlich überholte er mich mit aufjaulendem Motor und in Missachtung der gelben Linie. Er verschwand in der Ferne. Als ich ungefähr 30 Kilometer weiter die Straße entlang um eine Kurve bog, sah ich, dass sein Wagen im Straßengraben auf dem Dach lag. Ein Polizist winkte die Autos an der Unfallstelle vorbei. Als ich im Schritttempo vorüberfuhr, sah ich den Fahrer neben seinem Auto stehen. Diesmal lag ein völlig anderer Ausdruck in seinem Gesicht. Er wirkte erschüttert, aber auch, als sei er dankbar, noch am Leben zu sein. Ich frage mich, ob er sich diese Lektion nicht auch auf sanftere Weise hätte beibringen können.

Fragen Sie sich: «Gibt es Lektionen im Leben, die ich sanfter lernen könnte? Was muss ich tun, um die Lektionen meines Lebens so sanft wie möglich zu lernen?»

Dezember

Furcht ist der Dieb der Träume. Anonymus

Eine der am häufigsten gestellten Fragen bei meinen Vorträgen über das bewusste Leben lautet: «Woran erkenne ich den Unterschied zwischen meiner Intuition und der Stimme meines Ego?» Ein Beispiel: Sie verspüren den inneren Drang, einen neuen Sportwagen zu kaufen. Woher können Sie wissen, ob dieser Impuls auf echter Intuition basiert? Woher wissen Sie, ob Sie nicht einfach nur Ihren Eigendünkel nähren wollen, den Teil in Ihnen, der sich ganz toll fühlen würde, wenn man ihn in einem schicken Auto durch die Stadt fahren sieht? Intuition lässt sich vom Ego unterscheiden, indem man sich auf die Anwesenheit von Angst im Körper einstimmt. Wenn das Ego die Kontrolle ausübt, spüren wir oft, dass etwas fehlt, beispielsweise unser Selbstwertgefühl, und dieser Mangel wird für gewöhnlich von Furcht begleitet. Echte Intuition kommt normalerweise nicht in Begleitung von Angst. Ich sage «normalerweise», denn die Intuition ist keineswegs eine exakte Wissenschaft, und Ihre eigenen Erfahrungen sind so gut wie der Rat jedes Experten.

Stimmen Sie sich einen Augenblick auf die Empfindungen in Ihrem Körper ein. Angst ist normalerweise ein flüchtiges, unangenehmes Gefühl in Ihrem Bauch, häufig von einer Anspannung der Bauchmuskulatur begleitet. Spüren Sie in diesem Augenblick auch nur den Hauch eines Signals? Stimmen Sie sich im Laufe des Tages öfter darauf ein, achten Sie darauf, welche Situationen diese Empfindungen auslösen.

Wo ein Genie auftaucht, verbrüdern sich die Dummköpfe.
Jonathan Swift

Die Lächerlichkeit sollte von kreativen Menschen wie ein Ehrenabzeichen getragen werden. So viele der Erfindungen, die wir heutzutage für selbstverständlich erachten, wurden von den Kleingeistern mit Hohn und Spott begrüßt. Möglicherweise haben Sie nie von Clarence Saunders gehört, einem Lebensmittelhändler, der wegen einer Idee, die er um 1920 hatte, von seinen Kollegen in nah und fern ausgelacht wurde. Bis dahin gab man seine Einkaufsliste einem Angestellten, der dann die Waren von den verschiedenen Regalen einsammelte. Saunders erlaubte es den Käufern und Käuferinnen, selbst durch die Regale zu schlendern und sich ihre Waren auszusuchen. Über kurz oder lang entdeckte er, dass diese Freiheit die Kundschaft dazu verlockte, mehr zu kaufen als das, was auf ihren Einkaufslisten stand. Noch bevor sich die Kritiker die Lachtränen aus den Augenwinkeln gewischt hatten, besaß Saunders eine Kette von vierzig Läden, die ganz dem «freien Einkaufen» verschrieben waren.

Suchen Sie im Laufe des heutigen Tages nach Möglichkeiten, wie Sie mehr Freiheit in Ihrem Leben schaffen können. Gibt es eine Erfindung oder eine Veränderung, die zu mehr Lockerheit führen würde?

Mit einem Sommertag soll ich dich vergleichen?
William Shakespeare

Vor einigen Jahren riefen meine Frau und ich eine Tradition ins Leben: einander etwas vorzulesen. Beide waren wir mit Familienangehörigen gesegnet, die uns als Kind etwas vorgelesen hatten, und bei unseren eigenen Kindern setzten wir diesen schönen Brauch fort. Warum also soll man sich nicht auch einander etwas vorlesen? Wir begannen mit Shakespeares Sonetten und gingen dann zu anderen Dichtern alter und neuer Zeit über. Es wurde zur hoch geschätzten Gewohnheit, für gewöhnlich an Winterabenden praktiziert, bevor wir zu Bett gingen. Dann entdeckten wir eine neue wunderbare Sache. Bei einem unserer Workshops erwähnten wir unseren Lieblingsroman, *Hundert Jahre Einsamkeit* von Gabriel García Márquez. Nur wenige Teilnehmer kannten das Buch und wir empfahlen es den übrigen von ganzem Herzen. Dann erkundigten wir uns bei den Anwesenden nach ihren Lieblingsbüchern. Es stellte sich heraus, dass wir viele davon noch nicht gelesen hatten. Wir erstellten eine Liste und lasen uns durch. Mittlerweile ist es eine Tradition geworden, dass wir die Menschen bitten, uns ihr Lieblingsbuch zu nennen, damit wir es unserer Liste hinzufügen können.

Erstellen Sie eine Liste Ihrer fünf Lieblingsbücher. Bieten Sie an, diese Liste gegen Listen von einigen Ihrer Freunde zu tauschen. Lesen Sie deren Lieblingsbücher – es gibt keinen besseren Weg, jemand kennen zu lernen, als ein paar Tage oder Wochen mit den Büchern zu leben, die er liebt.

Es gibt keine Fakten, nur Auslegungen.

Friedrich Nietzsche

Haben Sie ein Recht darauf, von Menschen umgeben zu sein, die Sie wirklich gut behandeln? Menschen, die stets freundlich zu Ihnen sind? Aber nein. Es gibt keine Garantie und das trifft besonders auf das Arbeitsleben zu. Wir haben keine Kontrolle darüber, wie andere sich verhalten. Wir haben jedoch die Kontrolle über unsere Reaktionen, dazu gehört auch, was wir zu tolerieren bereit sind. Laura schreibt: Ich hatte einmal eine Chefin, die mich wegen einer Sache (die ich verbockt hatte) scharf kritisierte, und das mit erhobener Stimme und vor mehreren anderen Angestellten. Ich entschuldigte mich, aber die Scham und die Demütigung verfolgten mich noch lange. Ich sprach sie nicht darauf an, denn es war unwahrscheinlich, dass das etwas bewirkt hätte. Ich lernte jedoch aus dieser Erfahrung das philosophische Schulterzucken. Wir haben keinen Anspruch darauf, von Menschen umgeben zu sein, die das Leben so sehen wie wir. Sobald ich diese grundlegende Ungerechtigkeit akzeptiert hatte, war es einfach, meine eigenen Ziele zu verfolgen statt meine Energie darauf zu verschwenden, gegen die Wirklichkeit zu wettern oder zu versuchen, etwas im Universum zu ändern, was sich nicht ändern lassen will.

Denken Sie an eine Situation, in der Sie ungerecht behandelt wurden. Wenn Sie das nächste Mal in eine solche Situation geraten, versuchen Sie es mit Akzeptanz *statt mit* Gegenwehr. *Sie werden sehen, was das für einen Unterschied ausmacht.*

Das Leben ist Aktivität und Leidenschaft. Wir sollten aktiv und leidenschaftlich sein, damit wir nicht Gefahr laufen, nicht gelebt zu haben. Oliver Wendell Holmes

Wenn uns eine Flutwelle an Gefühlen überwältigt, haben wir diese wahrscheinlich zuvor aufgestaut. Stellen Sie sich einen riesigen Stausee an Gefühlen vor – und irgendwann bricht der Damm. Wehe dem, der in den Weg dieser Flutwelle gerät. Sie können diese Energie jedoch nutzbar machen und zu einem Fluss der Gefühle umwandeln, der alles reinigt, anstatt es zu zerstören. Die interpersonelle Kommunikation empfiehlt folgende Herangehensweise an überwältigende Gefühle:

1) Beschreiben Sie das Verhalten, das Sie beobachtet haben. 2) Interpretieren Sie dieses Verhalten. 3) Teilen Sie mit, wie Sie sich aufgrund dieses Verhaltens fühlen. 4) Diskutieren Sie die Folgen dieses Verhaltens. 5) Diskutieren Sie Ihre Absichten infolge dieses Verhaltens. In den kommenden fünf Tagen werden wir jeden Schritt ausführlich behandeln. Heute müssen Sie sich jedoch nur vornehmen, etwas zu lernen und diese neue Art, Ihre Gefühle zu ehren, zu praktizieren.

In den vergangenen Monaten haben Sie hoffentlich eine Menge gelernt. Heute wollen wir noch etwas lernen, das Ihr Leben verändern kann, denn es hilft Ihnen, «große» Gefühle in den Griff zu bekommen und schwierige Beziehungsfragen anzugehen.

«Ich nehme mir fest vor zu lernen, wie ich meine Gefühle und Wahrnehmungen ehren kann, aber auch die der Menschen, zu denen ich eine Beziehung habe.»

Für die meisten von uns ist das Leben ein endloser Aufschub.
Henry Miller

Ich möchte heute mit dem Fünf-Schritte-Prozess beginnen, mit dessen Hilfe wir jene heftigen Gefühle ausdrücken können, die infolge des Verhaltens eines anderen Menschen entstehen. Sobald unsere Gefühle in die Weite des Universums entlassen werden, können wir feststellen, dass sie leichter in den Griff zu bekommen sind – nicht weniger wichtig, aber handlicher. Der erste Schritt besteht darin, das Verhalten zu beschreiben, das diesen Gefühlen vorausging.

Die Situation: Ihr Partner hat die Angewohnheit, Menschen des anderen Geschlechts langsam und sinnlich mit den Augen abzutasten. Häufig macht er eine Bemerkung über deren Erscheinungsbild.

Wie Sie sich dieser Situation nähern, wird das Ergebnis bestimmen. Beschreiben Sie objektiv das Verhalten Ihres Partners.

Die Beschreibung des Verhaltens: Mir fällt auf, dass du diese Frau beobachtet hast, die an uns vorüberging, und dann hast du gesagt, was für schöne Beine sie hat.

Beobachten, nicht urteilen («Du hast die Frau ja förmlich mit den Augen ausgezogen») und nicht interpretieren («Du findest mich nicht attraktiv») und auch nicht drohen («Wenn du das noch einmal machst ...»). Einfach nur beschreiben, was Sie sehen.

Üben Sie, Verhaltensweisen zu beschreiben, die Sie beobachten – ohne sie zu verurteilen. Manchmal hilft es, wenn man sich vorstellt, die Einleitung zu einem Zeitungsartikel zu schreiben. Es geht heute nur um das Was *und* Wann, *nicht um das* Wie *oder* Warum!

Die einzig wahre Entdeckungsreise ist nicht die Suche nach neuen Landschaften, sondern nach neuen Blickwinkeln.

Marcel Proust

Sobald Sie ein beobachtetes Verhalten beschrieben haben, besteht der nächste Schritt darin, dieses Verhalten zu interpretieren. Denken Sie daran, dass es immer nur Ihre Interpretation ist – sie mag auf den anderen zutreffen oder auch nicht. Übernehmen Sie die volle Verantwortung für Ihre Wahrnehmung und teilen Sie heute einfach den Eindruck mit, den Sie vom *Warum* haben.

Bislang haben Sie gesagt: Mir fällt auf, dass du diese Frau beobachtet hast, die an uns vorüberging, und dann hast du gesagt, was für schöne Beine sie hat.

Wir alle machen Annahmen, warum andere das tun, was sie tun, und häufig denken wir über diese Annahmen wenig nach, wir glauben einfach zu wissen, welche Motivation der andere hat. Sehr oft irren wir uns allerdings. Mit diesem zweiten Schritt können Sie Ihre Annahme auf eine offene Weise mitteilen.

Das Verhalten interpretieren: Als du diesen Kommentar über ihre Beine gemacht hast, da habe ich angenommen, dass du dich zu ihr hingezogen fühlst.

Auch hier gilt: Nicht urteilen («Du solltest das als verheirateter Mann nicht tun»). Indem Sie von Ihrer Annahme sprechen, machen Sie klar, dass es sich um Ihre Wahrnehmung des Vorfalls handelt und Sie eine andere Sichtweise für möglich halten.

Üben Sie heute, das Verhalten anderer zu interpretieren – jedoch wieder ohne zu urteilen. Heute geht es um das Warum!

Ach, was gäbe ich für ein Leben der Empfindungen, nicht der Gefühle!
John Keats

Als Nächstes müssen wir feststellen, wie wir uns aufgrund dieses Verhaltens und unserer Interpretation des Verhaltens fühlen. Denken Sie daran: Ihre Interpretation des Verhaltens schafft Ihre Gefühle.

Sie haben Ihrem Partner das Wann (die Situation) und das Was (sein Verhalten) und das Warum (Ihre Interpretation) beschrieben. Jetzt ist es an der Zeit, Ihrem Partner mitzuteilen, wie Sie sich fühlen. Nehmen Sie sich die Zeit, Ihr Herz zu erforschen und auf Ihre eigene Stimme zu hören.

Gefühle mitteilen: Ich fühle mich unsicher und traurig, weil ich mich in letzter Zeit nicht attraktiv finde. Ich habe Angst, ich könnte dich an jemand verlieren, den du attraktiver findest.

Beobachtung: Sie nehmen kein Blatt vor den Mund. Sie legen Ihre tiefsten Gefühle offen – und das ist einer der wichtigsten Bausteine einer Beziehung. Ihre Gefühle sind Tatsachen, also entschuldigen Sie sich nicht.

Üben Sie heute Ihre tiefsten Gefühle herauszufinden. Sie werden durch viele Schichten (Wut, Groll) bis zu Ihrem Kern gelangen (Angst, Unsicherheit). Gestatten Sie sich, bis in die Tiefen des Wie *vorzustoßen: Wie Sie sich fühlen.*

Wenn es denn einen Weg zum Besseren geben soll, dann müssen wir uns das Schlimmste vor Augen führen.

Thomas Hardy

Der vierte Schritt besteht darin, über die Folgen des Verhaltens zu sprechen. Diese Folgen sind innerlich. Sie müssen auf Ihre Geschichte, Ihre Muster und Ihr bisweilen unproduktives Verhalten in Beziehungen achten.

Die Folgen beim Namen nennen: Ich stelle fest, dass ich mich von dir zurückziehe, um diese Gefühle zu vermeiden, und ich stelle auch fest, dass ich mich ungern mit dir in der Öffentlichkeit zeige, damit ich solchen Situationen nicht ständig ausgesetzt werde.

Beobachtung: Hier handelt es sich wieder um eine Kommunikation auf der Ebene des Wesentlichen. Sie übernehmen die Verantwortung für Ihr Verhalten und lassen Ihren Partner unmissverständlich wissen, was er in Ihnen bewirkt. Ehrlicher kann man nicht sein.

Finden Sie heraus, welche Ihrer Verhaltensweisen eng mit dem Verhalten anderer zu tun haben. Übernehmen Sie die volle Verantwortung und durchdringen Sie die Schichten an Schuldzuweisung und Rationalisierung, um sich direkt damit auseinander zu setzen, welche Rolle Sie in Konflikten spielen und auf welche Weise Sie zu den Verhaltensweisen anderer beitragen.

Ist nicht das die wahre Romantik, nicht dem Leben zu entfliehen zu suchen, sondern zu verhindern, dass das Leben uns entflieht?

Thomas Wolfe

Sie haben es fast geschafft! Bei diesem letzten Schritt geht es um Ihre Absichten: Was wollen Sie mit Ihrem Verhalten erreichen und wie sieht Ihre Beziehung zu diesem Verhalten aus?

Was Sie bislang gesagt haben: Ich habe bemerkt, dass du diese Frau beobachtet und dann eine Bemerkung über ihre schönen Beine gemacht hast. Ich nahm an, dass du dich zu ihr hingezogen fühlst. Ich fühlte mich unsicher und fürchtete, dass ich dich an jemand Attraktiveres verlieren könnte. Ich ziehe mich allmählich von dir zurück, um diese Gefühle zu vermeiden.

Die Absichtserklärung: Ich möchte mit dir darüber sprechen, was du denkst, wenn du das tust, und ob du dir bewusst bist, wie schmerzlich das für mich ist. Ich möchte wirklich gern mit dir ausgehen, nur ohne diesen Schmerz.

Beobachtung: Sie haben Ihre Absichten zum Ausdruck gebracht beziehungsweise Ihre Wünsche formuliert. Auch hier gibt es keine Verurteilungen, und darum funktioniert es auch.

Üben Sie sich heute in Absichtserklärungen: Fordern Sie etwas von Ihrem Partner, ohne zu urteilen, ohne Schuldzuweisungen und ohne selbst Schuldgefühle zu haben. Und wo Sie schon dabei sind, bringen Sie auch die Stimme in Ihnen zum Schweigen, die da meint, Sie würden zu viel verlangen. Es ist Ihr Leben und Ihre Liebe. Was könnte da je zu viel sein?

Nach dem Schachspiel landen König und Bauer in derselben Schachtel. Italienisches Sprichwort

Unser Gehirn besitzt die hoch entwickelte Fertigkeit, nach Unterschieden Ausschau zu halten. Allein für einen Gang durch ein Zimmer muss unser Gehirn eine Vielzahl von Entscheidungen treffen und verschiedenste Gegenstände auseinander halten. Um einen Fuß vor den anderen zu setzen, muss unser Gehirn den Unterschied zwischen unserem Fuß und dem Fußboden erkennen und das eine Sekunde später wiederholen. Man könnte sogar sagen, wir haben uns dank einer während Millionen Jahren gewachsenen Unterscheidungsfähigkeit entwickelt. Eines der größten Probleme in Beziehungen ist die Neigung, sich auf die Unterschiede statt auf die Ähnlichkeiten zu konzentrieren. In der Paarberatung fällt mir immer wieder auf, dass sich die Partner in tausenderlei Hinsicht ähneln, sie aber ihre Zeit und Energie darauf verwenden, sich über die wenigen Unterschiede zu streiten. Es hilft, wenn wir uns klarmachen, dass wir von Geburt an die Neigung besitzen, auf Unterschiede zu achten. Sobald wir erkennen, dass diese Neigung Teil unserer ererbten Physiologie ist, müssen wir sie nicht länger so ernst nehmen und können mehr Energie darauf verwenden, unsere Ähnlichkeiten zu feiern.

Suchen Sie heute in all Ihren Aktivitäten nach Ähnlichkeiten. Wenn Sie einem Kollegen begegnen, fragen Sie sich: «Inwieweit gleiche ich diesem Menschen?» Nehmen Sie sich Zeit, die Art und Weise zu feiern, wie ähnlich Sie anderen Menschen sind und umgekehrt.

Manchmal bin ich mir nicht sicher, wo ich sicher immer war.
Mongkut, König von Siam

Mittlerweile haben Sie sicher die Kraft der Visualisierung in Ihrem Leben entdeckt. Sie wissen, wie Sie Bilder dessen, was Sie in Ihrem Leben verwirklichen möchten, vor Ihrem inneren Auge erschaffen können – eine nützliche Fertigkeit, denn die meisten von uns haben immer nur gelernt, unbewusst negative Bilder entstehen zu lassen, Bilder dessen, was wir nicht wollen. Lassen Sie uns jetzt einen Schritt weitergehen und unseren Visualisierungen mittels Emotionen Kraft verleihen. Wenn Sie das nächste Mal etwas visualisieren, was Sie verwirklichen wollen, dann setzen Sie Ihre positiven Emotionen ein und fühlen Sie es auch. Schaffen Sie nicht nur das Bild einer neuen Arbeitsstelle, fühlen Sie auch, wie Sie dort tätig sind.

Denken Sie an etwas, das Sie in Ihrem Leben verwirklichen wollen. Es kann etwas Materielles sein, eine Eigenschaft in der Beziehung oder eine spirituelle Dimension. Sehen Sie es vor Ihrem geistigen Auge und spüren Sie es in Ihrem Körper. Benützen Sie Ihre Gefühle, um Ihre geistigen Bilder zu stärken.

Unsere Ängste sind zahlreicher als unsere Gefahren und wir leiden mehr an unserer Vorstellungskraft als an der Wirklichkeit.

Seneca

Die Natur hat uns mit einem extrem einfühlsamen Nervensystem gesegnet (oder verflucht, je nachdem wie man es betrachtet). Manchmal hat es den Anschein, es sei ein besonders nervöses Nervensystem. Laboruntersuchungen zeigen, dass unsere «Angst-Maschinerie» bei der geringsten Provokation anspringen kann – schon der Gedanke an ein gefürchtetes Objekt, beispielsweise eine Schlange, bringt das Herz zum Rasen und die Hände werden feucht. Aus diesem Grund lohnt es sich, wenn wir in unserem bewussten Leben lernen, unsere Aufmerksamkeit darauf zu richten, welche Ängste auf imaginären und welche auf realen Ereignissen beruhen. Wahre Bedrohungen können angegangen oder erduldet werden. Imaginäre Bedrohungen kann man weder angehen noch erdulden, weil sie nicht real sind. Der einzige Schritt, der bei imaginären Bedrohungen hilft, besteht darin, sie als das zu sehen, was sie sind – nichts als Einbildung.

Prüfen Sie heute, welche Dinge Sie beunruhigen, aufregen oder ängstigen. Achten Sie darauf, was davon nur zwischen Ihren Ohren stattfindet und was draußen in der wirklichen Welt.

Was wäre, wenn ich entdeckte, dass der ärmste Bettler und der unverschämteste Missetäter in mir sind und ich der Almosen meiner eigenen Freundlichkeit bedarf, dass ich selbst der Feind bin, den ich lieben muss – was wäre dann?

Carl G. Jung

Ein Freund von mir ist ein prominenter Philanthrop, der vor Jahren wegen eines minderschweren Verbrechens zwei Jahre in einer Haftanstalt verbrachte. Er sagt, das sei das Beste gewesen, was ihm habe passieren können. Es machte ihn zu einem großzügigen und warmherzigen Menschen, der offen für Liebe und Kreativität war. Im Gefängnis lernte er zu meditieren, was er immer noch gewissenhaft jeden Tag praktiziert. Das Beste war, so meint er, dass es ihn lehrte, seinen inneren Gefangenen zu lieben, jenen Teil in ihm (und höchstwahrscheinlich auch in Ihnen), der sich selbst als Zukurzgekommenen betrachtete und stets versuchte, mit der Welt abzurechnen. Er sagt, dass sich viele Menschen jahrelang therapieren lassen, ohne ein solch erstaunliches Ergebnis zu erzielen.

Nehmen Sie sich jetzt zehn Sekunden Zeit, um Ihren inneren Feind zu lieben, jenen Teil in Ihnen, der das Gefühl hat, er habe ein Anrecht auf – alles! Schicken Sie diesen Teil mit einer liebevollen Feier in den Ruhestand und verabschieden Sie sich von ihm.

Beschließe, dass eine Sache getan werden kann, und du findest einen Weg, sie zu tun. Abraham Lincoln

Laura schreibt: Vor zehn Jahren hatte ich einen schweren Autounfall. Ich wurde in meinem Kleinwagen von einem Laster überrollt. Monate danach hatte ich noch Angst und fuhr nur äußerst ungern. Erst als ich den Unfall akzeptierte, den Sinn des Unfalls, kehrte mein Wohlbefinden zurück. Ich formulierte meine Akzeptanz ungefähr so: *Schlimme Dinge geschehen nun mal. Ich könnte schon in der nächsten Stunde tot sein. Ich muss jeden Tag so leben, als wäre es mein letzter, dann habe ich keine Zeit für etwas anderes als Wahrheit, Liebe und echte Bindungen.* Damals glaubte ich die absolute Kontrolle zu besitzen, doch der Unfall zeigte mir, dass die Kontrolle mich besaß. Unsere Aufgabe ist es, diese Kontrolle abzuschütteln und ein Leben zu führen, in dem das Unvorhersehbare, das Schreckliche und das Wunderbare geschieht. Wir müssen nur aufmerksam sein, dann hören wir die Botschaft.

Suchen Sie sich einen Bereich in Ihrem Leben aus, in dem Sie unbeugsam versuchen, die Kontrolle auszuüben – häufig mit jämmerlichen Ergebnissen. Versuchen Sie heute, auf drei Ebenen loszulassen. Wiederholen Sie die Affirmationen und lassen Sie Ihren Griff auf das los, das man nicht im Griff haben kann.

Verstand: «Ich erkenne mit meinem logischen Selbst an, dass das Universum seine Gründe hat.»

Herz: «Ich erkenne mit meinem emotionalen Selbst an, dass das Universum seine Gründe hat.»

Körper: «Ich erkenne mit meinem physischen Selbst an, dass das Universum seine Gründe hat.»

Mut ist der Preis, den man für ein Leben in Frieden zahlen muss.
Amelia Earhart

Seit Tausenden von Jahren müssen sich die Menschen mit Widrigkeiten auseinander setzen, darum ist unser Gehirn sehr geschickt darin geworden, nach dem Ausschau zu halten, was nicht stimmt. Eltern wachen beim leisesten Wimmern des Babys im Nebenraum auf und ein Fahrer spürt das kaum wahrnehmbare Flattern der Vorderräder, das sich zu einer ausgewachsenen Gefahr entwickeln könnte, wenn man sich nicht darum kümmert. Den ganzen Tag und die ganze Nacht sind unsere Antennen auf das eingestellt, was falsch laufen könnte, insbesondere, wenn alles okay scheint. Daher ist es geradezu heldenhaft, sich auf das zu konzentrieren, was stimmt und gut läuft – das ist eine Kunst des bewussten Lebens. Alles, worauf Sie sich konzentrieren, wächst an; wenn Sie also mehr Freude in Ihren Beziehungen haben wollen, dann müssen Sie sich auf die Freude konzentrieren, die Sie schon haben. Wenn Sie sich mehr Kreativität in Ihrem Leben wünschen, dann müssen Sie sich auf die kreativen Geschenke konzentrieren, die Sie bereits genießen. So einfach ist das.

Sehen Sie sich jetzt um. Würdigen Sie all die Dinge, die Sie sehen. Halten Sie im Laufe des heutigen Tages hin und wieder inne und machen Sie eine Inventur der Fülle in Ihrem Leben. Lernen Sie zu schätzen, was Sie haben, und achten Sie darauf, wie Sie infolgedessen – wie durch Magie – noch mehr bekommen, das Sie schätzen können.

Die Menschen machen kaum je von ihren Freiheiten Gebrauch, zum Beispiel von der Gedankenfreiheit, und als Ersatz dafür fordern Sie die Redefreiheit.

Sören Kierkegaard

Laura schrieb mir von der Erkenntnis einer Freundin: Die junge Frau ließ sich scheiden und erzählte, sie habe sich nicht vor dem Ende der Beziehung gefürchtet oder davor, ihre Kinder allein zu versorgen oder nachts einsam zu sein. Was sie wirklich fürchtete, sei der Versuch, sich daran zu erinnern, wie man Leute kennen lernt. Sie sagte, sie habe an einer «Beziehungs-Verkrampfung» gelitten, sie wusste nicht mehr, wie man Smalltalk macht, sich verabredet und so weiter. Eines Nachts in einer Kneipe saß sie am selben Tisch mit einer fast 50-jährigen Frau, die sich nach 26 Jahren Ehe scheiden ließ, einem Mann, der noch nie mit jemand anderem gelebt hatte als mit seinen Eltern, einem Paar, das frisch verliebt war, und einer allein stehenden Frau in den Dreißigern, die sich sehnlichst Kinder wünschte. Plötzlich wurde ihr klar: Wir müssen uns alle denselben Problemen stellen. Jeder von uns steht ständig vor der Aufgabe, mit anderen Menschen authentisch in Kontakt zu treten. Sie spürte, wie sich ihr ganzer Körper entspannte, als ihr klar wurde, dass sie nicht allein war.

Bringen Sie heute den Mut auf, auf jemand zuzugehen. Öffnen Sie sich einem Menschen – einem neuen Bekannten oder einer Freundin, zu der der Kontakt abgebrochen ist – und schauen Sie, was passiert.

Der Mensch sollte seine Freundschaften ständig auffrischen.
Samuel Johnson

Laura schreibt: Meine Familie hat schon seit vier Jahren denselben Babysitter. Unsere Babysitterin ist im Herzen Kind geblieben und im Kopf eine Erwachsene, die ideale Kombination, um Kinder glücklich zu machen und Eltern ein Gefühl der Sicherheit zu verleihen. Sie gehört zu jenen Menschen, die in unserem Leben derart verwurzelt sind, dass sie in der Tat zur Familie gehören. Sie ist ein erworbenes Familienmitglied. Wir alle werden in eine bestimmte Familie hineingeboren. Das hat nichts mit freier Wahl zu tun. Als Kinder nehmen wir die Eigenarten unserer Familie an und setzen sie fort – auch wenn wir als Erwachsene die Wahl haben, was wir bewahren und was wir aufgeben wollen. Aber Freunde – Freunde haben ausschließlich mit freier Wahl zu tun, mit der Freiheit, uns mit der Art von Menschen zu umgeben, die wir uns in unserem Leben wünschen. An einer guten Freundschaft ist nichts Künstliches, nichts Erzwungenes: Sie wurde aus freien Stücken eingegangen, aus freien Stücken fortgesetzt, und sie macht uns größer, als wir es ohne sie wären.

Denken Sie heute an Ihren Freundeskreis, an die neuen und die alten Freunde. Sie sind in Ihre Erfahrungen eingewoben. Würdigen Sie Ihre «Familie an Freunden»; sie sind ein Geschenk, das Sie sich selbst Tag für Tag machen.

Wenn die Sterne nur alle tausend Jahre für eine Nacht erschienen, wie würden wir staunen und sie bewundern.

Ralph Waldo Emerson

An einem herrlichen, sonnigen Feiertag ging meine Nichte Laura mit ihren drei Kindern «auf Abenteuer», wie ihr Jüngster es nannte. Sie schickte mir hinterher einen Bericht per E-Mail: In einem Wassertaxi fuhren wir nach Fort McHenry. Mein mittlerer Sohn schlief, mein jüngster gab herrlich sinnlose Kommentare von sich und mein ältester unterhielt sich mit einem neuen Freund, den er auf dem Boot kennen gelernt hatte. Ich entspannte mich, so gut man das auf einem Boot im Wasser kann, wo für eine Mutter der potentielle Feind nur wenige Meter entfernt ist. Ein großer Teil unserer fürsorglichen Elternschaft – auch wie wir uns selbst umsorgen – scheint einem Hindernislauf zu ähneln. Diese Gefahren! Es fällt einem schwer, ganz im Augenblick zu leben und seine Deckung herunterzunehmen. Einen Augenblick lang, als die Sonne auf die blonden Wuschelköpfe dieser drei Leben schien, die mir so kostbar sind, ließ ich jedoch los und würdigte einfach, wie leicht und einfach das Leben ist. Es ist meine Aufgabe, meinen Kindern Sicherheit zu geben, aber es ist auch meine Aufgabe, sie (und mich!) mit dem Wind in den Haaren reisen zu lassen.

Versuchen Sie es heute mit dieser Anleitung: Ich reise sicher durch das Leben und ich gebe mir die absolute Freiheit, mit Freude zu reisen, mit dem Wind in meinen Haaren.

Wenn sich eine Tür schließt, dann öffnet sich eine andere; aber häufig starren wir so lange auf die verschlossene Tür, dass wir die Tür, die sich für uns öffnet, gar nicht bemerken.

Helen Keller

Häufig sind wir Gewohnheitstiere und die meisten von uns entwickeln schon früh feste Tagesabläufe, die für uns funktionieren. Ich glaube, dass das Erkennen unserer inneren Rhythmen und das Beachten dieser Rhythmen eine Möglichkeit ist, unseren Wesenskern zu ehren. Obwohl wir bisweilen alle gegen die Uhr arbeiten müssen – die innere und die äußere –, möchte ich Sie ermutigen, einen Weg zu finden, um Ihr Leben im Rhythmus mit Ihren eigenen Zyklen fließen zu lassen. Wenn Sie in Harmonie mit Ihrem innersten Wesen leben – mit Ihren natürlichen Rhythmen und Abläufen –, werden Sie Ihre Kreativität entfachen, die Macht und die Leidenschaft Ihres Geistes und jene Energie freisetzen, die Sie ansonsten im ständigen Kampf gegen die machtvolle Wirklichkeit Ihres individuellen einzigartigen Rhythmus aufbrauchen würden.

Erkennen Sie Ihren eigenen inneren Rhythmus. Beantworten Sie die nachfolgenden Fragen und überlegen Sie sich, wie Sie – im Großen wie im Kleinen – Ihre Zyklen am besten ehren können.

Wann würde ich aufstehen und zu Bett gehen, wenn es ganz bei mir läge? Ich arbeite am besten von ____ bis ____ Uhr. Ich arbeite gegen meinen Rhythmus, wenn ich ____. Eine Möglichkeit, wie ich mit meinem Rhythmus arbeiten könnte, wäre ________.

Niemand kann auf deinem Rücken reiten, wenn du ihn nicht beugst.
Martin Luther King

Wir kennen alle jemand, der emotional irgendwie unter der Oberfläche festzustecken scheint. Ein solcher Mensch schreibt sein Verhalten gütigen oder bösartigen Kräften außerhalb seiner Kontrolle zu – dem Schicksal, anderen Menschen oder den Launen der Welt. Ein solcher Mensch ist wie eine Kanonenkugel, die ziellos abgefeuert wird. In seiner Anwesenheit ist man wachsam, denn man könnte das nächste Ziel sein, obwohl die Kanonenkugel selten zugeben wird, dass der abgefeuerte Schuss auch wirklich treffen sollte. Was können Sie tun, wenn jemand dafür, wie er Sie beeinflusst, nicht die Verantwortung übernehmen will? Ich empfehle das Modellieren: Wir müssen unser Leben bewusst führen und uns darauf konzentrieren, selbst an der Oberfläche zu bleiben. Übernehmen Sie die Kontrolle und die Verantwortung – für sich selbst. Ob der andere sich entscheidet, Ihrem Weg zu folgen, liegt nicht in Ihrer Macht, aber wenn Sie sich vom Verhalten eines anderen vorschreiben lassen, welchen Weg *Sie* nehmen, lassen Sie sich ebenfalls unter die Oberfläche ziehen.

Sehen Sie sich in Ihrem Freundeskreis und in Ihrer Familie um und suchen Sie jemand, der Sie manchmal «untertaucht». Achten Sie heute darauf, wie Sie sich von dieser Person zu einem Leben unter der Oberfläche animieren lassen: Ich denke an ________. Ein Beispiel, wie er/sie mich vor kurzem «untertauchte», ist ________. Ich habe dazu beigetragen, indem ich ________. Wenn so etwas wieder geschieht, werde ich ________.

Manchmal ist es Zeit aufzubrechen, auch wenn man nicht weiß wohin. Tennessee Williams

Wenn die Botschaften aus unserem tiefsten Selbst ignoriert werden, leiden unsere Beziehungen, werden zu Verstrickungen verlorener, Masken tragender Seelen anstatt zu einem Tanz ganzheitlicher Wesen, die mit ihrer nackten Wahrheit bekleidet sind. Viele von uns verbringen ihr Leben im ständigen Kampf, um die Scham, die sie fühlen und die in ihrem Blutstrom zu fließen scheint, geheim zu halten. Bei unserer Reise des bewussten Lebens konzentrieren wir uns auf das Entdecken, das Entfalten. Unser Ziel ist es, alle Teile von uns selbst, die wir sehen, zu akzeptieren – und mit der Zeit immer mehr Teile wahrzunehmen. Unser Anfangspunkt ist unser Versprechen, uns für uns selbst offen zu legen. Wir sind unser einziges Publikum. Nur wir wissen, wann wir gelernt haben uns selbst zu lieben.

Holen Sie dreimal tief und bewusst Luft. Visualisieren Sie einen bewussten Atemzug, der jeden Winkel Ihres Bewusstseins füllt, der Ihre Lungen und Ihren Bauch ausdehnt und reinigt, der jenen unbewussten Atem ersetzt, der Sie zwar am Leben erhält, mehr aber auch nicht. Konzentrieren Sie sich beim Atmen auf eine Absicht: sich selbst umfassend zu lieben und zu akzeptieren. Atmen Sie einfach voll ein und aus – und während Sie atmen, stellen Sie sich vor, wie der Atem Sie mit Akzeptanz für alles erfüllt, was Sie sind, was Sie fühlen, was Sie tun. Das *ist bewusstes Atmen und mit einem Atemzug beginnen Sie Ihre Reise zu einem bewussten Leben.*

Vor unserem Tod sollten wir lernen, wovor wir davonlaufen und warum. James Thurber

Es ist zu unser aller Vorteil, wenn die Kreativität in der Welt gefördert wird. Die Kreativität ist der heimliche Held in jeder Errungenschaft, die wir machen – sei es ein technologischer Durchbruch oder eine neue Möglichkeit, unseren Partner zu würdigen. Kreativität erfordert Hingabe und sie erfordert auch, dass wir lernen sie zu fördern. Kultivieren Sie die Gewohnheit, kreative Ideen nicht im Keim zu ersticken, gleichgültig, wie lächerlich, undenkbar oder unmöglich sie auf den ersten Blick erscheinen. Lassen Sie Ihren Verstand jeden Tag ein wenig verrückt spielen. Versuchen Sie wie die Königin in *Alice im Wunderland*, noch vor dem Frühstück sechs unmögliche Dinge zu denken.

Versprechen Sie sich heute, kreativ zu werden und Ihrer Kreativität zehn Minuten Zeit zu widmen. Verbringen Sie diese möglichst ungestörten Minuten damit, kreative Ideen zutage zu fördern auf einem Gebiet Ihrer Wahl, beispielsweise in Ihrem Beruf oder im Familienleben. Konzentrieren Sie sich mit der Absicht, kreative neue Ideen zu finden. Überraschen Sie sich … lassen Sie los und lassen Sie Ihre wilden inneren Kräfte zum Zuge kommen. Vielleicht wird keine dieser Ideen nützlich sein, vielleicht sind aber auch alle zu gebrauchen. Darauf kommt es nicht an. Wichtig ist nur, dass Sie Ihrer sichtbaren, greifbaren Hingabe an die Kreativität gefolgt sind.

Setze dich wie ein Kleinkind vor eine Tatsache, gib jede vorgefasste Meinung auf und folge demütig, wohin immer die Natur dich führt, sonst lernst du gar nichts.

Thomas Huxley

Als wir diese Reise begannen, lautete eine unserer Fragen: «Wer bin ich?» Das bewusste Leben spricht das Herz dessen an, der wir im Universum sind. Wir alle sind gleiche Teile eines Ganzen, und wenn wir so tun, als wären wir größer – als wären wir etwas Besonderes –, dann geben wir uns einer katastrophalen Fantasie hin. Auch wenn wir uns für weniger wichtig halten, ist das gefährlich. Wir müssen sorgsam darauf achten, keine Überzeugung anzunehmen, die uns vom Einssein mit dem Universum trennt. In dem Augenblick, in dem wir das tun, wird unser Kraftfeld schwach und durchlässig. Es kann keinen Zweifel geben, dass das Universum uns ständig unterstützt. Von Beginn des Lebens an bis zum heutigen Tag schwingen wir auf tausenderlei Weise mit dem Universum mit, im Großen wie im Kleinen. Wir sind Teil des magischen Teppichs, der vom Universum und seinen Bewohnern gewoben wird.

Schließen Sie die Augen und atmen Sie tief durch. Stellen Sie sich Ihre Welt – Ihre Familie, Ihr Zuhause, Ihre Arbeit – als gewaltigen Teppich vor. Sehen Sie sich so, wie Sie sind, eingewoben in das Muster dieses Teppichs. Wenn Sie außerhalb Ihres Herzens leben, sich so verhalten, dass es mit dem Universum nicht in Einklang steht, trennen Sie den Teppich langsam, aber sicher auf. Konzentrieren Sie sich darauf, das Gewebe Ihres Lebens zu stärken.

So mancher wird in süßes Entzücken geboren.

William Blake

Als Menschen neigen wir oft zum Exzess. Größer ist besser (es kommt *doch* auf die Größe an, oder?), mehr ist besser und Überschuss ist sogar noch besser als mehr. Das größte Haus, der größte Weihnachtsbaum, die größten Geschenke – manchmal liefern wir uns eine Schlacht mit dem Universum, die wir selbst angezettelt haben, und wollen beweisen, dass wir in unserem Überfluss großzügiger, erfolgreicher und unsterblicher sind. Wir umgeben uns mit Dingen und halten die Sterblichkeit hin – das scheinen wir zumindest zu denken. Wir tun so, als ob der Tod nicht in der Lage wäre, uns zu finden, wenn wir uns hinter unseren materiellen Besitztümern verbergen. Weihnachten ist für viele Menschen Sinnbild für Geben und Nehmen. Heute sollten Sie sich die Zeit nehmen und darüber nachdenken, was real ist. Wenn Sie Ihr Leben auf das reduzieren, was wirklich wichtig, wirklich real ist, was wäre dann noch übrig? Beziehungen. Keine Häuser, keine Autos, keine hübsch eingepackten Geschenke unter dem Weihnachtsbaum. Menschen wären übrig. Feiern Sie heute mit dieser Erkenntnis Ihre Beziehungen, deren Existenz und deren Bedeutung in Ihrem Leben.

Vereinfachen Sie heute Ihre Feier: «Die wichtigsten Geschenke in meinem Leben sind ________.» Sagen Sie den Menschen, die Sie lieben, was sie Ihnen bedeuten. Feiern Sie die fröhliche, hoffnungsvolle Bedeutung menschlicher Beziehungen. Ehren Sie diese Bedeutung, indem Sie Ihren Gefühlen eine Stimme verleihen.

Jedes Mal, wenn sich die Geschichte wiederholt, schießt der Preis in die Höhe. Anonymus

Laura schreibt: Wenn Sie mit einem bestimmten Computersystem arbeiten, haben Sie sicher schon einmal die folgende Meldung erhalten: *Error! Fehler in Modul 1234567! Warnung!* Selbst im günstigsten Fall kündet dieser Hinweis unheilvoll davon, dass es im Gehirn unseres Computers eine Fehlzündung gab. Aus eigener Erfahrung kann ich bezeugen, wie ernst die Folgen sind, wenn man diese Warnung missachtet (gelöschte Daten oder schlimmer). Unser Körper schickt uns ähnliche Warnungen, obwohl es an uns liegt, diese Warnungen zu interpretieren. Wenn Sie sich auf dünnem Eis bewegen, schickt der Körper Fehlermeldungen, die für jeden von uns anders aussehen, jedoch leicht verständlich sind, wenn man zuhört. Vielleicht ist es ein merkwürdiges Gefühl in der Magengrube oder eine Verspannung in den Schultern. Eine Schlüsselerkenntnis im bewussten Leben besteht darin, die Botschaften zu würdigen, die unser Körper schickt. Wir müssen uns mit diesen Botschaften vertraut machen und uns die Zeit nehmen, ihnen genau zuzuhören.

Denken Sie an eine Zeit, als die Dinge in Ihrem Leben nicht wie gewünscht liefen. Schließen Sie die Augen und kehren Sie zu dieser Zeit zurück. Erleben Sie erneut, wie Sie damals spürten, dass Sie nicht in Einklang mit Ihren Wünschen lebten. Welche körperlichen «Fehlermeldungen» haben Sie sich selbst gegeben? Haben Sie sie befolgt? Versprechen Sie sich heute, den Botschaften, die Sie sich selbst schicken, genau und respektvoll zuzuhören.

Alles, was ich über das Leben gelernt habe, lässt sich in drei Worten zusammenfassen: Es geht weiter. Robert Frost

Auf unsere Reise des bewussten Lebens müssen wir eine Schlüsselerkenntnis mitnehmen: die richtige Perspektive. Die Erkenntnis, wann wir kämpfen müssen, und das Wissen, wann Loslassen das größte Geschenk ist, das wir uns machen können, ob es sich dabei um ein Gefühl, einen Gegenstand oder einen Menschen handelt. Alles ist eine Frage der Perspektive. Wir müssen lernen innerlich einen Schritt zurückzutreten und zu sehen, was wichtig und was weniger wichtig ist. Es kann schwierig sein, das mitten im Tohuwabohu zu tun, aber es ist eine Fertigkeit, die wir kultivieren sollten. Vor allem kommt es darauf an zu wissen, wer man ist und wohin man geht. Wenn wir in uns ruhen und in einem Zustand der Integrität leben, ist die Perspektive eine natürliche Entwicklung, denn die Dinge, die nicht in Einklang mit unserem Wesen stehen, fallen einfach weg. Es kommt darauf an, sich selbst zu kennen und, sobald wir deutliche Signale erhalten, dass wir aus unserem Zustand der Integrität gleiten, innezuhalten, zu lauschen und uns sanft wieder auf den rechten Weg zu bringen.

Wenn Sie spüren, wie Ihr Körper Ihnen sagen will, dass Sie aus dem Zustand der Integrität gefallen sind, dann halten Sie sofort inne. Atmen Sie tief durch und wiederholen Sie laut die Affirmation: «Ich nehme mir fest vor offen auf alle Botschaften aus meinem Innern zu hören, wer ich bin und was ich mit meinem Leben anfangen will.»

Die große Kathedrale, die meine Kindheit war...

Virginia Woolf

Laura schreibt: Alle meine Söhne haben irgendwann Steine gesammelt. Ich selbst nie, darum konnte ich gar nicht nachvollziehen, wie kostbar sie sind, als mein Ältester in diese Phase trat. Ich lernte das auf die harte Tour, als ich den Fehler beging, eine bunte Sammlung kleiner Steine wegzuwerfen. Mit Tränen in den Augen kam der damals vierjährige Christopher zu mir. «Ruf die Polizei», erklärte er ernsthaft. «Wir sind ausgeraubt worden. Man hat meine Steinesammlung gestohlen.» Manchmal sind die Augen eines Kindes erforderlich – oder die Augen eines Menschen, der nicht vergessen hat, die Welt mit der Frische und dem Gefühl für das Kostbare zu sehen, wie das ein Kind kann –, um wirklich zu erkennen, was uns umgibt. Ich frage mich heute oft, ob ich etwas Kostbares übersehe, und obwohl es in meinem Haus von Steinen mittlerweile nur so wimmelt, habe ich seit Jahren keinen Kieselstein mehr weggeworfen. Für welche Kostbarkeiten in Ihrem Leben sind Sie blind?

Gehen Sie heute fünf oder zehn Minuten ins Freie und erlösen Sie Ihren Verstand von der Beschränkung, die Welt durch die Augen des Erwachsenen zu sehen. Stellen Sie sich vor, Sie wären wieder ein Kind oder neu auf dieser Erde, und sehen und spüren Sie die unterschiedlichen Größen, Formen, Strukturen und die Farben Ihrer Umwelt. Was können Sie über Ihre eigene Größe, Ihre Gestalt, die Struktur und die Farbe Ihres Lebens lernen?

Hoffnung ist selbst eine Form von Glück und vielleicht das größte Glück, das die Welt zu bieten hat.

Samuel Johnson

Sie nähern sich dem Ende dieses Jahres des bewussten Lebens – aber das Ende dieses Jahres ist nur der Anfang eines neuen. In jedem Ende liegt ein Neuanfang. Die Art und Weise, wie Sie mit einem Ende umgehen – ob Sie nur Verlust und Trauer sehen oder ob Sie sich auf die Möglichkeiten freuen, die durch die Veränderungen erschaffen werden –, sagt viel über Ihr Leben aus. Denken Sie über das Lernen, Wissen und Feiern des vergangenen Jahres nach und freuen Sie sich auf das neue Jahr und darauf, diese Arbeit (und das Spiel!) auch in den kommenden Monaten fortzusetzen. Machen Sie Inventur zum Jahresende, aber auf eine andere Weise: Anstatt nach dem Negativen Ausschau zu halten, nach Zielen, die Sie nicht erreicht haben, suchen Sie das Positive. Bewusstes Lernen, bewusste Liebe, bewusstes Leben sind die Eckpfeiler meines Lebens und sie erinnern mich jeden Tag daran, was für mich wichtig ist. Ich hoffe, dass auch Sie weiterhin Wege finden, um zu suchen, zu geben und zu nehmen. Ich wünsche Ihnen Bewusstheit, in allen Bereichen, zu allen Jahreszeiten.

Fassen Sie für das neue Jahr einen guten Vorsatz – einen wirklich großen, lebensbejahenden, lebensverändernden Vorsatz. Versuchen Sie es mit dem folgenden «Gedankenauslöser» und setzen Sie den Möglichkeiten keine Grenzen: «Im kommenden Jahr will ich in meinem Leben vor allem eines, nämlich ________.»

Im Leben kann man sich nie sicher sein. Wir raten. Wir können uns irren, aber wir kommen einen Schritt nach dem anderen im Dunkeln voran. Agnes de Mille

Obwohl wir morgen mit dem Rest der Welt das neue Jahr feiern, haben Sie auch das Recht auf einen ganz besonderen Geburtstag. Morgen haben Sie ein Jahr des bewussten Lebens hinter sich! Was für eine bemerkenswerte Leistung! Ihre Hingabe hat Sie durch viele Erfahrungen dahin geführt, wo Sie heute stehen. Gleichgültig, ob es vorwiegend schön oder schmerzlich war, in diesem besonderen Jahr haben Sie etwas getan, was nur wenige Menschen tun. Würdigen Sie das. Schauen Sie jetzt nach vorn, wohin Sie als Nächstes wollen. Welches Lied summt leise in Ihrem Herzen, wartet darauf, laut gesungen zu werden? Welche große Vision inspiriert Sie? Diese Fragen werden durch eine bewusste Entscheidung nach der anderen beantwortet. Öffnen Sie sich der Macht der Bewusstheit und der Liebe, diesen herrlichen Blüten des menschlichen Herzens und des menschlichen Geistes, und hegen Sie diese lebenssprühenden Schätze auch in Zukunft.

Konzentrieren Sie sich heute auf etwas, das Sie sich zur Feier des Antritts Ihrer Reise vor einem Jahr selbst schenken wollen, materiell oder nicht: eine Reise (kurz oder lang) zu einem friedlichen Ort; eine Weiterbildung (vielleicht eine Schulung in Kreativität), ein Buch und die Zeit, es auch zu lesen; ein Schmuck- oder Kleidungsstück, das Ihre Reise repräsentiert, oder ein Kunstwerk, das den bewussten Weg eingefangen hat, für den Sie sich entschieden haben.

Niemand wurde je für das geehrt, was er empfangen hat. Ehre ist immer der Lohn für das, was man gegeben hat.
Calvin Coolidge

Ihr Jahr des bewussten Lebens endet nun. Nehmen Sie sich die Zeit und ehren Sie sich dafür. Ehren Sie sich, weil Sie den Mut und das Engagement gezeigt haben, ein Jahr Ihres Lebens mit der Suche nach dem bewussten Leben zu verbringen. Ehren Sie all Ihre Gefühle, die im Laufe dieses Jahres zutage getreten sind. Ehren Sie all die Menschen, von denen Sie in Ihrem Leben unterstützt wurden. Auch eine zufällige Begegnung oder ein bestimmtes Buch zur rechten Zeit hat Sie eventuell auf Ihrer Reise des bewussten Lebens weitergebracht. Ein magischer Lebensweg – all das wegen einer spontanen Entscheidung.

Halten Sie jetzt inne und ehren Sie all die Menschen und Erfahrungen, von denen Sie auf Ihrer Reise des bewussten Lebens beeinflusst wurden. Schicken Sie ihnen ein stummes «Dankeschön» durch den Äther.

Gay und Kathlyn Hendricks bieten regelmäßig Trainingskurse in Deutschland an. Wenn Sie an Informationen dazu und weiterem Material (Videos, Audios) interessiert sind, kontaktieren Sie bitte:

Dipl.Psych. Esther Staewen
Täubchenstraße 13, 14163 Berlin
Tel. 030/81 49 91 25, Fax 030/81 49 99 63
e-mail esther.staewen@t-online.de

In der Reihe *Meditationsbücher für Frauen* sind bisher erschienen:

M. Boyd
Mit den Jahren wachsen
Tägliche Meditationen, die durch das Auf und Ab
des Lebens begleiten

*

Maureen Brady
Mitten im Leben
Tägliche Meditationen zur Selbstbestärkung und inneren Erfüllung

*

Amy E. Dean
Ruhe finden
Tägliche Meditationen für alle,
die sich vom Druck des Alltags befreien wollen

*

Amy E. Dean
Ich freue mich auf morgen
Abendliche Meditationen

*

Diane Mariechild
Mit mir selbst in Harmonie
Weibliche Spiritualität für jeden Tag

*

Caroline Adams Miller
Ich lebe gerne
Tägliche Meditationen der Zuversicht und inneren Stärkung

*

Carol Staudacher
Tage der Trauer, Tage der Heilung
Tröstende und stärkende Meditationen

*

Ellen Sue Stern
Das Leben neu gewinnen
Tägliche Meditationen zur Überwindung
von Trennung und Abschiedsschmerz

*

Ellen Sue Stern
Loslassen und Atem schöpfen
Tägliche Meditationen, die guttun